U0882138

新疆经济普查年鉴

Xinjiang Economic Census Yearbook

2013

综 | 合 | 卷

新疆维吾尔自治区人民政府第三次经济普查领导小组办公室 编

中国统计出版社
China Statistics Press

© 中国统计出版社 2016
版权所有。未经许可，本书的任何部分不得以任何方式在世界任何地区以任何文字翻印、拷贝、仿制或转载。

© 2016 China Statistics Press
All rights reserved. No part of the publication may be reproduced or transmitted in any form or by any means, electronic or mechanical, including photocopying, recording, or any information storage and retrieval system, without written permission from the publisher.

图书在版编目（CIP）数据

新疆经济普查年鉴. 2013 / 新疆维吾尔自治区人民政府第三次经济普查领导小组办公室编著. -- 北京 : 中国统计出版社，2017.2

ISBN 978-7-5037-8115-5

Ⅰ. ①新… Ⅱ. ①新… Ⅲ. ①经济－普查－新疆－2013－年鉴 Ⅳ. ①F127.45-54

中国版本图书馆 CIP 数据核字（2017）第 036504 号

新疆经济普查年鉴—2013/综合卷

作　　者/新疆维吾尔自治区人民政府第三次经济普查领导小组办公室
责任编辑/王振宇
封面设计/黄俊杰　李雪燕
出版发行/中国统计出版社
通信地址/北京市丰台区西三环南路甲 6 号　邮政编码/100073
电　　话/邮购（010）63376909　书店（010）68783171
网　　址/http://www.zgtjcbs.com/
印　　刷/ 新疆统计印刷厂
经　　销/新华书店
开　　本/880mm×1230mm　1/16
字　　数/832 千字
印　　张/26
版　　别/2016 年 12 月第 1 版
版　　次/2016 年 12 月第 1 次印刷
定　　价/880.00 元（全四册）

如有印装差错，由本社发行部调换。

编辑机构名单

名誉主任：雪克来提·扎克尔

主　　任：彭家瑞

副 主 任：许　斌

编　　委：王　跃　杨丰连　刘　京　吐尔逊娜依　宋秀红　王宗岳

王玉仓　赵玉西　刘莉萍　李仁玮　张德欢　郝俊清

王　冰　彭　季　李　为　刘建新　杨进军　张世煜

李全战　张旭宏　郜周海　杨拥旺

主　　编：许　斌

副 主 编：赵玉西

责任编辑：汤　文　崔秀芝　胡晓燕　吕　乐　陈　强　孙兴旺

郭小元　李晓江　朱新华　杨静玲

编辑人员：廖　琳　陈晓荣　维　拉　哈丽芒　董福喜

数据处理：雒　钢　杨雅彬　雷　敏　王　炎　古丽娜孜

编　　务：华建戎　王艳兵　翟亚丽　热孜万古丽

编者说明

第三次全国经济普查是国务院统一部署的一项重大的国情国力调查。普查的主要目的是摸清我国各类单位的基本情况，全面调查我国第二产业和第三产业的发展规模及布局，系统了解我国产业组织、产业结构的现状以及各主要生产要素的构成，进一步查实服务业、战略性新兴产业、文化产业等相关产业以及中小微企业的发展状况，全面更新覆盖国民经济各行业的基本单位名录库、基础信息数据库和统计电子地理信息系统，为加强和改善宏观调控，加快经济结构战略性调整，科学制定中长期发展规划，提供全面系统、真实可靠的统计信息支持。

第三次全国经济普查的标准时点为2013年12月31日24时，时期资料为2013年度。

新疆维吾尔自治区第三次全国经济普查对我区境内从事第二产业和第三产业的全部法人单位、产业活动单位和个体经营户进行登记和调查。根据《三次产业划分规定》（国统字[2012]108号），第二产业包括采矿业，制造业，电力、热力、燃气及水生产和供应业，建筑业；第三产业包括农、林、牧、渔服务业，批发和零售业，交通运输、仓储和邮政业，住宿和餐饮业，信息传输、软件和信息技术服务业，金融业，房地产业，租赁和商务服务业，科学研究和技术服务业，水利、环境和公共设施管理业，居民服务、修理和其他服务业，教育，卫生和社会工作，文化、体育和娱乐业，公共管理、社会保障和社会组织。

法人单位、产业活动单位和个体经营户按照《统计单位划分及具体办法》和普查规定的单位划分及具体处理规定进行界定。

为保证基本单位的不重不漏，结合第三次全国经济普查，对农业、林业、畜牧业和渔业的法人单位、产业活动单位进行普查登记。

《新疆经济普查年鉴-2013》是根据新疆第三次全国经济普查结果汇编成的一部大型资料集，按照《第三次全国经济普查统计分类标准和目录-2013》对基础数据进行加工汇总而成。全书分为综合卷、企业卷和业卷。本书通过大量的数据，诠释了第三次全国经济普查以来新疆维吾尔自治区社会发展、经济增长和科技进步的全貌，内容全面，资料丰富，是各级党政领导、行政管理人员以及科研机构和社会各界全面了解和认识近年来新疆经济发展的重要参考资料。同时，为新疆各经济部门、各相关行业制定宏观经济政策和经济社会发展规划提供科学依据。

为方便读者能更好地使用本资料，现就有关情况做如下说明：

1. 本资料中地区分组数据均按法人单位实际所在行政区的原则进行汇总。

2. 本资料中部分分组数据相加与汇总数据有差异，原因是分组所列项目不全，活分组所列项目只限定部分调查对象填写。

3. 本资料各表中所列“单位数”存在差异，原因是由于经济普查对不同的表种限定了不同的填报范围，因此各表种的“单位数”均显示为实际填报该表种的单位数量。

4. 本资料中使用符号：“空格”表示该项指标无数据；“…”表示数据不足该表最小单位数。

5. 本资料各表中的合计数和部分数据因小数取舍而产生的误差，均未作机械调整。

第一篇 综合篇

第1篇

综 合 篇

1-1　按登记注册类型分组的法人单位数、产业活动单位数及从业人员数

登记注册类型	法人单位				产业活动单位数	
	单位数（个）	单产业法人单位	多产业法人单位	从业人员数（人）	单位数（个）	#多产业法人单位所属的产业活动单位数
总　计	**135357**	**127219**	**8138**	**4410735**	**192348**	**65129**
内资企业	135021	126929	8092	4374502	191724	64795
国有企业	28083	23942	4141	1918807	51822	27880
集体企业	956	865	91	32916	2230	1365
股份合作企业	366	272	94	16396	576	304
联营企业	303	292	11	5831	695	403
国有联营企业	68	64	4	1609	181	117
集体联营企业	131	124	7	2817	261	137
国有与集体联营企业	18	18		401	61	43
其他联营企业	86	86		1004	192	106
有限责任公司	18534	17276	1258	925529	23552	6276
国有独资公司	645	518	127	128531	821	303
其他有限责任公司	17889	16758	1131	796998	22731	5973
股份有限公司	1265	919	346	240453	3505	2586
私营企业	51762	49809	1953	810624	57758	7949
私营独资企业	9581	9403	178	105652	10757	1354
私营合伙企业	1377	1358	19	17082	1520	162
私营有限责任公司	39996	38279	1717	665221	44515	6236
私营股份有限公司	808	769	39	22669	966	197
其他企业	33752	33554	198	423946	51586	18032
港、澳、台商投资企业	122	101	21	18011	214	113
合资经营企业(港或澳、台资)	56	48	8	9324	74	26
合作经营企业(港或澳、台资)	4	4		125	7	3
港、澳、台商独资经营企业	42	36	6	6144	75	39
港、澳、台商投资股份有限公司	15	11	4	1664	50	39
其他港澳台投资企业	5	2	3	754	8	6
外商投资企业	214	189	25	18222	410	221
中外合资经营企业	88	77	11	8738	117	40
中外合作经营企业	10	7	3	1147	10	3
外资企业	83	77	6	6257	173	96
外商投资股份有限公司	10	7	3	1162	51	44
其他外商投资企业	23	21	2	918	59	38

1-2 按行业分组的法人单位数、

行业小类	代码	法人	
		单位数（个）	单产业法人
总　计		**135357**	**127219**
农、林、牧、渔业	**A**	**4692**	**4444**
农业	01	161	
谷物种植	011	37	
豆类、油料和薯类种植	012	7	
棉、麻、糖、烟草种植	013	92	
蔬菜、食用菌及园艺作物种植	014	9	
水果种植	015	14	
坚果、含油果、香料和饮料作物种植	016	1	
中药材种植	017		
其他农业	019	1	
林业	02	9	
林木育种和育苗	021	1	
造林和更新	022	2	
森林经营和管护	023	5	
木材和竹材采运	024	1	
林产品采集	025		
畜牧业	03	20	
牲畜饲养	031	16	
家禽饲养	032	2	
狩猎和捕捉动物	033		
其他畜牧业	039	2	
渔业	04	2	
水产养殖	041	1	
水产捕捞	042	1	
农、林、牧、渔服务业	05	4500	4444
农业服务业	051	2952	2906
林业服务业	052	381	378
畜牧服务业	053	1141	1134
渔业服务业	054	26	26
采矿业	**B**	**2276**	**2208**
煤炭开采和洗选业	06	396	376
烟煤和无烟煤开采洗选	061	383	363
褐煤开采洗选	062		
其他煤炭采选	069	13	13
石油和天然气开采业	07	20	17
石油开采	071	12	9
天然气开采	072	8	8
黑色金属矿采选业	08	481	472
铁矿采选	081	434	427
锰矿、铬矿采选	082	23	22
其他黑色金属矿采选	089	24	23
有色金属矿采选业	09	335	330
常用有色金属矿采选	091	212	208
贵金属矿采选	092	93	93
稀有稀土金属矿采选	093	30	29
非金属矿采选业	10	723	707
土砂石开采	101	564	554
化学矿开采	102	12	11
采盐	103	12	11
石棉及其他非金属矿采选	109	135	131

产业活动单位数及从业人员数

单位			产业活动单位	
多产业法人	从业人员数（人）	女性	单位数（个）	#多产业法人所属的产业活动单位数
8138	**4410735**	**1647921**	**192348**	**65129**
248	**538252**	**232272**	**5713**	**1269**
161	433126	201995		
37	84155	37282		
7	13036	5147		
92	286761	136550		
9	21045	9854		
14	23874	11317		
1	2417	1021		
1	1838	824		
9	910	233		
1	5	3		
2	318	61		
5	460	142		
1	127	27		
20	8604	3675		
16	7872	3391		
2	426	116		
2	306	168		
2	93	21		
1	36	11		
1	57	10		
56	95519	26348	5713	1269
46	59035	15597	3731	825
3	7195	1857	692	314
7	29144	8861	1253	119
	145	33	37	11
68	**250523**	**60081**	**2504**	**296**
20	76669	13269	442	66
20	76378	13241	424	61
	291	28	18	5
3	75136	28395	36	19
3	74483	28262	25	16
	653	133	11	3
9	20519	3564	503	31
7	19098	3337	453	26
1	950	171	26	4
1	471	56	24	1
5	14157	2300	345	15
4	10374	1586	219	11
	2903	586	96	3
1	880	128	30	1
16	11911	2346	782	75
10	8665	1572	614	60
1	265	61	14	3
1	952	332	12	1
4	2029	381	142	11

1-2 续表 1

行业小类	代码	法人	
		单位数（个）	单产业法人
开采辅助活动	11	205	191
煤炭开采和洗选辅助活动	111	28	28
石油和天然气开采辅助活动	112	158	144
其他开采辅助活动	119	19	19
其他采矿业	12	116	115
其他采矿业	120	116	115
制造业	**C**	**12382**	**12049**
农副食品加工业	13	1385	1330
谷物磨制	131	191	181
饲料加工	132	95	88
植物油加工	133	310	303
制糖业	134	18	17
屠宰及肉类加工	135	183	170
水产品加工	136	13	13
蔬菜、水果和坚果加工	137	370	358
其他农副食品加工	139	205	200
食品制造业	14	488	465
焙烤食品制造	141	78	72
糖果、巧克力及蜜饯制造	142	20	19
方便食品制造	143	44	41
乳制品制造	144	61	58
罐头食品制造	145	128	124
调味品、发酵制品制造	146	31	30
其他食品制造	149	126	121
酒、饮料和精制茶制造业	15	411	388
酒的制造	151	245	229
饮料制造	152	152	145
精制茶加工	153	14	14
烟草制品业	16	1	1
烟叶复烤	161		
卷烟制造	162	1	1
其他烟草制品制造	169		
纺织业	17	348	340
棉纺织及印染精加工	171	202	194
毛纺织及染整精加工	172	21	21
麻纺织及染整精加工	173	11	11
丝绢纺织及印染精加工	174	6	6
化纤织造及印染精加工	175	5	5
针织或钩针编织物及其制品制造	176	30	30
家用纺织制成品制造	177	33	33
非家用纺织制成品制造	178	40	40
纺织服装、服饰业	18	168	167
机织服装制造	181	89	89
针织或钩针编织服装制造	182	15	14
服饰制造	183	64	64
皮革、毛皮、羽毛及其制品和制鞋业	19	50	50
皮革鞣制加工	191	9	9
皮革制品制造	192	15	15

单位			产业活动单位	
多产业法人	从业人员数（人）	女性	单位数（个）	#多产业法人所属的产业活动单位数
14	51439	10054	278	87
	944	241	29	1
14	50396	9787	226	82
	99	26	23	4
1	692	153	118	3
1	692	153	118	3
333	**637600**	**195006**	**13093**	**1044**
55	54144	18838	1517	187
10	4922	1312	214	33
7	4806	1198	106	18
7	13319	3481	357	54
1	6407	2236	20	3
13	5260	2071	196	26
	178	76	15	2
12	13548	6375	393	35
5	5704	2089	216	16
23	32222	13602	509	44
6	3143	1999	81	9
1	551	280	20	1
3	3725	1836	46	5
3	5073	2430	64	6
4	6914	2368	135	11
1	5422	1854	35	5
5	7394	2835	128	7
23	17868	6749	433	45
16	12805	4898	251	22
7	4832	1735	167	22
	231	116	15	1
	1015	335	1	
	1015	335	1	
8	38470	21952	363	23
8	32306	18658	213	19
	2672	1772	21	
	626	319	12	1
	139	87	6	
	222	68	5	
	500	353	30	
	1287	327	35	2
	718	368	41	1
1	6266	4210	173	6
	4581	3041	95	6
1	533	360	14	
	1152	809	64	
	1179	413	54	4
	645	129	10	1
	79	26	15	

1-2 续表 2

行业小类	代码	法人	
		单位数（个）	单产业法人
毛皮鞣制及制品加工	193	12	12
羽毛(绒)加工及制品制造	194	7	7
制鞋业	195	7	7
木材加工和木、竹、藤、棕、草制品业	20	225	224
木材加工	201	77	77
人造板制造	202	68	67
木制品制造	203	69	69
竹、藤、棕、草等制品制造	204	11	11
家具制造业	21	133	131
木质家具制造	211	89	88
竹、藤家具制造	212	1	1
金属家具制造	213	27	26
塑料家具制造	214	5	5
其他家具制造	219	11	11
造纸和纸制品业	22	231	228
纸浆制造	221	4	3
造纸	222	66	65
纸制品制造	223	161	160
印刷和记录媒介复制业	23	328	325
印刷	231	276	274
装订及印刷相关服务	232	52	51
记录媒介复制	233		
文教、工美、体育和娱乐用品制造业	24	341	337
文教办公用品制造	241	13	12
乐器制造	242	1	1
工艺美术品制造	243	319	316
体育用品制造	244	6	6
玩具制造	245	1	1
游艺器材及娱乐用品制造	246	1	1
石油加工、炼焦和核燃料加工业	25	241	231
精炼石油产品制造	251	124	116
炼焦	252	116	114
核燃料加工	253	1	1
化学原料和化学制品制造业	26	870	823
基础化学原料制造	261	158	146
肥料制造	262	302	289
农药制造	263	13	12
涂料、油墨、颜料及类似产品制造	264	80	77
合成材料制造	265	52	50
专用化学产品制造	266	199	190
炸药、火工及焰火产品制造	267	19	13
日用化学产品制造	268	47	46
医药制造业	27	125	117
化学药品原料药制造	271	13	13
化学药品制剂制造	272	7	5
中药饮片加工	273	28	27
中成药生产	274	36	34
兽用药品制造	275	6	6
生物药品制造	276	22	19
卫生材料及医药用品制造	277	13	13

单位			产业活动单位	
多产业法人	从业人员数（人）	女性	单位数（个）	#多产业法人所属的产业活动单位数
	104	22	14	2
	208	167	8	1
	143	69	7	
1	4544	1304	239	15
	964	245	84	7
1	2089	599	71	4
	1258	354	72	3
	233	106	12	1
2	2854	967	138	7
1	1651	675	94	6
	5	3	1	
1	808	217	26	
	133	17	5	
	257	55	12	1
3	9600	3272	235	7
1	169	54	3	
1	4407	1451	67	2
1	5024	1767	165	5
3	6274	2901	350	25
2	5559	2523	294	20
1	715	378	56	5
4	8606	5980	349	12
1	94	29	13	1
	4	2	1	
3	8410	5920	327	11
	49	18	6	
	6		1	
	43	11	1	
10	51674	15360	249	18
8	33960	11289	131	15
2	17599	4056	117	3
	115	15	1	
47	82672	21738	933	110
12	27594	7213	163	17
13	18775	4277	325	36
1	249	63	12	
3	1242	384	86	9
2	22168	6148	53	3
9	8249	2034	218	28
6	3081	989	26	13
1	1314	630	50	4
8	7439	3021	133	16
	1762	463	13	
2	1346	643	8	3
1	655	171	32	5
2	2380	1141	39	5
	309	114	7	1
3	678	333	20	1
	309	156	14	1

1-2 续表 3

行业小类	代码	法人	
		单位数（个）	单产业法人
化学纤维制造业	28	29	27
纤维素纤维原料及纤维制造	281	24	22
合成纤维制造	282	5	5
橡胶和塑料制品业	29	1180	1159
橡胶制品业	291	67	66
塑料制品业	292	1113	1093
非金属矿物制品业	30	2965	2898
水泥、石灰和石膏制造	301	258	244
石膏、水泥制品及类似制品制造	302	731	703
砖瓦、石材等建筑材料制造	303	1709	1687
玻璃制造	304	38	37
玻璃制品制造	305	48	47
玻璃纤维和玻璃纤维增强塑料制品制造	306	43	42
陶瓷制品制造	307	17	17
耐火材料制品制造	308	52	52
石墨及其他非金属矿物制品制造	309	69	69
黑色金属冶炼和压延加工业	31	254	248
炼铁	311	61	59
炼钢	312	14	14
黑色金属铸造	313	47	47
钢压延加工	314	107	104
铁合金冶炼	315	25	24
有色金属冶炼和压延加工业	32	125	121
常用有色金属冶炼	321	40	37
贵金属冶炼	322	17	17
稀有稀土金属冶炼	323	11	11
有色金属合金制造	324	14	14
有色金属铸造	325	7	7
有色金属压延加工	326	36	35
金属制品业	33	942	929
结构性金属制品制造	331	608	598
金属工具制造	332	57	57
集装箱及金属包装容器制造	333	48	47
金属丝绳及其制品制造	334	20	20
建筑、安全用金属制品制造	335	81	81
金属表面处理及热处理加工	336	26	26
搪瓷制品制造	337		
金属制日用品制造	338	21	21
其他金属制品制造	339	81	79
通用设备制造业	34	380	371
锅炉及原动设备制造	341	71	70
金属加工机械制造	342	75	72
物料搬运设备制造	343	35	34
泵、阀门、压缩机及类似机械制造	344	16	16
轴承、齿轮和传动部件制造	345	7	7
烘炉、风机、衡器、包装等设备制造	346	43	43
文化、办公用机械制造	347	3	3
通用零部件制造	348	116	112
其他通用设备制造业	349	14	14

单位			产业活动单位	
多产业法人	从业人员数（人）	女性	单位数（个）	#多产业法人所属的产业活动单位数
2	9062	3559	29	2
2	8931	3513	24	2
	131	46	5	
21	31183	10382	1206	47
1	3371	1000	70	4
20	27812	9382	1136	43
67	118066	26187	3153	255
14	29934	7958	276	32
28	30144	5459	793	90
22	43510	9385	1808	121
1	1607	432	39	2
1	2727	1070	50	3
1	1744	489	45	3
	113	42	17	
	1994	406	55	3
	6293	946	70	1
6	52820	12370	259	11
2	15845	3941	63	4
	2965	596	14	
	1541	333	49	2
3	28507	6844	108	4
1	3962	656	25	1
4	37979	6615	128	7
3	24043	3792	43	6
	3697	731	17	
	4090	798	11	
	655	99	14	
	83	6	7	
1	5411	1189	36	1
13	21258	5142	984	55
10	13126	2858	632	34
	691	164	60	3
1	2612	839	52	5
	1045	258	21	1
	1050	247	89	8
	719	184	28	2
	239	53	21	
2	1776	539	81	2
9	7915	1945	395	24
1	1218	257	74	4
3	1097	281	79	7
1	1912	472	36	2
	212	53	17	1
	254	89	8	1
	602	143	43	
	15	10	4	1
4	2361	580	120	8
	244	60	14	

1-2 续表 4

行业小类	代码	法人	
		单位数(个)	单产业法人
专用设备制造业	35	491	488
采矿、冶金、建筑专用设备制造	351	146	144
化工、木材、非金属加工专用设备制造	352	50	50
食品、饮料、烟草及饲料生产专用设备制造	353	15	15
印刷、制药、日化及日用品生产专用设备制造	354	17	17
纺织、服装和皮革加工专用设备制造	355	4	4
电子和电工机械专用设备制造	356	14	14
农、林、牧、渔专用机械制造	357	177	177
医疗仪器设备及器械制造	358	9	9
环保、社会公共服务及其他专用设备制造	359	59	58
汽车制造业	36	64	62
汽车整车制造	361	4	3
改装汽车制造	362	37	37
低速载货汽车制造	363		
电车制造	364	1	1
汽车车身、挂车制造	365	5	5
汽车零部件及配件制造	366	17	16
铁路、船舶、航空航天和其他运输设备制造业	37	15	13
铁路运输设备制造	371	2	1
城市轨道交通设备制造	372	1	1
船舶及相关装置制造	373		
航空、航天器及设备制造	374	1	1
摩托车制造	375	5	4
自行车制造	376	6	6
非公路休闲车及零配件制造	377		
潜水救捞及其他未列明运输设备制造	379		
电气机械和器材制造业	38	335	327
电机制造	381	22	21
输配电及控制设备制造	382	165	159
电线、电缆、光缆及电工器材制造	383	73	72
电池制造	384	3	3
家用电力器具制造	385	11	11
非电力家用器具制造	386	13	13
照明器具制造	387	36	36
其他电气机械及器材制造	389	12	12
计算机、通信和其他电子设备制造业	39	18	17
计算机制造	391	1	1
通信设备制造	392	3	2
广播电视设备制造	393	1	1
雷达及配套设备制造	394		
视听设备制造	395	2	2
电子器件制造	396	4	4
电子元件制造	397	2	2
其他电子设备制造	399	5	5
仪器仪表制造业	40	27	26
通用仪器仪表制造	401	14	14
专用仪器仪表制造	402	12	11
钟表与计时仪器制造	403		
光学仪器及眼镜制造	404		
其他仪器仪表制造业	409	1	1

单位			产业活动单位	
多产业法人	从业人员数（人）	女性	单位数（个）	#多产业法人所属的产业活动单位数
3	11619	2606	529	41
2	3181	678	159	15
	1219	214	54	4
	138	43	16	1
	170	58	18	1
	25	5	5	1
	131	33	14	
	5854	1333	192	15
	69	18	9	
1	832	224	62	4
2	3309	775	66	4
1	1697	396	6	3
	799	204	38	1
	8	2	1	
	268	35	5	
1	537	138	16	
2	475	75	17	4
1	239	21	4	3
	41	7	1	
	27	12	1	
1	124	27	5	1
	44	8	6	
8	14370	3496	351	24
1	1741	294	22	1
6	10026	2510	171	12
1	1488	417	77	5
	22	9	3	
	189	56	12	1
	135	23	15	2
	537	132	37	1
	232	55	14	2
1	324	113	23	6
	7	3	1	
1	37	18	5	3
	72	35	1	
	27	5	2	
	125	34	6	2
	9	3	2	
	47	15	6	1
1	400	160	31	5
	300	122	16	2
1	98	36	13	2
	2	2	2	1

1-2 续表 5

行业小类	代码	法人	
		单位数(个)	单产业法人
其他制造业	41	45	45
日用杂品制造	411	5	5
煤制品制造	412	9	9
核辐射加工	413		
其他未列明制造业	419	31	31
废弃资源综合利用业	42	60	58
金属废料和碎屑加工处理	421	28	26
非金属废料和碎屑加工处理	422	32	32
金属制品、机械和设备修理业	43	107	103
金属制品修理	431		
通用设备修理	432	25	23
专用设备修理	433	32	31
铁路、船舶、航空航天等运输设备修理	434	5	4
电气设备修理	435	13	13
仪器仪表修理	436	4	4
其他机械和设备修理业	439	28	28
电力、热力、燃气及水生产和供应业	**D**	**1114**	**1013**
电力、热力生产和供应业	44	829	784
电力生产	441	531	512
电力供应	442	52	38
热力生产和供应	443	246	234
燃气生产和供应业	45	110	80
燃气生产和供应业	450	110	80
水的生产和供应业	46	175	149
自来水生产和供应	461	133	108
污水处理及其再生利用	462	34	33
其他水的处理、利用与分配	469	8	8
建筑业	**E**	**2935**	**2596**
房屋建筑业	47	882	693
房屋建筑业	470	882	693
土木工程建筑业	48	601	530
铁路、道路、隧道和桥梁工程建筑	481	210	176
水利和内河港口工程建筑	482	116	100
海洋工程建筑	483		
工矿工程建筑	484	39	35
架线和管道工程建筑	485	100	89
其他土木工程建筑	489	136	130
建筑安装业	49	522	473
电气安装	491	177	151
管道和设备安装	492	133	125
其他建筑安装业	499	212	197
建筑装饰和其他建筑业	50	930	900
建筑装饰业	501	640	618
工程准备活动	502	113	108
提供施工设备服务	503	39	38
其他未列明建筑业	509	138	136
批发和零售业	**F**	**31535**	**30089**
批发业	51	21993	21041
农、林、牧产品批发	511	1686	1487
食品、饮料及烟草制品批发	512	1962	1903
纺织、服装及家庭用品批发	513	1416	1399

单位			产业活动单位	
多产业法人	从业人员数（人）	女性	单位数（个）	#多产业法人所属的产业活动单位数
	997	261	46	1
	66	37	5	
	576	132	9	
	355	92	32	1
2	1043	237	68	10
2	613	132	31	5
	430	105	37	5
4	1953	441	132	29
			1	1
2	211	55	28	5
1	954	208	47	16
1	135	25	5	1
	160	29	15	2
	62	17	4	
	431	107	32	4
101	**95470**	**26206**	**1634**	**621**
45	79698	20645	1171	387
19	34061	8490	620	108
14	30404	8186	245	207
12	15233	3969	306	72
30	6798	2362	190	110
30	6798	2362	190	110
26	8974	3199	273	124
25	7556	2734	223	115
1	1254	418	41	8
	164	47	9	1
339	**387624**	**51127**	**4392**	**1796**
189	246160	31382	1646	953
189	246160	31382	1646	953
71	93978	12105	867	337
34	44314	4929	306	130
16	20236	3636	175	75
4	6687	917	56	21
11	20801	2123	129	40
6	1940	500	201	71
49	25373	4673	759	286
26	10547	2058	241	90
8	5146	981	171	46
15	9680	1634	347	150
30	22113	2967	1120	220
22	10825	1814	751	133
5	4188	659	137	29
1	601	113	53	15
2	6499	381	179	43
1446	**305101**	**134470**	**40737**	**10648**
952	190085	75281	27554	6513
199	32907	10223	2408	921
59	22115	8986	2125	222
17	12166	7370	1475	76

1-2 续表 6

行业小类	代码	法人	
		单位数(个)	单产业法人
文化、体育用品及器材批发	514	451	446
医药及医疗器材批发	515	534	509
矿产品、建材及化工产品批发	516	7529	7073
机械设备、五金产品及电子产品批发	517	6951	6796
贸易经纪与代理	518	777	763
其他批发业	519	687	665
零售业	52	9542	9048
综合零售	521	988	922
食品、饮料及烟草制品专门零售	522	845	819
纺织、服装及日用品专门零售	523	719	687
文化、体育用品及器材专门零售	524	509	472
医药及医疗器材专门零售	525	495	423
汽车、摩托车、燃料及零配件专门零售	526	2129	1999
家用电器及电子产品专门零售	527	1901	1826
五金、家具及室内装饰材料专门零售	528	1338	1319
货摊、无店铺及其他零售业	529	618	581
交通运输、仓储和邮政业	**G**	**4256**	**3929**
铁路运输业	53	6	5
铁路旅客运输	531	1	1
铁路货物运输	532	5	4
铁路运输辅助活动	533		
道路运输业	54	2429	2243
城市公共交通运输	541	201	180
公路旅客运输	542	212	169
道路货物运输	543	1717	1636
道路运输辅助活动	544	299	258
水上运输业	55	2	2
水上旅客运输	551	1	1
水上货物运输	552		
水上运输辅助活动	553	1	1
航空运输业	56	49	46
航空客货运输	561	18	18
通用航空服务	562	18	17
航空运输辅助活动	563	13	11
管道运输业	57	16	12
管道运输业	570	16	12
装卸搬运和运输代理业	58	1126	1067
装卸搬运	581	145	139
运输代理业	582	981	928
仓储业	59	410	394
谷物、棉花等农产品仓储	591	183	174
其他仓储业	599	227	220
邮政业	60	218	160
邮政基本服务	601	35	16
快递服务	602	183	144
住宿和餐饮业	**H**	**1200**	**1124**
住宿业	61	797	743
旅游饭店	611	364	331
一般旅馆	612	345	333
其他住宿业	619	88	79

单位			产业活动单位	
多产业法人	从业人员数(人)	女性	单位数(个)	#多产业法人所属的产业活动单位数
5	3049	1667	471	25
25	7538	3459	571	62
456	62076	23897	11482	4409
155	41547	16177	7336	540
14	4082	1751	824	61
22	4605	1751	862	197
494	115016	59189	13183	4135
66	26073	16593	1205	283
26	6107	2743	1089	270
32	8537	5908	822	135
37	5100	2803	683	211
72	8999	6084	1842	1419
130	30683	11206	3224	1225
75	13780	6336	2089	263
19	8776	4058	1402	83
37	6961	3458	827	246
327	**217989**	**56948**	**6454**	**2525**
1	63746	16605	118	113
	40	3	14	13
1	63706	16602	35	31
			69	69
186	108395	24477	2988	745
21	15977	5219	249	69
43	11414	2751	295	126
81	63635	9926	1906	270
41	17369	6581	538	280
	58	12	5	3
	56	12	2	1
	2		3	2
3	6274	2020	82	36
	91	39	30	12
1	342	76	22	5
2	5841	1905	30	19
4	3697	811	29	17
4	3697	811	29	17
59	14630	4094	1316	249
6	6622	1025	159	20
53	8008	3069	1157	229
16	6614	2169	550	156
9	3070	986	291	117
7	3544	1183	259	39
58	14575	6760	1366	1206
19	11170	5680	849	833
39	3405	1080	517	373
76	**51528**	**30108**	**1664**	**540**
54	34697	20693	1070	327
33	24955	14652	475	144
12	8099	5084	464	131
9	1643	957	131	52

1-2 续表 7

行业小类	代码	法人	
		单位数(个)	单产业法人
餐饮业	62	403	381
正餐服务	621	289	273
快餐服务	622	40	35
饮料及冷饮服务	623	8	8
其他餐饮业	629	66	65
信息传输、软件和信息技术服务业	**I**	**1490**	**1384**
电信、广播电视和卫星传输服务	63	260	190
电信	631	136	73
广播电视传输服务	632	116	111
卫星传输服务	633	8	6
互联网和相关服务	64	202	197
互联网接入及相关服务	641	37	37
互联网信息服务	642	110	106
其他互联网服务	649	55	54
软件和信息技术服务业	65	1028	997
软件开发	651	380	374
信息系统集成服务	652	135	127
信息技术咨询服务	653	362	351
数据处理和存储服务	654	20	19
集成电路设计	655	4	4
其他信息技术服务业	659	127	122
金融业	**J**	**684**	**281**
货币金融服务	66	404	178
中央银行服务	661	15	8
货币银行服务	662	240	32
非货币银行服务	663	148	138
银行监管服务	664	1	
资本市场服务	67	5	3
证券市场服务	671		
期货市场服务	672	2	
证券期货监管服务	673	3	3
资本投资服务	674		
其他资本市场服务	679		
保险业	68	256	85
人身保险	681	97	27
财产保险	682	139	39
再保险	683		
养老金	684	2	1
保险经纪与代理服务	685	17	17
保险监管服务	686	1	1
其他保险活动	689		
其他金融业	69	19	15
金融信托与管理服务	691	2	2
控股公司服务	692		
非金融机构支付服务	693	3	2
金融信息服务	694	11	10
其他未列明金融业	699	3	1
房地产业	**K**	**4983**	**4503**
房地产业	70	4983	4503
房地产开发经营	701	2286	1998

单位			产业活动单位	
多产业法人	从业人员数（人）	女性	单位数（个）	#多产业法人所属的产业活动单位数
22	16831	9415	594	213
16	11824	6258	386	113
5	2654	1648	113	78
	42	27	10	2
1	2311	1482	85	20
106	**40837**	**19271**	**2732**	**1348**
70	27905	14362	1332	1142
63	24195	12751	1055	982
5	3469	1524	263	152
2	241	87	14	8
5	2084	803	264	67
	326	119	48	11
4	1417	575	153	47
1	341	109	63	9
31	10848	4106	1136	139
6	4105	1508	404	30
8	1749	551	150	23
11	3566	1421	413	62
1	257	149	26	7
	27	10	4	
5	1144	467	139	17
403	**20887**	**10271**	**4446**	**4165**
226	19871	9826	3127	2949
7			90	82
208	18763	9290	2823	2791
10	1108	536	196	58
1			18	18
2	295	132	101	98
			60	60
2	237	102	8	8
	58	30	4	1
			20	20
			9	9
171	210	105	1132	1047
70			441	414
100			635	596
			2	2
1			6	5
	133	69	31	14
	77	36	2	1
			15	15
4	511	208	86	71
	324	126	27	25
			2	2
1	38	21	8	6
1	149	61	26	16
2			23	22
480	**114544**	**49033**	**5893**	**1390**
480	114544	49033	5893	1390
288	46684	18890	2715	717

1-2 续表 8

行业小类	代码	法人	
		单位数(个)	单产业法人
物业管理	702	1509	1413
房地产中介服务	703	768	691
自有房地产经营活动	704	274	262
其他房地产业	709	146	139
租赁和商务服务业	**L**	**8847**	**8530**
租赁业	71	642	632
机械设备租赁	711	616	606
文化及日用品出租	712	26	26
商务服务业	72	8205	7898
企业管理服务	721	2062	1979
法律服务	722	456	448
咨询与调查	723	1390	1339
广告业	724	1389	1366
知识产权服务	725	31	31
人力资源服务	726	859	838
旅行社及相关服务	727	567	509
安全保护服务	728	184	170
其他商务服务业	729	1267	1218
科学研究和技术服务业	**M**	**4948**	**4678**
研究和试验发展	73	280	272
自然科学研究和试验发展	731	32	31
工程和技术研究和试验发展	732	72	71
农业科学研究和试验发展	733	109	104
医学研究和试验发展	734	29	28
社会人文科学研究	735	38	38
专业技术服务业	74	3514	3305
气象服务	741	185	169
地震服务	742	38	35
海洋服务	743	1	1
测绘服务	744	144	133
质检技术服务	745	597	581
环境与生态监测	746	119	117
地质勘查	747	333	318
工程技术	748	1061	941
其他专业技术服务业	749	1036	1010
科技推广和应用服务业	75	1154	1101
技术推广服务	751	978	926
科技中介服务	752	80	80
其他科技推广和应用服务业	759	96	95
水利、环境和公共设施管理业	**N**	**1130**	**1021**
水利管理业	76	454	371
防洪除涝设施管理	761	25	23
水资源管理	762	198	155
天然水收集与分配	763	90	64
水文服务	764	13	12
其他水利管理业	769	128	117
生态保护和环境治理业	77	180	173
生态保护	771	144	137
环境治理业	772	36	36

单位			产业活动单位	
多产业法人	从业人员数（人）	女性	单位数（个）	#多产业法人所属的产业活动单位数
96	55286	24595	1730	317
77	5780	2709	969	278
12	4470	1899	299	37
7	2324	940	180	41
317	**203541**	**81723**	**10346**	**1816**
10	6657	1757	709	77
10	6494	1677	679	73
	163	80	30	4
307	196884	79966	9637	1739
83	64439	26295	2453	474
8	4595	2012	600	152
51	10333	5187	1610	271
23	8572	3871	1512	146
	164	92	35	4
21	68512	29341	1005	167
58	6620	3404	744	235
14	16109	2829	228	58
49	17540	6935	1450	232
270	**99957**	**32831**	**7144**	**2466**
8	7148	2696	305	33
1	1086	375	34	3
1	1277	456	79	8
5	3065	1125	121	17
1	390	197	32	4
	1330	543	39	1
209	77942	24351	4790	1485
16	3707	1396	226	57
3	729	237	46	11
	26	1	1	
11	2309	825	188	55
16	8403	3189	692	111
2	2482	1018	162	45
15	11280	2572	370	52
120	34858	10508	1628	687
26	14148	4605	1477	467
53	14867	5784	2049	948
52	13308	5196	1832	906
	786	309	94	14
1	773	279	123	28
109	**54489**	**22161**	**2148**	**1127**
83	22594	7044	1288	917
2	958	293	36	13
43	7754	2245	622	467
26	7474	2276	364	300
1	439	144	17	5
11	5969	2086	249	132
7	3860	1105	244	71
7	2926	875	200	63
	934	230	44	8

1-2 续表 9

行业小类	代码	法人	
		单位数(个)	单产业法人
公共设施管理业	78	496	477
市政设施管理	781	69	66
环境卫生管理	782	86	84
城乡市容管理	783	29	29
绿化管理	784	224	214
公园和游览景区管理	785	88	84
居民服务、修理和其他服务业	**O**	**1925**	**1873**
居民服务业	79	516	504
家庭服务	791	96	93
托儿所服务	792	55	52
洗染服务	793	14	13
理发及美容服务	794	26	24
洗浴服务	795	16	16
保健服务	796	17	17
婚姻服务	797	47	47
殡葬服务	798	74	72
其他居民服务业	799	171	170
机动车、电子产品和日用产品修理业	80	1005	980
汽车、摩托车修理与维护	801	758	737
计算机和办公设备维修	802	144	142
家用电器修理	803	67	66
其他日用产品修理业	809	36	35
其他服务业	81	404	389
清洁服务	811	105	104
其他未列明服务业	819	299	285
教育	**P**	**6310**	**5883**
教育	82	6310	5883
学前教育	821	1305	1245
初等教育	822	1848	1594
中等教育	823	1426	1350
高等教育	824	109	100
特殊教育	825	41	41
技能培训、教育辅助及其他教育	829	1581	1553
卫生和社会工作	**Q**	**3206**	**3033**
卫生	83	2730	2564
医院	831	709	667
社区医疗与卫生院	832	1327	1225
门诊部(所)	833	71	71
计划生育技术服务活动	834	296	282
妇幼保健院(所、站)	835	96	94
专科疾病防治院(所、站)	836	9	9
疾病预防控制中心	837	170	165
其他卫生活动	839	52	51
社会工作	84	476	469
提供住宿社会工作	841	317	314
不提供住宿社会工作	842	159	155
文化、体育和娱乐业	**R**	**2925**	**2872**
新闻和出版业	85	118	117
新闻业	851	18	18
出版业	852	100	99

单位			产业活动单位	
多产业法人	从业人员数（人）	女性	单位数（个）	#多产业法人所属的产业活动单位数
19	28035	14012	616	139
3	2986	1442	91	25
2	9447	5438	109	25
	1041	456	45	16
10	11230	5190	261	47
4	3331	1486	110	26
52	**30847**	**13300**	**2289**	**416**
12	9450	5578	689	185
3	2175	1506	104	11
3	1112	941	60	8
1	279	192	26	13
2	249	181	31	7
	592	401	20	4
	236	140	21	4
	162	92	55	8
2	1507	652	99	27
1	3138	1473	273	103
25	12167	4070	1146	166
21	9357	2693	857	120
2	1165	435	175	33
1	1207	792	75	9
1	438	150	39	4
15	9230	3652	454	65
1	4074	2482	118	14
14	5156	1170	336	51
427	**376714**	**240869**	**9465**	**3582**
427	376714	240869	9465	3582
60	29526	26242	2448	1203
254	123519	85141	3429	1835
76	168001	102626	1482	132
9	28699	13951	140	40
	1039	671	47	6
28	25930	12238	1919	366
173	**176801**	**124309**	**4836**	**1803**
166	169715	120006	4195	1631
42	124006	87649	801	134
102	29200	20713	1808	583
	996	737	481	410
14	3864	3044	693	411
2	4099	3397	111	17
	410	300	21	12
5	6084	3506	203	38
1	1056	660	77	26
7	7086	4303	641	172
3	5631	3681	445	131
4	1455	622	196	41
53	**37653**	**17038**	**3958**	**1086**
1	6989	3470	136	19
	814	362	24	6
1	6175	3108	112	13

1-2 续表 10

行业小类	代码	法人	
		单位数(个)	单产业法人
广播、电视、电影和影视录音制作业	86	372	349
广播	861	131	123
电视	862	79	68
电影和影视节目制作	863	45	45
电影和影视节目发行	864	10	9
电影放映	865	93	90
录音制作	866	14	14
文化艺术业	87	618	605
文艺创作与表演	871	120	119
艺术表演场馆	872	18	18
图书馆与档案馆	873	132	131
文物及非物质文化遗产保护	874	54	53
博物馆	875	32	32
烈士陵园、纪念馆	876	8	8
群众文化活动	877	203	194
其他文化艺术业	879	51	50
体育	88	124	122
体育组织	881	56	56
体育场馆	882	15	15
休闲健身活动	883	40	39
其他体育	889	13	12
娱乐业	89	1693	1679
室内娱乐活动	891	1606	1594
游乐园	892	13	13
彩票活动	893	11	10
文化、娱乐、体育经纪代理	894	32	32
其他娱乐业	899	31	30
公共管理、社会保障和社会组织	**S**	**38519**	**35709**
中国共产党机关	90	1022	841
中国共产党机关	900	1022	841
国家机构	91	11350	8866
国家权力机构	911	186	172
国家行政机构	912	10650	8244
人民法院和人民检察院	913	302	252
其他国家机构	919	212	198
人民政协、民主党派	92	125	119
人民政协	921	106	100
民主党派	922	19	19
社会保障	93	222	208
社会保障	930	222	208
群众团体、社会团体和其他成员组织	94	14970	14874
群众团体	941	961	889
社会团体	942	4351	4329
基金会	943	26	26
宗教组织	944	9632	9630
基层群众自治组织	95	10830	10801
社区自治组织	951	2039	2013
村民自治组织	952	8791	8788
国际组织	**T**		
国际组织	96		
国际组织	960		

单位			产业活动单位	
多产业法人	从业人员数（人）	女性	单位数（个）	#多产业法人所属的产业活动单位数
23	10361	4607	819	470
8	3407	1594	499	376
11	4479	1901	122	54
	773	348	49	4
1	407	176	13	4
3	1228	555	120	30
	67	33	16	2
13	11320	5953	1104	499
1	4615	2201	131	12
	644	290	22	4
1	1544	1076	158	27
1	463	192	81	28
	655	313	43	11
	138	66	14	6
9	2862	1598	599	405
1	399	217	56	6
2	2021	690	160	38
	1061	389	67	11
	194	64	25	10
1	601	202	53	14
1	165	35	15	3
14	6962	2318	1739	60
12	5583	1845	1647	53
	184	57	14	1
1	183	66	13	3
	167	79	32	
1	845	271	33	3
2810	**770378**	**250897**	**62900**	**27191**
181	19288	5527	1195	354
181	19288	5527	1195	354
2484	464048	151785	20032	11166
14	5370	1492	208	36
2406	434541	140948	19078	10834
50	17386	5899	431	179
14	6751	3446	315	117
6	2529	600	131	12
6	2385	547	111	11
	144	53	20	1
14	3861	2160	566	358
14	3861	2160	566	358
96	165334	45603	29948	15074
72	29748	11975	1082	193
22	92087	32930	4678	349
	119	52	30	4
2	43380	646	24158	14528
29	115318	45222	11028	227
26	45292	29433	2142	129
3	70026	15789	8886	98

1-3 按地区分组的法人单位数、产业活动单位数及从业人员数

地 区	法人单位					产业活动单位	
	单位数(个)	单产业法人	多产业法人	从业人员数(人)	女性	单位数(个)	#多产业法人所属的产业活动单位数
总 计	**135357**	**127219**	**8138**	**4410735**	**1647921**	**192348**	**65129**
乌鲁木齐市	36989	35484	1505	1103743	403045	41860	6376
天山区	7675	7259	416	198455	87807	8822	1563
沙依巴克区	7109	6871	238	175927	73012	7795	924
新市区	13389	12889	500	440721	140536	14826	1937
水磨沟区	3979	3814	165	111106	41101	4574	760
头屯河区	1821	1754	67	70709	26249	2149	395
达坂城区	358	331	27	12302	3517	475	144
米东区	2267	2200	67	87702	28518	2695	495
乌鲁木齐县	391	366	25	6821	2305	524	158
克拉玛依市	3347	3093	254	227968	84883	4383	1290
独山子区	482	463	19	34202	13408	609	146
克拉玛依区	2382	2173	209	169183	63137	3118	945
白碱滩区	349	327	22	20793	5985	475	148
乌尔禾区	134	130	4	3790	2353	181	51
吐鲁番地区	3859	3691	168	112553	37501	4785	1094
吐鲁番市	1511	1435	76	38319	14394	1840	405
鄯善县	1581	1542	39	50487	15562	1864	322
托克逊县	767	714	53	23747	7545	1081	367
哈密地区	5303	4878	425	150393	57122	7434	2556
哈密市	4391	4106	285	123580	47755	5829	1723
巴里坤哈萨克自治县	543	453	90	16448	5825	1012	559
伊吾县	369	319	50	10365	3542	593	274
昌吉回族自治州	8730	8149	581	358781	132603	11846	3697
昌吉市	3217	2955	262	114941	43932	3907	952
阜康市	1149	1091	58	53707	17378	1519	428
呼图壁县	982	917	65	40019	16172	1486	569
玛纳斯县	801	742	59	61244	24777	1471	729
奇台县	1409	1352	57	41251	15213	1787	435
吉木萨尔县	712	658	54	36793	10640	1054	396
木垒哈萨克自治县	460	434	26	10826	4491	622	188
博尔塔拉蒙古自治州	3467	3155	312	108323	45025	4876	1721
博乐市	1891	1695	196	72410	32054	2597	902
阿拉山口市	425	416	9	5678	1501	481	65
精河县	732	643	89	19062	6910	1260	617
温泉县	419	401	18	11173	4560	538	137

1-3 续表 1

地 区	法人单位					产业活动单位	
	单位数（个）	单产业法人	多产业法人	从业人员数（人）	女性	单位数（个）	#多产业法人所属的产业活动单位数
巴音郭楞蒙古自治州	10444	9620	824	324829	124439	14318	4698
库尔勒市	5238	4876	362	171496	66420	6607	1731
轮台县	1012	974	38	22071	6353	1331	357
尉犁县	694	607	87	24101	9961	1121	514
若羌县	435	379	56	12965	3852	705	326
且末县	355	310	45	9845	3580	631	321
焉耆回族自治县	777	747	30	16409	7619	981	234
和静县	997	925	72	36799	13561	1468	543
和硕县	481	424	57	20673	8511	740	316
博湖县	455	378	77	10470	4582	734	356
阿克苏地区	9861	8953	908	308323	107918	18718	9765
阿克苏市	3269	2989	280	113480	41599	4841	1852
温宿县	1199	1106	93	39312	15282	2189	1083
库车县	1596	1489	107	51598	16234	3306	1817
沙雅县	837	759	78	19751	6411	1745	986
新和县	543	458	85	13321	4240	1318	860
拜城县	881	777	104	28878	8106	1917	1140
乌什县	668	646	22	12268	4675	1068	422
阿瓦提县	585	500	85	23311	8910	1702	1202
柯坪县	283	229	54	6404	2461	632	403
克孜勒苏柯尔克孜自治州	2418	2274	144	67387	25414	4566	2292
阿图什市	1128	1055	73	35196	14247	2097	1042
阿克陶县	679	657	22	17100	5666	1425	768
阿合奇县	198	181	17	5453	1732	356	175
乌恰县	413	381	32	9638	3769	688	307
喀什地区	11492	10615	877	364516	124749	28527	17912
喀什市	3090	2904	186	100750	37635	4802	1898
疏附县	705	667	38	20624	7169	2189	1522
疏勒县	864	857	7	22735	6849	2229	1372
英吉沙县	731	671	60	22760	6530	1920	1249
泽普县	698	644	54	20718	7227	1505	861
莎车县	1382	1250	132	46280	15273	4637	3387
叶城县	1011	944	67	30815	10618	2574	1630
麦盖提县	635	550	85	23137	8780	1766	1216
岳普湖县	519	443	76	16050	5596	1456	1013
伽师县	768	717	51	28982	8988	2443	1726
巴楚县	830	745	85	27759	8940	2531	1786
塔什库尔干塔吉克自治县	259	223	36	3906	1144	475	252
和田地区	10445	10012	433	165131	56911	13145	3133
和田市	2373	2237	136	48737	17591	2932	695

1-3 续表 2

地区	法人单位					产业活动单位	
	单位数(个)	单产业法人	多产业法人	从业人员数(人)	女性	单位数(个)	#多产业法人所属的产业活动单位数
和田县	1246	1231	15	14036	3982	1492	261
墨玉县	1959	1915	44	30993	10288	2305	390
皮山县	1251	1216	35	22616	8421	1545	329
洛浦县	1152	1122	30	16884	5207	1342	220
策勒县	821	752	69	12230	4710	1190	438
于田县	1303	1234	69	15507	5125	1834	600
民丰县	340	305	35	4128	1587	505	200
伊犁哈萨克自治州	12916	12337	579	425716	171818	15959	3622
伊宁市	2911	2742	169	110950	50559	3498	756
奎屯市	1961	1871	90	63166	24297	2250	379
伊宁县	1358	1289	69	38064	14642	1679	390
察布查尔锡伯自治县	816	789	27	28078	11048	992	203
霍城县	1978	1939	39	54952	23592	2393	454
巩留县	758	713	45	26518	8835	1009	296
新源县	1013	958	55	37987	14710	1363	405
昭苏县	722	710	12	26819	9536	865	155
特克斯县	632	609	23	16542	6285	803	194
尼勒克县	767	717	50	22640	8314	1107	390
塔城地区	6407	6067	340	251370	106662	8870	2803
塔城市	1040	984	56	30994	13764	1307	323
乌苏市	1385	1306	79	53089	21067	2020	714
额敏县	1031	980	51	45011	19451	1420	440
沙湾县	1632	1579	53	82252	36409	2343	764
托里县	497	473	24	15065	5409	632	159
裕民县	339	309	30	8893	3717	444	135
和布克赛尔蒙古自治县	483	436	47	16066	6845	704	268
阿勒泰地区	4991	4490	501	120180	47813	7037	2547
阿勒泰市	1803	1624	179	41925	17924	2398	774
布尔津县	560	501	59	9869	4422	782	281
富蕴县	524	460	64	15936	5308	855	395
福海县	726	671	55	22705	8873	1003	332
哈巴河县	653	608	45	12372	4710	835	227
青河县	342	296	46	8395	3018	554	258
吉木乃县	383	330	53	8978	3558	610	280
自治区直辖县级行政区划	4686	4399	287	321506	122013	6018	1619
石河子市	2923	2727	196	151111	54249	3537	810
阿拉尔市	626	591	35	56176	26032	915	324
图木舒克市	406	388	18	62357	23641	707	319
五家渠市	731	693	38	51862	18091	859	166

1-4　按机构类型、人员组距、开业(成立)时间分组的法人单位数、产业活动单位数及从业人员数

分　组	代码	法人单位					产业活动单位	
		单位数(个)	单产业法人	多产业法人	从业人员数(人)	女性	单位数(个)	#多产业法人所属的产业活动单位数
总　计		**135357**	**127219**	**8138**	**4410735**	**1636569**	**192348**	**65129**
按机构类型分组								
企业	10	78870	74472	4398	2735285	896293	100772	26300
事业单位	20	15976	14821	1155	757696	433458	30180	15359
机关	30	8138	5777	2361	395682	122401	11817	6040
社会团体	40	5429	5334	95	122900	45219	5893	559
民办非企业单位	51	2100	2087	13	28571	20903	2089	2
基金会	52	30	30		143	65	34	4
居委会	53	2039	2013	26	45292	29433	2142	129
村委会	54	8791	8788	3	70026	15789	8886	98
其他组织机构	90	13984	13897	87	255140	73008	30535	16638
按从业人员期末人数分组								
7人及以下	01	78848	77597	1251	296627	99461	142726	65129
8-19人	02	26994	25419	1575	321167	125092	25419	
20-49人	03	16037	14095	1942	491675	202284	14095	
50-99人	04	6983	5587	1396	474597	195571	5587	
100-299人	05	4711	3551	1160	754528	311342	3551	
300-499人	06	764	502	262	285350	102903	502	
500-999人	07	521	302	219	354635	116424	302	
1000-4999人	08	444	158	286	887850	306443	158	
5000-9999人	09	45	8	37	292161	101765	8	
10000人及以上	10	10		10	252145	75284		
按开业时间分组								
1949年及以前	1	2066	1936	130	97298	51756	7641	5705
1950-1977年	2	12833	11337	1496	1168986	489939	19024	7687
1978-1991年	3	16207	14599	1608	493053	181184	28260	13661
1991-1995年	4	3254	2932	322	132407	49622	5444	2512
1996年	5	1178	1082	96	41925	15884	2023	941
1997年	6	1053	950	103	27163	12159	1733	783
1998年	7	1592	1420	172	60711	22013	2632	1212
1999年	8	1597	1413	184	84090	28477	2406	993
2000年	9	2123	1871	252	167657	60927	3084	1213
2001年	10	2855	2599	256	142098	46582	3960	1361
2002年	11	3654	3192	462	147363	48341	5065	1873
2003年	12	3470	3163	307	132175	48084	4900	1737
2004年	13	4145	3853	292	160880	59277	5655	1802
2005年	14	4378	4143	235	121626	39802	6008	1865
2006年	15	5564	5246	318	147073	55088	7169	1923
2007年	16	5741	5465	276	162722	54361	7377	1912
2008年	17	7349	7067	282	139513	50867	9858	2791
2009年	18	7664	7418	246	162928	53139	9831	2413
2010年	19	8772	8463	309	196038	65334	11103	2640
2011年	20	11077	10801	276	191449	65168	13720	2919
2012年	21	13358	13119	239	198527	70356	16523	3404
2013年	22	14619	14484	135	178786	63210	18032	3548
无开业年份	23	808	666	142	56267	4999	900	234

1-5 按地区、机构类型分组的法人单位数及从业人员数

地 区	法人单位数(个)	企业	事业单位	机关	社会团体	民办非企业单位	基金会	居委会	村委会	其他组织机构
总 计	**135357**	**78870**	**15976**	**8138**	**5429**	**2100**	**30**	**2039**	**8791**	**13984**
乌鲁木齐市	36989	31126	1742	829	878	689	18	720	177	810
天山区	7675	6139	505	194	329	168	12	185	1	142
沙依巴克区	7109	6089	373	122	96	130	3	161	2	133
新市区	13389	11997	349	211	251	181	2	156	23	219
水磨沟区	3979	3295	199	129	123	106	1	107	6	13
头屯河区	1821	1630	47	15	8	32		43	1	45
达坂城区	358	124	66	49	24	2		14	23	56
米东区	2267	1715	122	64	15	65		54	80	152
乌鲁木齐县	391	137	81	45	32	5			41	50
克拉玛依市	3347	2460	185	285	188	95	1	100	6	27
独山子区	482	342	28	54	28	8		17		5
克拉玛依区	2382	1830	119	133	142	77	1	62	4	14
白碱滩区	349	236	20	52	11	10		20		
乌尔禾区	134	52	18	46	7			1	2	8
吐鲁番地区	3859	1714	503	246	141	52		49	170	984
吐鲁番市	1511	535	246	120	96	16		20	59	419
鄯善县	1581	841	152	66	32	35		17	66	372
托克逊县	767	338	105	60	13	1		12	45	193
哈密地区	5303	3260	734	347	198	90		56	188	430
哈密市	4391	2895	493	222	153	89		47	107	385
巴里坤哈萨克自治县	543	242	164	65	11	1		7	49	4
伊吾县	369	123	77	60	34			2	32	41
昌吉回族自治州	8730	4955	1019	524	411	233		124	453	1011
昌吉市	3217	2205	290	146	117	149		50	84	176
阜康市	1149	763	117	67	35	13		19	59	76
呼图壁县	982	519	150	57	63	22		16	48	107
玛纳斯县	801	403	129	64	44	5		13	86	57
奇台县	1409	565	157	72	92	28		11	60	424
吉木萨尔县	712	334	95	62	24	15		9	56	117
木垒哈萨克自治县	460	166	81	56	36	1		6	60	54
博尔塔拉蒙古自治州	3467	1963	528	302	165	69		42	224	174
博乐市	1891	1056	298	166	92	57		25	107	90
阿拉山口市	425	373	16	31	3	2				
精河县	732	388	119	54	42	5		10	56	58
温泉县	419	146	95	51	28	5		7	61	26

1-5 续表 1

地 区	法 人 单位数 (个)	企业	事业单位	机关	社会团体	民 办 非 企业单位	基金会	居委会	村委会	其他组织 机 构
巴音郭楞蒙古自治州	10444	6754	1125	662	417	205	1	124	400	756
库尔勒市	5238	4155	327	174	100	160	1	52	55	214
轮台县	1012	522	109	69	40	10		12	64	186
尉犁县	694	367	94	50	63	6		9	50	55
若羌县	435	307	37	58	10	2			18	3
且末县	355	152	73	55	12			2	52	9
焉耆回族自治县	777	278	165	66	74	3		16	49	126
和静县	997	554	134	75	59	14		19	53	89
和硕县	481	280	73	56	18	8		5	29	12
博湖县	455	139	113	59	41	2		9	30	62
阿克苏地区	9861	5305	1456	767	459	95		127	1108	544
阿克苏市	3269	2334	396	158	113	52		30	98	88
温宿县	1199	623	243	129	38	4		8	118	36
库车县	1596	995	126	52	56	30		45	196	96
沙雅县	837	329	203	83	22	2		13	158	27
新和县	543	184	60	65	88	1		7	121	17
拜城县	881	405	132	67	89	4		8	161	15
乌什县	668	99	147	80	17			5	104	216
阿瓦提县	585	253	75	72	21	2		9	120	33
柯坪县	283	83	74	61	15			2	32	16
克孜勒苏柯尔克孜自治州	2418	1076	324	375	71	1		35	256	280
阿图什市	1128	590	156	128	54	1		14	77	108
阿克陶县	679	230	69	89	5			9	123	154
阿合奇县	198	44	46	62	6			2	22	16
乌恰县	413	212	53	96	6			10	34	2
喀什地区	11492	5221	1585	903	954	54	4	146	2329	296
喀什市	3090	2141	324	205	146	31	2	29	122	90
疏附县	705	355	87	64	42	1		8	146	2
疏勒县	864	404	176	33	16	3	1	6	220	5
英吉沙县	731	227	77	66	182	2		8	161	8
泽普县	698	228	82	62	137			13	137	39
莎车县	1382	458	250	79	33	2		29	492	39
叶城县	1011	390	150	81	40	2	1	19	304	24
麦盖提县	635	228	42	68	154	1		9	129	4
岳普湖县	519	198	78	62	74			5	90	12
伽师县	768	186	169	60	12	5			298	38
巴楚县	830	355	103	69	62	7		19	187	28
塔什库尔干塔吉克自治县	259	51	47	54	56			1	43	7
和田地区	10445	2137	1378	613	324	18		81	1393	4501
和田市	2373	1040	325	204	87	13		39	113	552

1-5 续表 2

地区	法人单位数(个)	企业	事业单位	机关	社会团体	民办非企业单位	基金会	居委会	村委会	其他组织机构
和田县	1246	253	79	12	13	1			208	680
墨玉县	1959	201	212	72	49	1		7	364	1053
皮山县	1251	144	232	76	48	2		4	170	575
洛浦县	1152	157	149	62	62	1		11	207	503
策勒县	821	157	140	66	15			7	123	313
于田县	1303	120	136	67	33			10	174	763
民丰县	340	65	105	54	17			3	34	62
伊犁哈萨克自治州	12916	5473	2381	853	330	200	2	200	692	2785
伊宁市	2911	1634	427	193	102	73	1	98	55	328
奎屯市	1961	1454	199	101	60	55	1	44	4	43
伊宁县	1358	293	304	67	17	7		4	131	535
察布查尔锡伯自治县	816	235	206	72	18	6		5	67	207
霍城县	1978	886	331	95	32	37		9	90	498
巩留县	758	170	193	61	20	2		6	53	253
新源县	1013	389	165	71	28	8		14	78	260
昭苏县	722	114	231	57	25	1		4	79	211
特克斯县	632	79	175	74	21	6		10	60	207
尼勒克县	767	219	150	62	7	5		6	75	243
塔城地区	6407	2328	1293	600	331	85		87	869	814
塔城市	1040	444	212	147	29	15		21	154	18
乌苏市	1385	505	273	85	74	17		18	178	235
额敏县	1031	278	241	114	144	5		9	106	134
沙湾县	1632	585	274	79	31	33		11	249	370
托里县	497	235	80	62	32	7		9	63	9
裕民县	339	134	71	53	4	5		5	50	17
和布克赛尔蒙古自治县	483	147	142	60	17	3		14	69	31
阿勒泰地区	4991	1738	1181	583	427	36		57	504	465
阿勒泰市	1803	705	474	223	154	28		17	102	100
布尔津县	560	171	143	70	64	1		6	63	42
富蕴县	524	238	58	67	50			10	73	28
福海县	726	293	202	60	32	1		6	61	71
哈巴河县	653	132	149	54	26	2		8	114	168
青河县	342	95	64	60	44	2		5	51	21
吉木乃县	383	104	91	49	57	2		5	40	35
自治区直辖县级行政区划	4686	3358	542	249	135	178	4	91	22	107
石河子市	2923	2221	210	81	86	165	4	64	22	70
阿拉尔市	626	436	112	35	13	2		10		18
图木舒克市	406	228	88	60	8	5		3		14
五家渠市	731	473	132	73	28	6		14		5

1-5　续表 3

地　区	从业人员数(人)	企业	事业单位	机关	社会团体	民办非企业单位	基金会	居委会	村委会	其他组织机构
总　计	**4410735**	**2771833**	**757696**	**395682**	**122900**	**28571**	**143**	**45292**	**70026**	**218592**
乌鲁木齐市	1103743	847349	137972	46623	19139	12042	94	24522	1749	14253
天山区	198455	119166	47080	14015	5239	2790	72	8587	30	1476
沙依巴克区	175927	125112	29616	5741	1795	2608	6	4888	46	6115
新市区	440721	375989	34263	10960	10207	3127	14	3944	477	1740
水磨沟区	111106	85275	11082	7347	950	1875	2	4336	162	77
头屯河区	70709	56700	5429	4007	40	386		1184	14	2949
达坂城区	12302	9552	986	774	199	175		247	121	248
米东区	87702	72180	8059	2679	436	1000		1336	613	1399
乌鲁木齐县	6821	3375	1457	1100	273	81			286	249
克拉玛依市	227968	194529	12752	9487	2480	1062	2	1458	43	6155
独山子区	34202	30985	1566	1016	219	97		291		28
克拉玛依区	169183	144944	9240	5220	1798	848	2	1018	30	6083
白碱滩区	20793	17568	1588	924	454	117		142		
乌尔禾区	3790	1032	358	2327	9			7	13	44
吐鲁番地区	112553	70910	19295	11636	1469	417		653	2239	5934
吐鲁番市	38319	19180	9067	4714	988	138		241	791	3200
鄯善县	50487	36615	6489	3901	243	268		297	777	1897
托克逊县	23747	15115	3739	3021	238	11		115	671	837
哈密地区	150393	97210	27350	14722	3817	1103		493	1420	4278
哈密市	123580	84023	21992	8158	2941	1097		396	988	3985
巴里坤哈萨克自治县	16448	6728	3938	4998	373	6		83	299	23
伊吾县	10365	6459	1420	1566	503			14	133	270
昌吉回族自治州	358781	255233	51145	25107	8115	2724		1529	3359	11569
昌吉市	114941	79727	18725	10177	2436	1675		667	610	924
阜康市	53707	41283	5495	3987	1096	294		195	317	1040
呼图壁县	40019	28159	5650	1913	658	274		139	434	2792
玛纳斯县	61244	50531	6287	2389	522	52		181	924	358
奇台县	41251	23083	7856	3034	2885	318		194	448	3433
吉木萨尔县	36793	27896	3826	1919	175	106		97	354	2420
木垒哈萨克自治县	10826	4554	3306	1688	343	5		56	272	602
博尔塔拉蒙古自治州	108323	69837	21495	10341	2954	839		723	1083	1051
博乐市	72410	49026	13180	5753	2037	742		465	602	605
阿拉山口市	5678	4706	393	541	15	23				
精河县	19062	10856	5245	1721	566	33		173	257	211
温泉县	11173	5249	2677	2326	336	41		85	224	235

1-5 续表 4

地 区	从业人员数(人)	企业	事业单位	机关	社会团体	民办非企业单位	基金会	居委会	村委会	其他组织机构
巴音郭楞蒙古自治州	324829	222923	54401	22783	7257	2049	5	2376	3871	9164
库尔勒市	171496	128571	27482	7668	1063	1608	5	1529	1821	1749
轮台县	22071	13870	3913	2179	432	111		181	376	1009
尉犁县	24101	16594	4092	2064	520	103		101	274	353
若羌县	12965	8498	1559	1296	35	16			196	1365
且末县	9845	4987	2642	1618	62			30	287	219
焉耆回族自治县	16409	6707	5042	2503	796	9		219	354	779
和静县	36799	24848	4796	2134	3617	99		230	297	778
和硕县	20673	15459	2409	1461	220	76		57	127	864
博湖县	10470	3389	2466	1860	512	27		29	139	2048
阿克苏地区	308323	155935	61180	39498	16283	1113		2239	10814	21261
阿克苏市	113480	66025	20223	8207	8469	718		687	664	8487
温宿县	39312	18538	6771	2636	195	32		157	2573	8410
库车县	51598	27052	10905	6726	2535	281		635	1908	1556
沙雅县	19751	7692	4679	5580	133	33		196	1068	370
新和县	13321	4491	2843	2928	1643	6		99	1009	302
拜城县	28878	17065	4910	2597	2405	28		161	1605	107
乌什县	12268	3581	4065	2623	110			92	803	994
阿瓦提县	23311	10435	4792	5349	712	15		142	928	938
柯坪县	6404	1056	1992	2852	81			70	256	97
克孜勒苏柯尔克孜自治州	67387	24930	18468	18337	1657	1		349	1687	1958
阿图什市	35196	11709	12231	7795	1546	1		219	572	1123
阿克陶县	17100	5075	3237	7274	31			51	661	771
阿合奇县	5453	2245	1308	1569	34			28	211	58
乌恰县	9638	5901	1692	1699	46			51	243	6
喀什地区	364516	153225	92183	71465	15604	623	14	2440	20464	8498
喀什市	100750	58151	20372	12615	4524	442	10	976	2462	1198
疏附县	20624	6951	6890	5369	444	6		52	879	33
疏勒县	22735	13429	4636	1531	216	38	3	72	1266	1544
英吉沙县	22760	5623	6030	4614	4635	3		182	903	770
泽普县	20718	9467	4778	3194	719			98	1123	1339
莎车县	46280	11801	16289	13096	537	24		450	3434	649
叶城县	30815	10731	10695	5943	485	22	1	284	1944	710
麦盖提县	23137	10618	2405	6836	962	3		114	2140	59
岳普湖县	16050	5408	3752	2489	2075			43	802	1481
伽师县	28982	9794	7693	7887	106	42			2992	468
巴楚县	27759	10057	7871	6730	412	43		156	2273	217
塔什库尔干塔吉克自治县	3906	1195	772	1161	489			13	246	30
和田地区	165131	49120	42869	23866	5205	224		897	8939	34011
和田市	48737	25022	11279	6767	1276	195		327	847	3024

1-5　续表 5

地　区	从　业人员数(人)	企业	事业单位	机关	社会团体	民办非企业单位	基金会	居委会	村委会	其他组织机构
和田县	14036	4958	3198	1280	98	1			1420	3081
墨玉县	30993	5108	7912	4016	637	1		137	2145	11037
皮山县	22616	2614	5457	2971	527	23		72	1033	9919
洛浦县	16884	4259	4563	2331	1829	4		115	1472	2311
策勒县	12230	3142	3986	2257	114			105	765	1861
于田县	15507	3258	4677	3210	635			116	1036	2575
民丰县	4128	759	1797	1034	89			25	221	203
伊犁哈萨克自治州	425716	226031	95803	43254	11762	2379	14	3923	6052	36498
伊宁市	110950	49556	29110	15381	9285	1054	12	2303	1036	3213
奎屯市	63166	44779	9286	3741	270	551	2	548	15	3974
伊宁县	38064	17778	9590	4821	274	122		126	1461	3892
察布查尔锡伯自治县	28078	15451	5745	2083	507	48		77	523	3644
霍城县	54952	33059	9753	3797	491	367		117	598	6770
巩留县	26518	12741	5577	2348	313	10		175	382	4972
新源县	37987	20905	10841	4011	87	71		174	590	1308
昭苏县	26819	15462	4874	1252	248	3		112	428	4440
特克斯县	16542	5897	5891	2103	237	80		122	437	1775
尼勒克县	22640	10403	5136	3717	50	73		169	582	2510
塔城地区	251370	111890	57704	26353	5359	1325		1331	5710	41698
塔城市	30994	11537	8448	5009	773	169		234	781	4043
乌苏市	53089	16804	9435	10328	918	188		332	2073	13011
额敏县	45011	9622	18707	2791	1819	91		156	545	11280
沙湾县	82252	55980	10787	2795	1475	747		194	1375	8899
托里县	15065	7380	3277	2089	85	43		200	322	1669
裕民县	8893	2270	2483	1260	33	40		85	215	2507
和布克赛尔蒙古自治县	16066	8297	4567	2081	256	47		130	399	289
阿勒泰地区	120180	56167	31928	16182	8353	370		1020	2433	3727
阿勒泰市	41925	20097	13239	5197	1604	279		312	537	660
布尔津县	9869	3401	3320	1584	706	40		101	317	400
富蕴县	15936	9281	2827	2492	609			207	319	201
福海县	22705	14000	4469	2321	821	13		79	284	718
哈巴河县	12372	4763	3764	1757	315	13		196	541	1023
青河县	8395	2683	2285	1589	1341	9		71	247	170
吉木乃县	8978	1942	2024	1242	2957	16		54	188	555
自治区直辖县级行政区划	321506	236528	33151	16028	13446	2300	14	1339	163	18537
石河子市	151111	111090	17610	4730	12080	2116	14	794	163	2514
阿拉尔市	56176	38177	5789	2886	46	63		226		8989
图木舒克市	62357	48107	4594	3074	127	50		17		6388
五家渠市	51862	39154	5158	5338	1193	71		302		646

1-6 按地区、行业(门类)

地区	法人单位数(个)	农、林、牧、渔业	采矿业	制造业
总计	**135357**	**4692**	**2276**	**12382**
乌鲁木齐市	36989	97	137	2703
天山区	7675	7	4	105
沙依巴克区	7109	24	16	220
新市区	13389	23	29	864
水磨沟区	3979	1	3	321
头屯河区	1821	4	1	303
达坂城区	358	12	18	44
米东区	2267	20	32	818
乌鲁木齐县	391	6	34	28
克拉玛依市	3347	18	87	321
独山子区	482	3	1	32
克拉玛依区	2382	11	72	197
白碱滩区	349	1	11	80
乌尔禾区	134	3	3	12
吐鲁番地区	3859	51	238	386
吐鲁番市	1511	14	17	103
鄯善县	1581	8	135	186
托克逊县	767	29	86	97
哈密地区	5303	95	357	476
哈密市	4391	74	301	388
巴里坤哈萨克自治县	543	10	45	56
伊吾县	369	11	11	32
昌吉回族自治州	8730	645	153	1428
昌吉市	3217	63	29	491
阜康市	1149	30	46	229
呼图壁县	982	88	15	199
玛纳斯县	801	54	12	149
奇台县	1409	359	21	189
吉木萨尔县	712	23	17	103
木垒哈萨克自治县	460	28	13	68
博尔塔拉蒙古自治州	3467	98	57	289
博乐市	1891	50	29	159
阿拉山口市	425		4	16
精河县	732	24	14	82
温泉县	419	24	10	32

分组的法人单位数

电力、热力、燃气及水生产和供应业	建筑业	批发和零售业	交通运输、仓储和邮政业	住宿和餐饮业	信息传输、软件和信息技术服务业	金融业
1114	**2935**	**31535**	**4256**	**1200**	**1490**	**684**
96	1158	15758	1318	364	1010	210
7	184	2868	186	117	289	105
17	208	3565	243	113	146	34
32	578	6611	523	83	496	28
6	110	1416	36	29	45	37
3	21	926	177	2	2	
14	4	12	8	3		
11	48	348	139	10	31	6
6	5	12	6	7	1	
14	118	928	171	22	51	25
	18	132	42	5	6	1
12	88	734	100	15	43	24
	11	52	21	1	2	
2	1	10	8	1		
45	35	393	85	49	11	22
20	12	119	36	25	8	19
15	18	243	29	21	3	2
10	5	31	20	3		1
108	136	1086	227	48	21	39
71	127	1029	189	38	18	37
29	4	41	19	2	2	1
8	5	16	19	8	1	1
126	261	868	436	51	49	48
22	170	477	228	14	35	39
21	29	118	83	16	4	2
18	9	67	29	1	5	1
14	14	46	31	6	1	2
24	21	74	32	7	3	2
18	11	75	20	1		1
9	7	11	13	6	1	1
55	82	763	143	30	18	24
18	68	351	45	13	12	22
4	4	255	70	5		
24	8	109	23	11	4	1
9	2	48	5	1	2	1

1-6 续表 1

地区	法人单位数(个)	农、林、牧、渔业	采矿业	制造业
巴音郭楞蒙古自治州	10444	270	304	990
库尔勒市	5238	46	68	450
轮台县	1012	24	32	86
尉犁县	694	47	25	48
若羌县	435	8	98	33
且末县	355	15	15	20
焉耆回族自治县	777	43	3	84
和静县	997	44	44	140
和硕县	481	24	17	91
博湖县	455	19	2	38
阿克苏地区	9861	414	122	1013
阿克苏市	3269	100	7	330
温宿县	1199	56	17	219
库车县	1596	106	35	173
沙雅县	837	76		41
新和县	543	5	4	52
拜城县	881	7	54	85
乌什县	668	16	3	19
阿瓦提县	585	29		72
柯坪县	283	19	2	22
克孜勒苏柯尔克孜自治州	2418	24	143	136
阿图什市	1128	13	25	58
阿克陶县	679	8	43	42
阿合奇县	198	1	2	9
乌恰县	413	2	73	27
喀什地区	11492	244	197	1452
喀什市	3090	18	51	255
疏附县	705	4	29	134
疏勒县	864	4		248
英吉沙县	731	10	23	99
泽普县	698	45	3	84
莎车县	1382	50	17	142
叶城县	1011	37	29	125
麦盖提县	635	14		87
岳普湖县	519	14		77
伽师县	768	41	1	75
巴楚县	830	6	19	119
塔什库尔干塔吉克自治县	259	1	25	7
和田地区	10445	249	122	421
和田市	2373	39	22	148

电力、热力、燃气及水生产和供应业	建筑业	批发和零售业	交通运输、仓储和邮政业	住宿和餐饮业	信息传输、软件和信息技术服务业	金融业
106	160	3210	328	112	42	47
24	110	2289	177	66	28	38
8	8	183	55	4	2	1
10	5	188	13	4	2	1
14	8	107	11	3	1	1
6	1	68	10	5	2	2
12	7	80	14	2	2	1
15	14	168	31	11	3	1
7	4	86	11	11	2	1
10	3	41	6	6		1
105	232	1946	273	70	68	41
22	106	1014	149	24	30	33
20	19	190	12	5	7	1
15	60	344	42	12	14	2
7	8	143	12	3	2	1
8	7	45	7	4	1	1
13	19	89	30	15	6	1
8	4	22	4	2	5	1
7	7	78	7	4	2	1
5	2	21	10	1	1	
37	52	350	89	20	23	13
13	39	233	56	8	12	9
7	8	74	8	2	1	1
5	2	7	4	4	5	2
12	3	36	21	6	5	1
76	163	1634	298	105	52	40
12	93	772	157	56	38	28
11	8	86	28	3	3	1
5	6	81	23	3		1
8	3	49	5	3		1
5	7	46	16	7	3	2
8	12	145	17	11	1	1
5	13	113	9	4	1	1
6	6	63	3	5		1
6	4	74	9	3		1
4	7	61	8	2	3	1
2	4	138	21	6	2	1
4		6	2	2	1	1
53	83	747	117	37	23	22
14	53	378	75	25	16	16

1-6 续表 2

地 区	法 人 单位数 (个)	农、林、牧、渔业	采矿业	制造业
和田县	1246	50	39	36
墨玉县	1959	21	1	58
皮山县	1251	26	3	34
洛浦县	1152	39	2	59
策勒县	821	43	30	44
于田县	1303	16	8	32
民丰县	340	15	17	10
伊犁哈萨克自治州	12916	1197	135	1080
伊宁市	2911	64	10	208
奎屯市	1961	79	2	231
伊宁县	1358	119	11	96
察布查尔锡伯自治县	816	158	7	97
霍城县	1978	171	14	222
巩留县	758	131	8	55
新源县	1013	102	41	61
昭苏县	722	150	14	32
特克斯县	632	89	2	27
尼勒克县	767	134	26	51
塔城地区	6407	846	107	535
塔城市	1040	89		49
乌苏市	1385	196	11	117
额敏县	1031	78	3	80
沙湾县	1632	426	12	179
托里县	497	22	62	35
裕民县	339	12	5	26
和布克赛尔蒙古自治县	483	23	14	49
阿勒泰地区	4991	342	107	307
阿勒泰市	1803	77	25	86
布尔津县	560	13	6	20
富蕴县	524	7	40	28
福海县	726	88	12	90
哈巴河县	653	140	12	27
青河县	342	5	9	30
吉木乃县	383	12	3	26
自治区直辖县级行政区划	4686	102	10	845
石河子市	2923	24	3	442
阿拉尔市	626	42		161
图木舒克市	406	16	6	76
五家渠市	731	20	1	166

电力、热力、燃气及水生产和供应业	建筑业	批发和零售业	交通运输、仓储和邮政业	住宿和餐饮业	信息传输、软件和信息技术服务业	金融业
9	3	110	4			
5	8	81	3	1	1	1
7	5	63	10	5		1
5	6	43	5	1	1	1
5	4	14	11	2	2	1
5	3	39	6	2	1	1
3	1	19	3	1	2	1
118	179	1762	355	144	39	60
11	80	574	87	65	22	36
26	53	559	83	20	9	16
13	6	58	15	3		1
2	5	57	15	3		1
23	13	347	78	14	2	1
12	4	19	11	2	1	1
13	12	69	39	22	1	1
7	2	20	9	5		1
4	1	16	6	2	2	1
7	3	43	12	8	2	1
59	57	598	132	34	37	29
7	14	143	31	9	8	20
8	14	126	25	3	9	1
12	5	91	17	4	4	4
15	15	121	25	8	1	1
8	3	49	12	2	10	1
3	2	47	8	2	1	1
6	4	21	14	6	4	1
74	66	448	138	74	20	28
14	30	221	48	22	10	21
16	6	31	14	33	3	1
12	8	49	26	9	1	1
8	16	63	16	2	1	2
13	2	34	15	1		1
5	2	7	11	2	4	1
6	2	43	8	5	1	1
42	151	1044	146	40	26	36
14	101	830	90	21	20	30
8	17	120	18	3		
10	12	40	7	8	2	
10	21	54	31	8	4	6

1-6 续表 3

地　区	房地产业	租赁和商务服务业	科学研究和技术服务业	水利、环境和公共设施管理业
总　计	**4983**	**8847**	**4948**	**1130**
乌鲁木齐市	1614	4098	1783	263
天山区	452	1205	405	54
沙依巴克区	310	800	368	70
新市区	507	1277	640	64
水磨沟区	206	605	294	28
头屯河区	43	98	23	8
达坂城区	3	8	7	5
米东区	85	94	37	18
乌鲁木齐县	8	11	9	16
克拉玛依市	124	319	142	30
独山子区	9	51	12	3
克拉玛依区	107	232	119	22
白碱滩区	6	28	8	2
乌尔禾区	2	8	3	3
吐鲁番地区	81	172	112	27
吐鲁番市	35	85	56	13
鄯善县	32	73	46	2
托克逊县	14	14	10	12
哈密地区	232	295	205	40
哈密市	223	269	170	20
巴里坤哈萨克自治县	5	18	27	16
伊吾县	4	8	8	4
昌吉回族自治州	387	532	292	81
昌吉市	203	252	146	26
阜康市	53	88	46	16
呼图壁县	44	38	41	14
玛纳斯县	20	29	7	6
奇台县	38	41	29	8
吉木萨尔县	23	66	14	7
木垒哈萨克自治县	6	18	9	4
博尔塔拉蒙古自治州	133	170	126	36
博乐市	98	119	77	17
阿拉山口市	1	7	5	
精河县	31	28	24	11
温泉县	3	16	20	8

居民服务、修理和其他服务业	教育	卫生和社会工作	文化、体育和娱乐业	公共管理、社会保障和社会组织
1925	**6310**	**3206**	**2925**	**38519**
803	954	441	641	3541
184	262	116	214	911
128	179	72	107	489
325	219	125	140	825
111	104	55	100	472
21	49	13	30	97
2	9	8	2	199
28	108	41	46	347
4	24	11	2	201
100	156	42	59	620
31	19	4	6	107
55	115	33	42	361
10	17	1	8	90
4	5	4	3	62
49	224	72	104	1703
16	71	26	50	786
28	95	30	34	581
5	58	16	20	336
50	246	116	119	1407
47	199	76	95	1020
2	32	26	13	195
1	15	14	11	192
72	440	426	279	2156
36	164	177	84	561
14	46	22	40	246
8	54	34	44	273
5	53	38	34	280
5	72	111	33	340
4	33	27	27	242
	18	17	17	214
28	169	92	121	1033
24	111	51	64	563
2	3	3	5	41
	32	23	38	245
2	23	15	14	184

1-6 续表 4

地 区	房地产业	租赁和商务服务业	科学研究和技术服务业	水利、环境和公共设施管理业
巴音郭楞蒙古自治州	428	572	342	80
库尔勒市	272	375	137	37
轮台县	30	34	81	7
尉犁县	14	21	10	7
若羌县	8	16	8	1
且末县	4	7	8	4
焉耆回族自治县	39	25	22	4
和静县	40	51	33	8
和硕县	16	23	11	3
博湖县	5	20	32	9
阿克苏地区	401	432	293	74
阿克苏市	208	170	126	21
温宿县	30	38	58	7
库车县	72	108	24	15
沙雅县	20	29	16	7
新和县	19	13	14	5
拜城县	29	45	37	7
乌什县	6	5	8	4
阿瓦提县	16	18	5	6
柯坪县	1	6	5	2
克孜勒苏柯尔克孜自治州	47	93	86	23
阿图什市	35	62	50	9
阿克陶县	8	11	17	8
阿合奇县	1	4	9	2
乌恰县	3	16	10	4
喀什地区	389	417	192	77
喀什市	231	293	107	19
疏附县	23	11	7	2
疏勒县	16	13	4	7
英吉沙县	7	8	5	2
泽普县	8	13	15	3
莎车县	36	21	17	7
叶城县	24	15	15	1
麦盖提县	18	10	4	4
岳普湖县	2	8	4	3
伽师县	10	9	4	4
巴楚县	13	14	8	24
塔什库尔干塔吉克自治县	1	2	2	1
和田地区	108	187	264	60
和田市	84	116	93	14

居民服务、修理和其他服务业	教育	卫 生 和 社会工作	文化、体育和娱乐业	公共管理、社会保障和社会组织
172	381	256	117	2527
135	184	98	51	653
15	29	26	6	381
3	25	19	6	246
2	9	6	5	96
3	17	22	6	140
6	30	27	11	365
7	52	23	13	299
1	20	20	8	125
	15	15	11	222
146	651	245	288	3047
69	148	78	103	531
12	85	39	31	353
38	72	19	54	391
7	113	20	23	309
3	30	7	13	305
3	46	24	13	358
2	91	24	6	438
10	30	22	31	240
2	36	12	14	122
15	86	46	43	1092
9	46	27	15	409
2	25	8	10	396
2	6	4	10	119
2	9	7	8	168
109	773	350	196	4728
57	126	80	69	628
7	38	20	8	282
2	95	23	6	327
6	36	24	14	428
2	32	21	19	367
6	139	68	20	664
8	87	36	16	472
3	7	12	14	378
1	30	12	7	264
3	107	24	6	398
14	59	21	15	344
	17	9	2	176
77	369	247	68	7191
46	92	55	23	1064

1-6 续表 5

地　区	房地产业	租赁和商务服务业	科学研究和技术服务业	水利、环境和公共设施管理业
和田县	1	7	13	2
墨玉县	2	18	42	6
皮山县	4	6	24	5
洛浦县	6	6	22	4
策勒县	6	22	43	13
于田县	2	6	14	8
民丰县	3	6	13	8
伊犁哈萨克自治州	529	745	474	135
伊宁市	240	209	126	29
奎屯市	145	182	74	19
伊宁县	16	65	38	5
察布查尔锡伯自治县	5	21	30	22
霍城县	55	83	56	13
巩留县	20	38	28	18
新源县	32	51	34	6
昭苏县	2	51	25	7
特克斯县	7	13	35	3
尼勒克县	7	32	28	13
塔城地区	113	185	210	81
塔城市	28	49	38	12
乌苏市	22	30	35	8
额敏县	8	21	43	9
沙湾县	36	38	46	33
托里县	4	13	22	6
裕民县	8	18	12	8
和布克赛尔蒙古自治县	7	16	14	5
阿勒泰地区	148	212	229	74
阿勒泰市	65	100	110	33
布尔津县	17	23	20	8
富蕴县	19	30	8	4
福海县	27	28	20	7
哈巴河县	7	13	35	7
青河县	8	9	12	1
吉木乃县	5	9	24	14
自治区直辖县级行政区划	249	418	198	49
石河子市	136	324	131	18
阿拉尔市	32	28	21	13
图木舒克市	18	17	17	5
五家渠市	63	49	29	13

居民服务、修理和其他服务业	教育	卫生和社会工作	文化、体育和娱乐业	公共管理、社会保障和社会组织
9	26	22	1	914
5	55	43	10	1598
1	53	33	12	959
9	37	28	5	873
4	33	24	7	513
3	52	19	2	1084
	21	23	8	186
89	1009	371	344	4151
35	233	103	73	706
19	97	40	46	261
3	166	39	30	674
2	46	27	29	289
10	151	43	46	636
5	57	19	19	310
4	84	25	40	376
2	67	24	30	274
5	38	28	18	335
4	70	23	13	290
61	372	229	214	2508
3	53	40	44	403
8	87	48	37	600
4	52	36	26	534
22	91	42	60	461
6	32	17	16	177
4	23	16	14	129
14	34	30	17	204
42	226	177	161	2118
14	71	63	70	723
5	37	21	16	270
7	28	14	7	226
5	30	36	25	250
1	26	17	29	273
7	17	12	5	195
3	17	14	9	181
112	254	96	171	697
88	179	46	90	336
8	26	15	31	83
5	19	16	26	106
11	30	19	24	172

1-7 按地区、行业(门类)分组的

地 区	从 业 人员数 (人)	农、林、 牧、渔业	采矿业	制造业
总 计	**4410735**	**2873008**	**3077792**	**3288701**
乌鲁木齐市	1119333	550542	571924	646978
天山区	278983	133345	133345	136439
沙依巴克区	259332	114876	114876	121185
新市区	460331	162813	170651	201112
水磨沟区	193466	59803	59803	61291
头屯河区	154135	31393	31393	53359
达坂城区	95728	4623	9402	6723
米东区	171093	37999	46690	61092
乌鲁木齐县	90247	5690	5764	5777
克拉玛依市	309225	68383	144925	98810
独山子区	117628	9580	9580	28787
克拉玛依区	250440	48462	123439	57551
白碱滩区	104219	7163	8728	9085
乌尔禾区	87216	3178	3178	3387
吐鲁番地区	195459	64910	88757	78723
吐鲁番市	121514	27188	27507	31408
鄯善县	133732	23651	44966	26823
托克逊县	107065	14071	16284	20492
哈密地区	233300	101010	119285	113029
哈密市	206592	80578	95475	90708
巴里坤哈萨克自治县	99810	12965	14623	14089
伊吾县	93750	7467	9187	8232
昌吉回族自治州	440425	236905	247118	302005
昌吉市	197774	67494	69887	83397
阜康市	136969	26687	30326	44134
呼图壁县	123176	33650	34949	37386
玛纳斯县	144416	46850	47643	57898
奇台县	124442	33201	34000	37129
吉木萨尔县	120055	19889	20766	32288
木垒哈萨克自治县	94149	9134	9547	9773
博尔塔拉蒙古自治州	191366	79882	79937	86562
博乐市	155638	53372	53427	57708
阿拉山口市	89104	3463	3463	4229
精河县	102367	13739	13739	15283
温泉县	94535	9308	9308	9342

法人单位从业人员数

电力、热力、燃气及水生产和供应业	建筑业	批发和零售业	交通运输、仓储和邮政业	住宿和餐饮业	信息传输、软件和信息技术服务业	金融业
2939637	**3234636**	**2987120**	**3029591**	**2906422**	**2899349**	**2892685**
570732	700178	603008	677363	566137	559682	570219
136469	160907	142872	197385	138230	133642	153022
118674	134554	127062	183177	118809	116380	134553
164462	225663	186174	282573	167888	164964	182490
70782	80962	63300	123541	61458	64991	79480
31430	37655	32956	97039	31393	31393	51070
4783	4894	4684	68483	4623	4623	24300
38398	49621	40270	101833	38046	37999	57676
5734	5922	5690	69498	5690	5690	25367
68383	92238	73130	134981	69360	69864	88060
9580	12107	10357	73716	9970	9580	29257
48462	64527	52424	114248	49049	49877	68139
7163	12265	7163	71315	7163	7229	26840
3178	3339	3186	66916	3178	3178	22855
65849	68649	66488	129773	65321	65518	84587
27687	29403	28406	91959	27372	27796	46865
23666	24870	23919	87481	23822	23651	43328
14496	14376	14163	77809	14127	14071	33748
102863	107645	105188	166023	102571	101712	120687
82281	86696	84705	145535	81941	81280	100255
13082	13214	13016	76759	13100	12965	32642
7500	7735	7467	71205	7530	7467	27144
240883	259554	242135	303135	237364	238252	256582
68799	80293	71983	133220	67686	68841	87171
27695	30073	26886	90498	26899	26687	46364
33747	33918	34031	97388	33650	33650	53327
47980	47527	46944	110588	46850	46850	66527
33285	35335	33263	97347	33256	33201	52878
20243	22812	19894	83650	19889	19889	39566
9134	9596	9134	72872	9134	9134	28811
81825	86091	81800	145658	80387	80418	99559
55192	56392	54815	117907	53782	53908	73049
3505	3463	3529	68409	3463	3463	23140
13820	16466	14121	77510	13834	13739	33416
9308	9770	9335	73046	9308	9308	28985

1-7 续表 1

地 区	从业人员数（人）	农、林、牧、渔业	采矿业	制造业
巴音郭楞蒙古自治州	406770	217894	239815	248060
库尔勒市	254321	97533	115039	111670
轮台县	105363	14719	16231	16030
尉犁县	107433	21351	21439	21625
若羌县	96320	7891	8525	11263
且末县	93168	8546	8546	8546
焉耆回族自治县	99682	14405	14521	15598
和静县	120076	24313	26378	33265
和硕县	104019	19497	19497	20111
博湖县	93796	9639	9639	9952
阿克苏地区	390335	218437	229569	243937
阿克苏市	196605	69562	69804	79238
温宿县	122572	31545	32947	32959
库车县	134761	36763	40665	43358
沙雅县	103023	14983	14983	17144
新和县	96616	10606	10634	11715
拜城县	112151	17277	22835	20228
乌什县	95588	11543	11543	11792
阿瓦提县	106597	19924	19924	21099
柯坪县	89830	6234	6234	6404
克孜勒苏柯尔克孜自治州	150568	54637	56617	56200
阿图什市	118523	29001	29481	30129
阿克陶县	100457	15481	16375	15527
阿合奇县	88842	3753	3753	3753
乌恰县	93024	6402	7008	6791
喀什地区	445821	306698	308041	315754
喀什市	183921	69365	69365	71605
疏附县	103907	20056	20056	20294
疏勒县	105991	17300	17300	18181
英吉沙县	106058	21442	21442	21898
泽普县	104002	18788	18788	19431
莎车县	129347	42065	42065	43023
叶城县	113996	25886	25886	27781
麦盖提县	106376	21699	21699	22439
岳普湖县	99372	15074	15074	15442
伽师县	112272	27076	28041	27343
巴楚县	110961	24582	24610	24952
塔什库尔干塔吉克自治县	87304	3365	3715	3365
和田地区	247730	144479	144593	147948
和田市	131910	35240	35240	36152

电力、热力、燃气及水生产和供应业	建筑业	批发和零售业	交通运输、仓储和邮政业	住宿和餐饮业	信息传输、软件和信息技术服务业	金融业
222029	241836	227183	284980	221238	219270	237571
101019	116066	104066	164226	100166	98909	117210
14793	17571	14778	78790	15050	14719	34396
21351	22029	22629	85089	21413	21351	41028
7891	8515	8115	71629	7958	7891	27568
8609	9226	8910	72284	8623	8546	28223
14464	14419	14602	78203	14457	14405	34082
24766	24469	24744	88051	24375	24313	43990
19497	19902	19497	83235	19497	19497	39174
9639	9639	9842	73377	9699	9639	29316
224360	241654	227776	285430	219944	220428	238114
73786	86535	74175	135685	70141	71524	89239
31854	32894	32257	95342	31731	31545	51222
37351	37780	37791	100911	37003	36792	56440
15093	15670	16016	79066	15045	14983	34660
10689	10921	11321	74371	10691	10606	30283
17746	18757	17762	81044	17614	17277	36954
11543	11743	11664	75281	11543	11543	31220
20064	21120	20556	83662	19942	19924	39601
6234	6234	6234	69972	6234	6234	25911
54939	58738	55138	118569	54834	55103	74314
29180	31267	29445	92933	29198	29467	48678
15481	15661	15505	79219	15481	15481	35158
3876	5283	3753	67491	3753	3753	23430
6402	6527	6435	70140	6402	6402	26079
312286	328630	314092	373838	308549	308230	326375
74663	79841	73265	136481	71002	70897	89042
20056	20143	20156	83794	20056	20056	39733
17300	21011	17911	81038	17300	17300	36977
21451	21962	21561	85180	21442	21442	41119
18788	19810	18887	82550	18788	18788	38465
42065	43966	42753	105803	42135	42065	61742
25886	28211	26220	89624	25946	25886	45563
21699	21762	22059	85437	21699	21699	41376
15074	15424	15198	78812	15104	15074	34751
27076	27376	27124	90814	27076	27076	46753
24700	25759	25593	88320	24636	24582	44259
3528	3365	3365	67103	3365	3365	23042
146389	153473	145658	209721	144827	145659	164156
36852	41667	36120	100461	35551	36420	54917

1-7 续表 2

地 区	从 业 人员数 (人)	农、林、牧、渔业	采矿业	制造业
和田县	97462	13390	13504	13570
墨玉县	114275	29226	29226	30110
皮山县	105930	22139	22139	22294
洛浦县	100220	15052	15052	16086
策勒县	95558	11097	11097	11194
于田县	98835	14239	14239	14446
民丰县	87522	4096	4096	4096
伊犁哈萨克自治州	507531	326138	330269	366179
伊宁市	194073	81864	81864	85220
奎屯市	146384	32743	33249	42690
伊宁县	121290	29776	30680	35955
察布查尔锡伯自治县	111378	24732	24879	26546
霍城县	138194	48669	48669	52667
巩留县	109845	23758	23758	25511
新源县	121238	25847	26879	35396
昭苏县	110129	25487	25548	26442
特克斯县	99893	14466	14887	15241
尼勒克县	105941	18796	19856	20511
塔城地区	333681	212686	219710	227126
塔城市	114271	24318	24318	24633
乌苏市	136127	45131	46728	47877
额敏县	128277	41725	41725	43152
沙湾县	165452	71462	72318	77656
托里县	98416	9908	11917	12358
裕民县	92246	8684	8684	8684
和布克赛尔蒙古自治县	99448	11458	14020	12766
阿勒泰地区	202847	97038	103797	100949
阿勒泰市	125109	32870	33264	33545
布尔津县	93217	8281	8378	8607
富蕴县	99255	9858	13987	10959
福海县	106053	20433	20513	21416
哈巴河县	95694	9672	11321	10133
青河县	91733	7431	7681	7796
吉木乃县	92342	8493	8653	8493
自治区直辖县级行政区划	404292	193353	193419	256425
石河子市	234057	68996	69062	107735
阿拉尔市	139602	46288	46288	51580
图木舒克市	145783	50313	50313	54354
五家渠市	135128	27756	27756	42756

电力、热力、燃气及水生产和供应业	建筑业	批发和零售业	交通运输、仓储和邮政业	住宿和餐饮业	信息传输、软件和信息技术服务业	金融业
13688	13390	13390	77149	13390	13390	33067
29226	29282	29437	92964	29226	29226	48903
22139	22349	22139	85877	22139	22139	41816
15052	15483	15127	78790	15089	15052	34729
11097	12017	11097	74835	11097	11097	30774
14239	15189	14252	77977	14239	14239	33916
4096	4096	4096	67834	4096	4096	23773
333686	344590	334554	393412	330059	328804	345815
85719	88778	86737	147284	84021	84051	101541
34539	41550	34861	98116	33260	33222	52420
29921	29803	30159	93514	30150	29776	49453
24732	25732	24901	88470	24798	24732	44409
49441	49214	48909	112414	48806	48669	68346
24377	23787	23830	87526	23818	23758	43435
25847	26192	26106	89736	26147	25847	45524
25487	25527	25571	89225	25563	25487	45164
14545	15011	14537	78204	14536	14466	34143
19078	18996	18943	82565	18960	18796	38473
215021	220735	214734	277490	213334	213761	232363
25524	26445	25091	88755	24464	25393	43995
45296	47450	45247	109095	45369	45131	64808
41902	42416	42161	105589	41848	41725	61402
71596	73897	72090	135200	71489	71462	91139
10128	10228	9931	73646	9948	9908	29585
8684	8695	8756	72437	8684	8684	28361
11891	11604	11458	75196	11532	11458	31135
99333	99763	98363	161887	98366	98124	116715
34520	34473	33925	97484	33438	33956	52547
8616	8342	8281	72164	8645	8281	27958
9858	9920	9933	73686	9918	9858	29535
20507	21211	20527	84171	20476	20433	40110
9871	9710	9712	73410	9852	9672	29349
7450	7485	7462	71169	7503	7431	27108
8511	8622	8523	72231	8534	8493	28170
201043	230846	197857	259647	194115	194508	213030
74154	93488	71543	135117	69486	70151	88673
46810	47884	47513	110026	46289	46288	65965
50871	57080	50404	114051	50448	50313	69990
29208	32394	28397	91667	27892	27756	47433

1-7 续表 3

地 区	房地产业	租 赁 和 商务服务业	科学研究和 技术服务业	水利、环境 和公共设施 管 理 业
总 计	**2929932**	**2918894**	**2889050**	**2880010**
乌鲁木齐市	574257	565881	560645	552235
天山区	139810	136237	135268	133345
沙依巴克区	118771	115669	116399	115007
新市区	171968	165328	166554	163148
水磨沟区	62177	60898	62571	59803
头屯河区	32376	36806	31471	32029
达坂城区	4623	4634	4623	4809
米东区	38821	40487	38069	37999
乌鲁木齐县	5711	5899	5690	6095
克拉玛依市	73098	75566	70487	69566
独山子区	10158	10068	9624	9804
克拉玛依区	51814	51462	50522	49364
白碱滩区	7921	10730	7163	7163
乌尔禾区	3205	3339	3178	3235
吐鲁番地区	65350	65462	64910	64992
吐鲁番市	27408	27501	27188	27270
鄯善县	23815	23901	23651	23651
托克逊县	14127	14082	14071	14071
哈密地区	102565	101585	101257	101010
哈密市	82096	81153	80825	80578
巴里坤哈萨克自治县	12994	12976	12965	12965
伊吾县	7475	7478	7467	7467
昌吉回族自治州	242208	239412	237455	236935
昌吉市	71510	69100	68044	67524
阜康市	27009	27268	26687	26687
呼图壁县	33937	33693	33650	33650
玛纳斯县	46998	47111	46850	46850
奇台县	33546	33212	33201	33201
吉木萨尔县	20048	19900	19889	19889
木垒哈萨克自治县	9160	9194	9134	9134
博尔塔拉蒙古自治州	80623	86857	80183	79975
博乐市	53952	58757	53673	53465
阿拉山口市	3463	3607	3463	3463
精河县	13896	13933	13739	13739
温泉县	9312	10593	9308	9308

居民服务、修理和其他服务业	教育	卫生和社会工作	文化、体育和娱乐业	公共管理、社会保障和社会组织	国际组织
2878110	**2873959**	**2877270**	**2875705**	**2873008**	**2873008**
551705	550542	553492	553027	550542	550542
133399	133345	134097	134691	133345	133345
115339	114876	116002	116015	114876	114876
163227	162813	163511	162813	162813	162813
59848	59803	59803	59803	59803	59803
31500	31393	31767	31393	31393	31393
4623	4623	4623	4623	4623	4623
38079	37999	37999	37999	37999	37999
5690	5690	5690	5690	5690	5690
69736	68383	68383	68383	68383	68383
9580	9580	9580	9580	9580	9580
49568	48462	48462	48462	48462	48462
7410	7163	7163	7163	7163	7163
3178	3178	3178	3178	3178	3178
64910	64910	64910	64910	64910	64910
27188	27188	27188	27188	27188	27188
23651	23651	23651	23651	23651	23651
14071	14071	14071	14071	14071	14071
101010	101010	101010	101010	101010	101010
80578	80578	80578	80578	80578	80578
12965	12965	12965	12965	12965	12965
7467	7467	7467	7467	7467	7467
237030	236905	237005	236927	236905	236905
67619	67494	67594	67516	67494	67494
26687	26687	26687	26687	26687	26687
33650	33650	33650	33650	33650	33650
46850	46850	46850	46850	46850	46850
33201	33201	33201	33201	33201	33201
19889	19889	19889	19889	19889	19889
9134	9134	9134	9134	9134	9134
79957	79882	79882	79882	79882	79882
53447	53372	53372	53372	53372	53372
3463	3463	3463	3463	3463	3463
13739	13739	13739	13739	13739	13739
9308	9308	9308	9308	9308	9308

1-7 续表 4

地区	房地产业	租赁和商务服务业	科学研究和技术服务业	水利、环境和公共设施管理业
巴音郭楞蒙古自治州	221379	220903	218555	218391
库尔勒市	100133	100173	98194	97724
轮台县	14930	15099	14719	14719
尉犁县	21466	21362	21351	21512
若羌县	7973	7902	7891	7891
且末县	8558	8557	8546	8546
焉耆回族自治县	14565	14416	14405	14405
和静县	24531	24324	24313	24313
和硕县	19574	19508	19497	19497
博湖县	9649	9650	9639	9784
阿克苏地区	221798	218703	218711	220787
阿克苏市	71619	69668	69836	69731
温宿县	31749	31556	31545	33511
库车县	37151	36934	36763	36978
沙雅县	15199	14994	14983	14983
新和县	10828	10617	10606	10606
拜城县	17416	17288	17277	17277
乌什县	11592	11554	11543	11543
阿瓦提县	20010	19935	19924	19924
柯坪县	6234	6245	6234	6234
克孜勒苏柯尔克孜自治州	54864	55514	54637	54637
阿图什市	29180	29510	29001	29001
阿克陶县	15519	15860	15481	15481
阿合奇县	3763	3764	3753	3753
乌恰县	6402	6413	6402	6402
喀什地区	309170	307058	306850	306896
喀什市	71057	69655	69517	69563
疏附县	20056	20067	20056	20056
疏勒县	17362	17311	17300	17300
英吉沙县	21528	21453	21442	21442
泽普县	18788	18799	18788	18788
莎车县	42304	42076	42065	42065
叶城县	25886	25967	25886	25886
麦盖提县	21707	21710	21699	21699
岳普湖县	15074	15085	15074	15074
伽师县	27266	27087	27076	27076
巴楚县	24777	24593	24582	24582
塔什库尔干塔吉克自治县	3365	3376	3365	3365
和田地区	144625	144801	144479	144479
和田市	35368	35562	35240	35240

居民服务、修理和其他服务业	教育	卫生和社会工作	文化、体育和娱乐业	公共管理、社会保障和社会组织	国际组织
218060	218016	217894	217894	217894	217894
97533	97655	97533	97533	97533	97533
14885	14719	14719	14719	14719	14719
21351	21351	21351	21351	21351	21351
7891	7891	7891	7891	7891	7891
8546	8546	8546	8546	8546	8546
14405	14405	14405	14405	14405	14405
24313	24313	24313	24313	24313	24313
19497	19497	19497	19497	19497	19497
9639	9639	9639	9639	9639	9639
218437	218615	218437	218627	218437	218437
69562	69740	69562	69752	69562	69562
31545	31545	31545	31545	31545	31545
36763	36763	36763	36763	36763	36763
14983	14983	14983	14983	14983	14983
10606	10606	10606	10606	10606	10606
17277	17277	17277	17277	17277	17277
11543	11543	11543	11543	11543	11543
19924	19924	19924	19924	19924	19924
6234	6234	6234	6234	6234	6234
56680	54637	54702	54637	54637	54637
29001	29001	29066	29001	29001	29001
15481	15481	15481	15481	15481	15481
3753	3753	3753	3753	3753	3753
8445	6402	6402	6402	6402	6402
306815	306698	307009	306698	306698	306698
69482	69365	69596	69365	69365	69365
20056	20056	20056	20056	20056	20056
17300	17300	17300	17300	17300	17300
21442	21442	21442	21442	21442	21442
18788	18788	18788	18788	18788	18788
42065	42065	42065	42065	42065	42065
25886	25886	25886	25886	25886	25886
21699	21699	21779	21699	21699	21699
15074	15074	15074	15074	15074	15074
27076	27076	27076	27076	27076	27076
24582	24582	24582	24582	24582	24582
3365	3365	3365	3365	3365	3365
144479	144512	145116	144479	144479	144479
35240	35240	35240	35240	35240	35240

1-7 续表 5

地 区	房地产业	租赁和商务服务业	科学研究和技术服务业	水利、环境和公共设施管理业
和田县	13390	13401	13390	13390
墨玉县	29226	29237	29226	29226
皮山县	22139	22150	22139	22139
洛浦县	15052	15063	15052	15052
策勒县	11115	11108	11097	11097
于田县	14239	14250	14239	14239
民丰县	4096	4107	4096	4096
伊犁哈萨克自治州	331340	328996	326888	326156
伊宁市	84755	81925	82225	81882
奎屯市	34063	35455	33132	32743
伊宁县	29852	29787	29776	29776
察布查尔锡伯自治县	24756	24743	24732	24732
霍城县	49069	48680	48669	48669
巩留县	23856	23769	23758	23758
新源县	26176	25858	25847	25847
昭苏县	25487	25498	25487	25487
特克斯县	14506	14477	14466	14466
尼勒克县	18820	18903	18796	18796
塔城地区	213490	212777	212686	212686
塔城市	24504	24329	24318	24318
乌苏市	45294	45142	45131	45131
额敏县	41791	41816	41725	41725
沙湾县	71752	71473	71462	71462
托里县	9928	9919	9908	9908
裕民县	8722	8695	8684	8684
和布克赛尔蒙古自治县	11499	11469	11458	11458
阿勒泰地区	98067	97313	97349	97277
阿勒泰市	33312	33034	33181	32870
布尔津县	8397	8318	8281	8321
富蕴县	10028	9954	9858	10057
福海县	20575	20444	20433	20433
哈巴河县	9701	9683	9672	9672
青河县	7516	7442	7431	7431
吉木乃县	8538	8504	8493	8493
自治区直辖县级行政区划	197082	198204	193942	193972
石河子市	70526	73275	69430	68996
阿拉尔市	46643	46577	46288	46907
图木舒克市	50479	50545	50313	50313
五家渠市	29434	27840	27911	27756

居民服务、修理和其他服务业	教育	卫生和社会工作	文化、体育和娱乐业	公共管理、社会保障和社会组织	国际组织
13390	13423	13390	13390	13390	13390
29226	29226	29698	29226	29226	29226
22139	22139	22139	22139	22139	22139
15052	15052	15217	15052	15052	15052
11097	11097	11097	11097	11097	11097
14239	14239	14239	14239	14239	14239
4096	4096	4096	4096	4096	4096
326138	326577	326138	326138	326138	326138
81864	82303	81864	81864	81864	81864
32743	32743	32743	32743	32743	32743
29776	29776	29776	29776	29776	29776
24732	24732	24732	24732	24732	24732
48669	48669	48669	48669	48669	48669
23758	23758	23758	23758	23758	23758
25847	25847	25847	25847	25847	25847
25487	25487	25487	25487	25487	25487
14466	14466	14466	14466	14466	14466
18796	18796	18796	18796	18796	18796
212686	212686	212686	212686	212686	212686
24318	24318	24318	24318	24318	24318
45131	45131	45131	45131	45131	45131
41725	41725	41725	41725	41725	41725
71462	71462	71462	71462	71462	71462
9908	9908	9908	9908	9908	9908
8684	8684	8684	8684	8684	8684
11458	11458	11458	11458	11458	11458
97038	97038	97038	97038	97038	97038
32870	32870	32870	32870	32870	32870
8281	8281	8281	8281	8281	8281
9858	9858	9858	9858	9858	9858
20433	20433	20433	20433	20433	20433
9672	9672	9672	9672	9672	9672
7431	7431	7431	7431	7431	7431
8493	8493	8493	8493	8493	8493
193413	193532	193552	193353	193353	193353
69056	69175	69130	68996	68996	68996
46288	46288	46288	46288	46288	46288
50313	50313	50378	50313	50313	50313
27756	27756	27756	27756	27756	27756

1-8 按行业、开业(成立)

行业小类	法人单位数(个)	1949年及以前	1950-1977年	1978-1991年
总 计	**135357**	**2066**	**12833**	**16207**
农、林、牧、渔业	**4692**	**4**	**285**	**309**
农业	161		137	4
谷物种植	37		35	
豆类、油料和薯类种植	7		6	1
棉、麻、糖、烟草种植	92		78	3
蔬菜、食用菌及园艺作物种植	9		8	
水果种植	14		8	
坚果、含油果、香料和饮料作物种植	1		1	
中药材种植				
其他农业	1		1	
林业	9		7	1
林木育种和育苗	1			
造林和更新	2		2	
森林经营和管护	5		4	1
木材和竹材采运	1		1	
林产品采集				
畜牧业	20	1	7	1
牲畜饲养	16	1	6	1
家禽饲养	2			
狩猎和捕捉动物				
其他畜牧业	2		1	
渔业	2			
水产养殖	1			
水产捕捞	1			
农、林、牧、渔服务业	4500	3	134	303
农业服务业	2952	1	74	136
林业服务业	381	1	38	131
畜牧服务业	1141	1	22	32
渔业服务业	26			4
采矿业	**2276**		**24**	**14**
煤炭开采和洗选业	396		13	5
烟煤和无烟煤开采洗选	383		13	5
褐煤开采洗选				
其他煤炭采选	13			
石油和天然气开采业	20		1	1
石油开采	12		1	1
天然气开采	8			
黑色金属矿采选业	481		2	
铁矿采选	434		2	
锰矿、铬矿采选	23			
其他黑色金属矿采选	24			
有色金属矿采选业	335			
常用有色金属矿采选	212			
贵金属矿采选	93			
稀有稀土金属矿采选	30			
非金属矿采选业	723		8	6
土砂石开采	564		3	3
化学矿开采	12			
采盐	12			3
石棉及其他非金属矿采选	135		5	

时间分组的法人单位数

1991-1995年	1996年	1997年	1998年	1999年	2000年	2001年	2002年
3254	**1178**	**1053**	**1592**	**1597**	**2123**	**2855**	**3654**
45	**29**	**14**	**20**	**20**	**24**	**33**	**32**
	1		2	2	1	1	
			1				
	1		1	2	1	1	
1				1			
1				1			
44	28	14	18	17	23	32	32
15	18	7	14	12	14	23	22
14	4	2		2	5	5	4
15	5	3	4	3	4	3	6
	1	2				1	
17	**7**	**7**	**14**	**20**	**24**	**46**	**64**
7	1	4	2	5	5	11	22
7	1	4	2	5	4	11	22
					1		
	1			1	1		1
	1			1	1		
							1
3	2	1	2	3	3	9	7
2	2	1	2	3	3	8	6
							1
1						1	
1			1	3	1	7	9
1				3	1	6	2
			1				4
						1	3
4	3	2	1	5	12	13	12
4	2	2	1	4	9	9	10
							1
	1				2		
				1	1	4	1

1-8 续表 1

行业小类	法人单位数（个）	1949年及以前	1950-1977年	1978-1991年
开采辅助活动	205			2
煤炭开采和洗选辅助活动	28			1
石油和天然气开采辅助活动	158			1
其他开采辅助活动	19			
其他采矿业	116			
其他采矿业	116			
制造业	**12382**	**3**	**74**	**186**
农副食品加工业	1385		7	21
谷物磨制	191		5	6
饲料加工	95			2
植物油加工	310		1	5
制糖业	18			3
屠宰及肉类加工	183			3
水产品加工	13			
蔬菜、水果和坚果加工	370			
其他农副食品加工	205		1	2
食品制造业	488		1	6
焙烤食品制造	78			2
糖果、巧克力及蜜饯制造	20			
方便食品制造	44			
乳制品制造	61			1
罐头食品制造	128			2
调味品、发酵制品制造	31		1	
其他食品制造	126			1
酒、饮料和精制茶制造业	411		10	8
酒的制造	245		10	8
饮料制造	152			
精制茶加工	14			
烟草制品业	1		1	
烟叶复烤				
卷烟制造	1		1	
其他烟草制品制造				
纺织业	348		3	10
棉纺织及印染精加工	202		2	4
毛纺织及染整精加工	21			1
麻纺织及染整精加工	11		1	1
丝绢纺织及印染精加工	6			
化纤织造及印染精加工	5			
针织或钩针编织物及其制品制造	30			
家用纺织制成品制造	33			
非家用纺织制成品制造	40			4
纺织服装、服饰业	168		2	11
机织服装制造	89		2	8
针织或钩针编织服装制造	15			
服饰制造	64			3
皮革、毛皮、羽毛及其制品和制鞋业	50		1	1
皮革鞣制加工	9		1	
皮革制品制造	15			

1991-1995年	1996年	1997年	1998年	1999年	2000年	2001年	2002年
2			8	3	2	4	11
			1	1			1
2			7	2	2	4	9
							1
						2	2
						2	2
172	**68**	**75**	**119**	**155**	**217**	**261**	**291**
12	3	4	9	11	32	33	31
4	2		2	2	7	7	4
2		1	2	3	4	7	2
2			3	5	9	6	9
			1			5	2
3		1	1	1	6	4	7
							1
1	1	1			4	2	5
		1			2	2	1
9	5	3	3	15	13	13	29
3	1			1	1	2	5
		2				1	1
2	1			1	1	1	4
1	2	1	1	1		4	5
2			1	6	4	1	8
				2	3	1	
1	1		1	4	4	3	6
7	2	6	4	10	14	16	18
3		4	1	8	11	11	12
4	2	2	3	2	2	5	6
					1		
4	1	1	3	4	3	12	14
2	1	1	2	2		8	12
1					2		
						1	1
1						1	
			1	1	1	1	
				1		1	1
1	1		2	4	1	7	5
1			2	4	1	5	3
							1
	1					2	1
1	1	1	2	1	4	1	
					2	1	
1		1	1		2		

1-8 续表 2

行业小类	法　人 单位数 (个)	1949年及以前	1950-1977年	1978-1991年
毛皮鞣制及制品加工	12			1
羽毛(绒)加工及制品制造	7			
制鞋业	7			
木材加工和木、竹、藤、棕、草制品业	225		1	3
木材加工	77		1	1
人造板制造	68			1
木制品制造	69			1
竹、藤、棕、草等制品制造	11			
家具制造业	133		1	1
木质家具制造	89			1
竹、藤家具制造	1			
金属家具制造	27		1	
塑料家具制造	5			
其他家具制造	11			
造纸和纸制品业	231		1	2
纸浆制造	4			
造纸	66		1	
纸制品制造	161			2
印刷和记录媒介复制业	328	2	8	27
印刷	276	2	7	23
装订及印刷相关服务	52		1	4
记录媒介复制				
文教、工美、体育和娱乐用品制造业	341		3	2
文教办公用品制造	13		1	
乐器制造	1			
工艺美术品制造	319		2	2
体育用品制造	6			
玩具制造	1			
游艺器材及娱乐用品制造	1			
石油加工、炼焦和核燃料加工业	241	1	1	1
精炼石油产品制造	124	1	1	1
炼焦	116			
核燃料加工	1			
化学原料和化学制品制造业	870		6	15
基础化学原料制造	158		1	6
肥料制造	302		1	2
农药制造	13			
涂料、油墨、颜料及类似产品制造	80		2	2
合成材料制造	52			1
专用化学产品制造	199			2
炸药、火工及焰火产品制造	19		2	2
日用化学产品制造	47			
医药制造业	125		1	4
化学药品原料药制造	13		1	1
化学药品制剂制造	7			1
中药饮片加工	28			
中成药生产	36			2
兽用药品制造	6			
生物药品制造	22			
卫生材料及医药用品制造	13			

1991-1995年	1996年	1997年	1998年	1999年	2000年	2001年	2002年
	1						
			1	1			
2	2			1	2	4	9
1	1			1		1	2
1	1				1	3	5
					1		2
3	1	3	2		2	1	2
3	1	2	2			1	2
		1			1		
					1		
4		2	4	4	6	8	6
			1			1	
1		1		2	1	2	2
3		1	3	2	5	5	4
9	11	3	8	3	14	12	17
8	10	3	5	3	10	9	15
1	1		3		4	3	2
2	3		2	1	2	3	
2	3		2	1	2	3	
7		2	5	4	2	9	6
7		2	5	4	2	8	4
						1	2
17	7	10	16	21	16	14	22
5	4	3	2	4	2	3	2
1	1	3	4	2	2	2	7
2			1	1	2		1
2		1	2	1		1	2
6	2	3	7	9	9	6	8
1					1		1
				4		2	1
5	1	3	2	3	2	7	7
2	1		1	1			
					1	1	2
1		2			1	5	4
		1	1	1			
1						1	1
1				1			

1-8 续表 3

行业小类	法人单位数(个)	1949年及以前	1950-1977年	1978-1991年
化学纤维制造业	29			
纤维素纤维原料及纤维制造	24			
合成纤维制造	5			
橡胶和塑料制品业	1180		2	9
橡胶制品业	67			4
塑料制品业	1113		2	5
非金属矿物制品业	2965		13	34
水泥、石灰和石膏制造	258		5	5
石膏、水泥制品及类似制品制造	731		3	4
砖瓦、石材等建筑材料制造	1709		4	24
玻璃制造	38			
玻璃制品制造	48		1	
玻璃纤维和玻璃纤维增强塑料制品制造	43			
陶瓷制品制造	17			
耐火材料制品制造	52			1
石墨及其他非金属矿物制品制造	69			
黑色金属冶炼和压延加工业	254		1	5
炼铁	61			1
炼钢	14			
黑色金属铸造	47			1
钢压延加工	107		1	3
铁合金冶炼	25			
有色金属冶炼和压延加工业	125			
常用有色金属冶炼	40			
贵金属冶炼	17			
稀有稀土金属冶炼	11			
有色金属合金制造	14			
有色金属铸造	7			
有色金属压延加工	36			
金属制品业	942		2	12
结构性金属制品制造	608		1	4
金属工具制造	57		1	1
集装箱及金属包装容器制造	48			1
金属丝绳及其制品制造	20			1
建筑、安全用金属制品制造	81			
金属表面处理及热处理加工	26			
搪瓷制品制造				
金属制日用品制造	21			1
其他金属制品制造	81			4
通用设备制造业	380		5	4
锅炉及原动设备制造	71			2
金属加工机械制造	75		2	
物料搬运设备制造	35		1	
泵、阀门、压缩机及类似机械制造	16			
轴承、齿轮和传动部件制造	7		1	
烘炉、风机、衡器、包装等设备制造	43			
文化、办公用机械制造	3			
通用零部件制造	116		1	2
其他通用设备制造业	14			

1991-1995年	1996年	1997年	1998年	1999年	2000年	2001年	2002年
1				1			1
				1			1
1							
9	4	8	13	14	18	22	22
			2	1		3	3
9	4	8	11	13	18	19	19
32	13	12	15	25	41	50	41
3	2		4	4	6	10	6
4	4	3	5	5	12	14	7
22	6	9	3	13	21	23	23
						1	1
1	1		1	1	1	1	3
1							
				1			1
			1			1	
1			1	1	1		
3		3	2	3	4	2	6
1					1	1	2
1		1	1	1			1
		2	1	1	3	1	3
1				1			
3	2		1			1	4
	1		1				
3						1	4
	1						
12	1	2	3	9	19	16	15
6	1	1		1	11	10	9
1				1	1	1	1
1			1	4	1		3
1					1		
1			1	3	3	1	
						3	1
2			1		1		
		1			1	1	1
7	5	6	7	5	7	9	11
3	1	1	1		1	2	5
	1	2		1		2	2
		1			1		
				2			
	1						1
			2	1	2		1
							1
4	2	2	4	1	3	4	1
						1	

1-8 续表 4

行业小类	法人单位数(个)	1949年及以前	1950-1977年	1978-1991年
专用设备制造业	491		3	4
采矿、冶金、建筑专用设备制造	146		1	1
化工、木材、非金属加工专用设备制造	50			
食品、饮料、烟草及饲料生产专用设备制造	15			
印刷、制药、日化及日用品生产专用设备制造	17		1	
纺织、服装和皮革加工专用设备制造	4			
电子和电工机械专用设备制造	14			
农、林、牧、渔专用机械制造	177		1	1
医疗仪器设备及器械制造	9			
环保、社会公共服务及其他专用设备制造	59			2
汽车制造业	64		1	3
汽车整车制造	4		1	
改装汽车制造	37			
低速载货汽车制造				
电车制造	1			
汽车车身、挂车制造	5			
汽车零部件及配件制造	17			3
铁路、船舶、航空航天和其他运输设备制造业	15			
铁路运输设备制造	2			
城市轨道交通设备制造	1			
船舶及相关装置制造				
航空、航天器及设备制造	1			
摩托车制造	5			
自行车制造	6			
非公路休闲车及零配件制造				
潜水救捞及其他未列明运输设备制造				
电气机械和器材制造业	335			2
电机制造	22			
输配电及控制设备制造	165			
电线、电缆、光缆及电工器材制造	73			1
电池制造	3			
家用电力器具制造	11			
非电力家用器具制造	13			
照明器具制造	36			
其他电气机械及器材制造	12			1
计算机、通信和其他电子设备制造业	18			
计算机制造	1			
通信设备制造	3			
广播电视设备制造	1			
雷达及配套设备制造				
视听设备制造	2			
电子器件制造	4			
电子元件制造	2			
其他电子设备制造	5			
仪器仪表制造业	27			
通用仪器仪表制造	14			
专用仪器仪表制造	12			
钟表与计时仪器制造				
光学仪器及眼镜制造				
其他仪器仪表制造业	1			

1991-1995年	1996年	1997年	1998年	1999年	2000年	2001年	2002年
11	2	1	7	2	6	7	11
5	1		2		1		5
1			2		1		1
			1			1	1
1					1		
	1						
						1	
4		1		2	3	5	4
			2				
	1			1		1	1
				1			1
	1					1	
							1
							1
8	2	3	6	9	6	7	9
			1	1		1	
4	1	2	4	5	3	3	5
2	1	1		1	2	2	3
					1	1	
1			1				
1				2			1
1				1			
				1			
1							
2		1				1	1
2		1				1	
							1

1-8 续表 5

行业小类	法人单位数(个)			
		1949年及以前	1950-1977年	1978-1991年
其他制造业	45			
日用杂品制造	5			
煤制品制造	9			
核辐射加工				
其他未列明制造业	31			
废弃资源综合利用业	60			
金属废料和碎屑加工处理	28			
非金属废料和碎屑加工处理	32			
金属制品、机械和设备修理业	107			1
金属制品修理				
通用设备修理	25			
专用设备修理	32			
铁路、船舶、航空航天等运输设备修理	5			1
电气设备修理	13			
仪器仪表修理	4			
其他机械和设备修理业	28			
电力、热力、燃气及水生产和供应业	**1114**		**16**	**76**
电力、热力生产和供应业	829		9	31
电力生产	531		9	22
电力供应	52			4
热力生产和供应	246			5
燃气生产和供应业	110			
燃气生产和供应业	110			
水的生产和供应业	175		7	45
自来水生产和供应	133		7	42
污水处理及其再生利用	34			2
其他水的处理、利用与分配	8			1
建筑业	**2935**		**37**	**79**
房屋建筑业	882		22	36
房屋建筑业	882		22	36
土木工程建筑业	601		15	29
铁路、道路、隧道和桥梁工程建筑	210		7	10
水利和内河港口工程建筑	116		7	5
海洋工程建筑				
工矿工程建筑	39		1	3
架线和管道工程建筑	100			4
其他土木工程建筑	136			7
建筑安装业	522			5
电气安装	177			2
管道和设备安装	133			1
其他建筑安装业	212			2
建筑装饰和其他建筑业	930			9
建筑装饰业	640			6
工程准备活动	113			2
提供施工设备服务	39			
其他未列明建筑业	138			1
批发和零售业	**31535**	**3**	**152**	**246**
批发业	21993	2	111	162
农、林、牧产品批发	1686		20	47
食品、饮料及烟草制品批发	1962	1	8	18
纺织、服装及家庭用品批发	1416		2	3

1991–1995年	1996年	1997年	1998年	1999年	2000年	2001年	2002年
					1	1	
					1	1	
				1		1	1
				1			1
						1	
		1	3	2	2	3	1
			1	1	1	2	
		1	1		1		
			1			1	
							1
				1			
25	**10**	**4**	**11**	**24**	**34**	**26**	**24**
15	8	2	8	21	28	16	14
6	5	1	1	10	10	4	5
4	1	1	4	5	2	4	1
5	2		3	6	16	8	8
1	2			2	2	7	5
1	2			2	2	7	5
9		2	3	1	4	3	5
8		2	2	1	2	2	3
1					2	1	2
			1				
71	**15**	**17**	**60**	**56**	**71**	**130**	**208**
27	2	1	17	20	31	62	89
27	2	1	17	20	31	62	89
16		5	12	16	11	29	33
2		1	5	5	3	12	13
4		1	2	3	5	6	8
1			1	2		3	4
7		3	4	4	1	4	4
2				2	2	4	4
12	6	5	20	8	18	25	36
8	5	1	7	3	8	7	13
1	1	2	6	2	8	8	18
3		2	7	3	2	10	5
16	7	6	11	12	11	14	50
14	4	4	6	9	6	12	31
1	1	1	5	1	1	1	9
	1						2
1	1	1		2	4	1	8
298	**138**	**156**	**358**	**421**	**451**	**669**	**707**
194	86	99	223	293	310	427	476
25	11	7	24	37	24	43	48
22	8	8	25	33	32	32	36
14	6	5	9	10	18	27	29

1-8 续表 6

行业小类	法人单位数（个）	1949年及以前	1950-1977年	1978-1991年
文化、体育用品及器材批发	451		2	4
医药及医疗器材批发	534		6	7
矿产品、建材及化工产品批发	7529	1	66	55
机械设备、五金产品及电子产品批发	6951		4	19
贸易经纪与代理	777			2
其他批发业	687		3	7
零售业	9542	1	41	84
综合零售	988		13	35
食品、饮料及烟草制品专门零售	845			7
纺织、服装及日用品专门零售	719			5
文化、体育用品及器材专门零售	509		17	6
医药及医疗器材专门零售	495	1	6	10
汽车、摩托车、燃料及零配件专门零售	2129		3	8
家用电器及电子产品专门零售	1901		1	3
五金、家具及室内装饰材料专门零售	1338			4
货摊、无店铺及其他零售业	618		1	6
交通运输、仓储和邮政业	**4256**	**5**	**77**	**98**
铁路运输业	6		1	
铁路旅客运输	1			
铁路货物运输	5		1	
铁路运输辅助活动				
道路运输业	2429	4	65	72
城市公共交通运输	201		4	12
公路旅客运输	212		11	8
道路货物运输	1717	2	3	10
道路运输辅助活动	299	2	47	42
水上运输业	2			
水上旅客运输	1			
水上货物运输				
水上运输辅助活动	1			
航空运输业	49			
航空客货运输	18			
通用航空服务	18			
航空运输辅助活动	13			
管道运输业	16			
管道运输业	16			
装卸搬运和运输代理业	1126			7
装卸搬运	145			3
运输代理业	981			4
仓储业	410		10	16
谷物、棉花等农产品仓储	183		8	9
其他仓储业	227		2	7
邮政业	218	1	1	3
邮政基本服务	35	1	1	2
快递服务	183			1
住宿和餐饮业	**1200**		**24**	**51**
住宿业	797		22	46
旅游饭店	364		15	20
一般旅馆	345		6	22
其他住宿业	88		1	4

1991-1995年	1996年	1997年	1998年	1999年	2000年	2001年	2002年
4	3		1	8	7	5	4
5		1	3	5	3	8	10
59	21	27	70	75	79	135	150
54	28	44	78	108	119	152	167
4	5	2	4	7	14	12	21
7	4	5	9	10	14	13	11
104	52	57	135	128	141	242	231
10	2	5	10	12	7	23	28
5	1	1	8	10	8	12	15
5	6	3	13	5	7	26	18
9	5	4	8	7	5	17	11
5	2	3	3	2	2	14	15
30	20	18	44	34	46	47	60
24	10	9	23	27	33	56	40
6	2	6	16	23	21	31	28
10	4	8	10	8	12	16	16
48	**22**	**24**	**53**	**60**	**69**	**130**	**121**
25	10	20	35	31	44	90	86
5		5	5	4	9	10	10
4	4	2	8	2	8	28	18
9	6	13	18	19	22	45	51
7			4	6	5	7	7
			1				
			1				
2	1					1	3
						1	
1	1						
1							3
				1	1	1	
				1	1	1	
7	9		6	9	18	24	22
	2		1	2	3	1	2
7	7		5	7	15	23	20
12	2	3	1	12	6	12	10
5		2		10	4	8	3
7	2	1	1	2	2	4	7
2		1	10	7		2	
2		1	10	7		1	
						1	
38	**17**	**14**	**17**	**14**	**26**	**42**	**39**
35	12	12	16	10	17	27	28
22	7	6	5	1	8	17	9
10	5	6	9	8	6	8	14
3			2	1	3	2	5

1-8 续表 7

行业小类	法人单位数（个）	1949年及以前	1950-1977年	1978-1991年
餐饮业	403		2	5
正餐服务	289		2	4
快餐服务	40			1
饮料及冷饮服务	8			
其他餐饮业	66			
信息传输、软件和信息技术服务业	**1490**	**3**	**14**	**29**
电信、广播电视和卫星传输服务	260	3	14	23
电信	136	1	1	1
广播电视传输服务	116	2	13	21
卫星传输服务	8			1
互联网和相关服务	202			
互联网接入及相关服务	37			
互联网信息服务	110			
其他互联网服务	55			
软件和信息技术服务业	1028			6
软件开发	380			2
信息系统集成服务	135			
信息技术咨询服务	362			3
数据处理和存储服务	20			
集成电路设计	4			
其他信息技术服务业	127			1
金融业	**684**	**1**	**23**	**84**
货币金融服务	404	1	23	74
中央银行服务	15	1	5	6
货币银行服务	240		18	68
非货币银行服务	148			
银行监管服务	1			
资本市场服务	5			
证券市场服务				
期货市场服务	2			
证券期货监管服务	3			
资本投资服务				
其他资本市场服务				
保险业	256			10
人身保险	97			
财产保险	139			10
再保险				
养老金	2			
保险经纪与代理服务	17			
保险监管服务	1			
其他保险活动				
其他金融业	19			
金融信托与管理服务	2			
控股公司服务				
非金融机构支付服务	3			
金融信息服务	11			
其他未列明金融业	3			
房地产业	**4983**		**8**	**54**
房地产业	4983		8	54
房地产开发经营	2286			6

1991-1995年	1996年	1997年	1998年	1999年	2000年	2001年	2002年
3	5	2	1	4	9	15	11
3	3	2	1	3	6	11	9
	2					2	2
				1	1		
					2	2	
18	**3**	**15**	**13**	**26**	**29**	**45**	**31**
12		8	6	16	16	19	11
1		2	4	13	11	12	8
11		6	2	2	5	6	3
				1		1	
	1	3	1		3	4	3
		1			2	2	1
	1	1	1			1	2
		1			1	1	
6	2	4	6	10	10	22	17
2		3	3	3	1	6	7
	2	1	2	1	6	4	1
3				5	2	8	5
1			1	1	1	4	4
26	**23**	**22**	**6**	**4**	**2**	**12**	**11**
23	11	19	2	3		7	6
1				1			
21	7	19	2	1		1	1
1	4			1		6	5
2			1	1		1	
2							
			1	1		1	
1	12	3	3		1	4	4
	6	1	2			2	2
1	6	2	1		1	1	2
						1	
					1		1
							1
					1		
79	**22**	**28**	**68**	**57**	**177**	**171**	**207**
79	22	28	68	57	177	171	207
37	10	13	33	35	93	68	87

1-8 续表 8

行业小类	法人单位数（个）	1949年及以前	1950-1977年	1978-1991年
物业管理	1509			10
房地产中介服务	768		1	4
自有房地产经营活动	274		6	30
其他房地产业	146		1	4
租赁和商务服务业	**8847**	**4**	**74**	**225**
租赁业	642			3
机械设备租赁	616			2
文化及日用品出租	26			1
商务服务业	8205	4	74	222
企业管理服务	2062	2	60	118
法律服务	456		1	41
咨询与调查	1390		1	12
广告业	1389		1	1
知识产权服务	31			
人力资源服务	859		1	15
旅行社及相关服务	567			7
安全保护服务	184		3	9
其他商务服务业	1267	2	7	19
科学研究和技术服务业	**4948**	**6**	**462**	**584**
研究和试验发展	280	1	26	44
自然科学研究和试验发展	32		4	4
工程和技术研究和试验发展	72		3	4
农业科学研究和试验发展	109	1	17	18
医学研究和试验发展	29		1	3
社会人文科学研究	38		1	15
专业技术服务业	3514	4	328	308
气象服务	185	1	82	17
地震服务	38		12	10
海洋服务	1			1
测绘服务	144		3	2
质检技术服务	597		17	40
环境与生态监测	119		3	18
地质勘查	333		31	13
工程技术	1061		24	61
其他专业技术服务业	1036	3	156	146
科技推广和应用服务业	1154	1	108	232
技术推广服务	978	1	96	218
科技中介服务	80		3	6
其他科技推广和应用服务业	96		9	8
水利、环境和公共设施管理业	**1130**		**94**	**213**
水利管理业	454		74	99
防洪除涝设施管理	25		6	2
水资源管理	198		32	40
天然水收集与分配	90		15	25
水文服务	13		3	2
其他水利管理业	128		18	30
生态保护和环境治理业	180		13	62
生态保护	144		13	61
环境治理业	36			1

1991-1995年	1996年	1997年	1998年	1999年	2000年	2001年	2002年
14	7	7	12	9	57	58	60
5	4	3	6	4	8	22	31
19	1	5	15	8	14	18	20
4			2	1	5	5	9
156	**57**	**52**	**78**	**103**	**172**	**201**	**213**
8		2	4	4	12	15	11
7		1	3	4	12	13	10
1		1	1			2	1
148	57	50	74	99	160	186	202
46	16	10	16	25	34	33	38
18	16	10	23	12	11	25	19
10	2	3	2	13	43	39	28
21	7	8	12	17	21	28	32
1							1
16	10	2	4	1	5	5	20
7	1	1	6	5	16	26	22
11	1			4	1		2
18	4	16	11	22	29	30	40
140	**45**	**34**	**50**	**80**	**96**	**96**	**167**
5	6	2	2	1	3	3	9
1					1		2
2	1		1			1	3
2	2		1	1	2		3
	1	1				1	
	2	1				1	1
86	27	21	35	68	73	81	131
5	3	4	4	6	4	6	5
2			2				1
3			1	1	2	4	6
16	6	2	6	21	6	10	14
4	3	4	2	4	1	2	9
8			1	3	4	3	11
31	9	6	14	19	37	42	57
17	6	5	5	14	19	14	28
49	12	11	13	11	20	12	27
46	12	8	11	10	18	9	23
2		1	1	1	1	2	2
1		2	1		1	1	2
58	**20**	**20**	**21**	**14**	**29**	**30**	**42**
24	10	13	11	4	8	12	11
1	1				1		2
9	6	3	7	3	1	1	4
3	1	3	1	1	4	4	2
						1	
11	2	7	3		2	6	3
9	1	3	1		4	4	6
8	1	2			4	4	5
1		1	1				1

1-8 续表 9

行业小类	法人单位数(个)	1949年及以前	1950-1977年	1978-1991年
公共设施管理业	496		7	52
市政设施管理	69		2	7
环境卫生管理	86			16
城乡市容管理	29		1	4
绿化管理	224		3	16
公园和游览景区管理	88		1	9
居民服务、修理和其他服务业	**1925**	**1**	**10**	**38**
居民服务业	516	1	6	23
家庭服务	96			
托儿所服务	55		2	4
洗染服务	14			
理发及美容服务	26			1
洗浴服务	16			
保健服务	17			
婚姻服务	47			1
殡葬服务	74	1	3	8
其他居民服务业	171		1	9
机动车、电子产品和日用产品修理业	1005		2	9
汽车、摩托车修理与维护	758		2	6
计算机和办公设备维修	144			
家用电器修理	67			1
其他日用产品修理业	36			2
其他服务业	404		2	6
清洁服务	105			2
其他未列明服务业	299		2	4
教育	**6310**	**420**	**1633**	**926**
教育	6310	420	1633	926
学前教育	1305	10	89	90
初等教育	1848	335	761	326
中等教育	1426	72	663	310
高等教育	109	1	18	52
特殊教育	41		4	5
技能培训、教育辅助及其他教育	1581	2	98	143
卫生和社会工作	**3206**	**34**	**855**	**668**
卫生	2730	30	837	588
医院	709	22	243	69
社区医疗与卫生院	1327	7	509	244
门诊部(所)	71		5	3
计划生育技术服务活动	296	1	4	175
妇幼保健院(所、站)	96		6	58
专科疾病防治院(所、站)	9		1	2
疾病预防控制中心	170		67	34
其他卫生活动	52		2	3
社会工作	476	4	18	80
提供住宿社会工作	317	4	18	63
不提供住宿社会工作	159			17
文化、体育和娱乐业	**2925**	**12**	**203**	**286**
新闻和出版业	118	4	20	36
新闻业	18		2	3
出版业	100	4	18	33

1991–1995年	1996年	1997年	1998年	1999年	2000年	2001年	2002年
25	9	4	9	10	17	14	25
6			3	2	1	2	2
9	4		1	2	3	6	4
1	1	1		1			
5	3	3	3	4	10	5	14
4	1		2	1	3	1	5
23	**9**	**14**	**22**	**23**	**37**	**52**	**63**
10	3	8	7	6	13	17	23
				2	3	3	4
2		1			1	2	1
					1	1	1
	1					1	
1					2	1	
							1
2		1			1		2
2	1	3	1	2	2	2	2
3	1	3	6	2	3	7	12
13	6	6	14	13	17	28	31
11	5	4	9	7	16	19	24
1	1	1	3	4		6	4
1		1	2	2	1	2	2
						1	1
			1	4	7	7	9
					4	1	2
			1	4	3	6	7
159	**54**	**53**	**85**	**54**	**100**	**96**	**123**
159	54	53	85	54	100	96	123
32	11	12	21	15	33	22	37
46	21	25	23	9	20	21	15
37	9	7	14	12	21	16	14
2	3	2	3		1	2	3
2	1		1	1	1	1	
40	9	7	23	17	24	34	54
119	**35**	**25**	**34**	**33**	**29**	**40**	**62**
92	24	19	27	26	24	32	36
16	3	2	4	4	2	14	12
35	10	6	11	2	17	6	11
1		1	1	1	1		2
21	6	7	3	16	2	11	3
8	3		3	1			1
1							1
4	1	1	2		2		2
6	1	2	3	2		1	4
27	11	6	7	7	5	8	26
15	4	6	4	4	3	6	7
12	7		3	3	2	2	19
82	**5**	**15**	**15**	**16**	**37**	**38**	**67**
9		1		3	2	4	2
1				1	1	1	
8		1		2	1	3	2

1-8 续表 10

行业小类	法 人 单位数 (个)	1949年及以前	1950-1977年	1978-1991年
广播、电视、电影和影视录音制作业	372	1	57	88
广播	131	1	24	47
电视	79		8	21
电影和影视节目制作	45		2	4
电影和影视节目发行	10		3	2
电影放映	93		20	14
录音制作	14			
文化艺术业	618	7	125	151
文艺创作与表演	120	5	29	24
艺术表演场馆	18		6	
图书馆与档案馆	132		34	53
文物及非物质文化遗产保护	54	1	3	13
博物馆	32		3	8
烈士陵园、纪念馆	8		3	
群众文化活动	203	1	46	51
其他文化艺术业	51		1	2
体育	124			5
体育组织	56			3
体育场馆	15			
休闲健身活动	40			2
其他体育	13			
娱乐业	1693		1	6
室内娱乐活动	1606		1	1
游乐园	13			
彩票活动	11			2
文化、娱乐、体育经纪代理	32			1
其他娱乐业	31			2
公共管理、社会保障和社会组织	**38519**	**1570**	**8768**	**12041**
中国共产党机关	1022	8	392	322
中国共产党机关	1022	8	392	322
国家机构	11350	65	1790	3600
国家权力机构	186	1	32	107
国家行政机构	10650	61	1610	3302
人民法院和人民检察院	302	3	120	126
其他国家机构	212		28	65
人民政协、民主党派	125	6	62	35
人民政协	106	6	60	24
民主党派	19		2	11
社会保障	222		15	60
社会保障	222		15	60
群众团体、社会团体和其他成员组织	14970	1434	2452	4456
群众团体	961	4	222	159
社会团体	4351	1	93	386
基金会	26			4
宗教组织	9632	1429	2137	3907
基层群众自治组织	10830	57	4057	3568
社区自治组织	2039		32	166
村民自治组织	8791	57	4025	3402
国际组织				
国际组织				
国际组织				

1991-1995年	1996年	1997年	1998年	1999年	2000年	2001年	2002年
29	4	3	5	3	3	5	7
9	1	1	2		3	2	3
15	1	2		1		1	2
1				1			
4	2		2	1		1	1
			1			1	1
32		7	4	4	2	4	8
2		1			1		
							1
8		1	3	2	1	1	3
5			1	1			1
2							
		1					
14		4				3	2
1				1			1
2		3	3	3	4	3	1
1		2	2		2	2	1
1		1	1		1		
				2	1	1	
				1			
10	1	1	3	3	26	22	49
3		1	3	3	25	21	47
						1	
7							
					1		
	1						2
1680	**599**	**464**	**548**	**417**	**499**	**737**	**1182**
48	6	4	26	9	9	8	42
48	6	4	26	9	9	8	42
719	129	139	224	160	175	199	664
6	1		1	1	2		6
693	125	133	214	154	169	194	649
9	1		3	1	3	2	6
11	2	6	6	4	1	3	3
7	1					1	3
3						1	3
4	1						
7	3	1	1	6	4	2	10
7	3	1	1	6	4	2	10
617	368	135	196	168	175	154	195
43	9	5	28	13	19	16	39
116	43	36	76	65	94	89	95
5		1				1	
453	316	93	92	90	62	48	61
282	92	185	101	74	136	373	268
64	21	96	32	38	75	318	209
218	71	89	69	36	61	55	59

1-8 续表 11

行业小类	2003年	2004年	2005年	2006年
总　计	**3470**	**4145**	**4378**	**5564**
农、林、牧、渔业	**88**	**74**	**69**	**68**
农业	1	1	1	1
谷物种植				
豆类、油料和薯类种植				
棉、麻、糖、烟草种植	1			1
蔬菜、食用菌及园艺作物种植				
水果种植		1	1	
坚果、含油果、香料和饮料作物种植				
中药材种植				
其他农业				
林业				
林木育种和育苗				
造林和更新				
森林经营和管护				
木材和竹材采运				
林产品采集				
畜牧业		1		
牲畜饲养		1		
家禽饲养				
狩猎和捕捉动物				
其他畜牧业				
渔业	1		1	
水产养殖	1			
水产捕捞			1	
农、林、牧、渔服务业	86	72	67	67
农业服务业	73	59	50	52
林业服务业	8	3	1	10
畜牧服务业	5	9	16	5
渔业服务业		1		
采矿业	**61**	**81**	**115**	**147**
煤炭开采和洗选业	14	23	31	26
烟煤和无烟煤开采洗选	14	22	31	26
褐煤开采洗选				
其他煤炭采选		1		
石油和天然气开采业	1	1	1	1
石油开采		1	1	
天然气开采	1			1
黑色金属矿采选业	10	19	42	40
铁矿采选	9	17	36	38
锰矿、铬矿采选	1	2	4	
其他黑色金属矿采选			2	2
有色金属矿采选业	13	20	17	38
常用有色金属矿采选	8	11	12	26
贵金属矿采选	4	9	4	8
稀有稀土金属矿采选	1		1	4
非金属矿采选业	9	12	14	25
土砂石开采	5	9	11	19
化学矿开采	1			2
采盐	1			
石棉及其他非金属矿采选	2	3	3	4

2007年	2008年	2009年	2010年	2011年	2012年	2013年	无开业年份
5741	**7349**	**7664**	**8772**	**11077**	**13358**	**14619**	**808**
103	**271**	**311**	**455**	**503**	**775**	**1149**	**11**
2	1	2	1		1	2	
1							
1	1					1	
					1		
		2	1			1	
					1		
					1		
	3	1	2	1		1	
	2		1	1		1	
	1		1				
		1					
101	267	308	452	502	773	1146	11
75	164	198	327	373	504	731	10
4	20	19	23	26	28	32	1
22	81	91	99	101	241	373	
	2		3	2		10	
134	**215**	**198**	**211**	**282**	**259**	**292**	**44**
22	29	45	41	29	30	24	7
19	29	45	38	28	29	22	6
3			3	1	1	2	1
	1	1		1	2	5	
				1	2	2	
	1	1				3	
41	66	30	29	54	50	54	14
39	63	25	27	44	48	48	11
2	2	4	1	2		2	2
	1	1	1	8	2	4	1
34	37	25	16	37	29	34	13
32	24	17	6	18	19	18	8
2	10	4	7	15	8	12	5
	3	4	3	4	2	4	
22	57	61	88	122	117	123	7
17	43	47	74	88	93	104	7
1	1	1		1	1	3	
1	1	2	1				
3	12	11	13	33	23	16	

1-8 续表 12

行业小类	2003年	2004年	2005年	2006年
开采辅助活动	13	5	8	15
煤炭开采和洗选辅助活动		1	2	
石油和天然气开采辅助活动	13	4	5	15
其他开采辅助活动			1	
其他采矿业	1	1	2	2
其他采矿业	1	1	2	2
制造业	**352**	**421**	**457**	**622**
农副食品加工业	56	61	55	81
谷物磨制	10	11	10	15
饲料加工	2	2	3	1
植物油加工	19	27	15	16
制糖业	2			1
屠宰及肉类加工	8	12	7	15
水产品加工	2		1	2
蔬菜、水果和坚果加工	7	5	12	21
其他农副食品加工	6	4	7	10
食品制造业	21	27	26	29
焙烤食品制造	3		2	3
糖果、巧克力及蜜饯制造				
方便食品制造	3		5	3
乳制品制造	5	7	7	5
罐头食品制造	4	6	8	8
调味品、发酵制品制造	1	4	1	2
其他食品制造	5	10	3	8
酒、饮料和精制茶制造业	20	18	19	26
酒的制造	12	13	14	15
饮料制造	7	4	5	8
精制茶加工	1	1		3
烟草制品业				
烟叶复烤				
卷烟制造				
其他烟草制品制造				
纺织业	16	18	13	16
棉纺织及印染精加工	12	13	12	10
毛纺织及染整精加工	2			2
麻纺织及染整精加工	1	2		1
丝绢纺织及印染精加工				
化纤织造及印染精加工				
针织或钩针编织物及其制品制造		2		1
家用纺织制成品制造	1	1	1	1
非家用纺织制成品制造				1
纺织服装、服饰业	2	4	7	7
机织服装制造	1	2	3	4
针织或钩针编织服装制造		2		
服饰制造	1		4	3
皮革、毛皮、羽毛及其制品和制鞋业	3	3	2	3
皮革鞣制加工	1	1		1
皮革制品制造	1	1	1	1

2007年	2008年	2009年	2010年	2011年	2012年	2013年	无开业年份
11	14	22	18	17	15	35	
2		1	5	4	1	8	
9	10	15	13	10	14	23	
	4	6		3		4	
4	11	14	19	22	16	17	3
4	11	14	19	22	16	17	3
658	**809**	**979**	**1199**	**1701**	**1860**	**1545**	**158**
88	101	117	149	137	195	177	5
9	16	15	25	14	12	15	
6	6	11	6	8	10	17	
24	28	38	25	22	27	29	
			2		1	1	
13	19	9	21	13	22	16	2
1	1	1	1		3		
18	17	26	50	53	81	64	2
17	14	17	19	27	39	35	1
27	41	47	46	39	45	37	6
2	8	8	8	7	11	8	3
	1	3	2	1	4	5	
4		2	5	4	3	5	
3	4	2	2	3	2	4	1
10	15	19	17	9	8		
2	2	2	2	5	1	2	
6	11	11	10	10	16	13	2
25	24	23	34	34	52	39	2
12	9	15	22	17	24	22	2
10	15	8	10	16	27	16	
3			2	1	1	1	
20	21	28	37	35	37	49	3
14	14	15	20	19	19	19	1
1		2	3	1	4	1	1
1		1			1		
		1	2	2		1	
			2	1	1	1	
	1	2	4	3	4	10	1
2	2	3	2	3	4	9	
2	4	4	4	6	4	8	
11	3	9	11	24	30	25	1
6	1	4	5	10	15	11	1
		2	2	3	2	3	
5	2	3	4	11	13	11	
3	2	5	2	5	3	5	1
	1					1	
2		1	1		1	1	

1-8 续表 13

行业小类				
	2003年	2004年	2005年	2006年
毛皮鞣制及制品加工	1	1	1	1
羽毛(绒)加工及制品制造				
制鞋业				
木材加工和木、竹、藤、棕、草制品业	4	9	8	8
木材加工		3	4	2
人造板制造	4	4		1
木制品制造		2	4	5
竹、藤、棕、草等制品制造				
家具制造业	3	4	2	12
木质家具制造	2	2	1	10
竹、藤家具制造				
金属家具制造		1	1	2
塑料家具制造	1			
其他家具制造		1		
造纸和纸制品业	5	5	9	18
纸浆制造				
造纸	1		3	5
纸制品制造	4	5	6	13
印刷和记录媒介复制业	16	7	18	19
印刷	15	6	12	15
装订及印刷相关服务	1	1	6	4
记录媒介复制				
文教、工美、体育和娱乐用品制造业	7	2	5	7
文教办公用品制造	1		1	1
乐器制造				
工艺美术品制造	5	2	4	5
体育用品制造				1
玩具制造				
游艺器材及娱乐用品制造	1			
石油加工、炼焦和核燃料加工业	3	9	12	12
精炼石油产品制造	1	5		6
炼焦	2	4	12	5
核燃料加工				1
化学原料和化学制品制造业	24	38	40	52
基础化学原料制造	4	6	8	16
肥料制造	5	10	15	11
农药制造			1	
涂料、油墨、颜料及类似产品制造	5	5	3	4
合成材料制造	1	2	1	4
专用化学产品制造	8	10	11	14
炸药、火工及焰火产品制造				
日用化学产品制造	1	5	1	3
医药制造业	8	6	7	8
化学药品原料药制造	1		2	
化学药品制剂制造				
中药饮片加工	2	4	2	1
中成药生产	3	1	1	2
兽用药品制造				2
生物药品制造	1	1	1	2
卫生材料及医药用品制造	1		1	1

2007年	2008年	2009年	2010年	2011年	2012年	2013年	无开业年份
		1		2	1	1	1
1		1	1	3	1		
	1	2				2	
17	20	21	25	22	33	34	
8	5	8	13	9	9	8	
4	8	5	7	3	8	12	
5	7	7	5	8	12	10	
		1		2	4	4	
10	19	11	13	10	16	16	1
6	14	5	9	6	9	12	1
			1				
3	2	2	3	3	5	2	
		2				2	
1	3	2		1	2		
20	22	23	22	24	27	17	2
				1	1		
6	8	7	4	8	10	3	1
14	14	16	18	15	16	14	1
24	16	22	21	21	22	25	3
23	12	18	19	17	18	23	3
1	4	4	2	4	4	2	
8	11	20	32	45	67	116	3
1	3			2	1	2	
					1		
6	8	17	32	43	63	114	3
1		2			2		
		1					
13	36	24	18	23	24	23	6
7	6	13	9	10	15	13	4
6	30	11	9	13	9	10	2
58	50	66	81	95	117	92	13
9	4	10	13	14	26	13	3
27	22	26	36	35	44	45	1
1		2	1	2	5	1	
1	9	5	6	6	12	8	5
7	6	5	4	5	2	3	2
11	6	12	12	27	20	14	2
	1	1	5	2	1	2	
2	2	5	4	4	7	6	
5	9	6	8	8	8	16	1
	3				3	2	
						1	
1	1	2	3	2	1	4	1
1	2	2	1	3	1	4	
			1				
2	1	1	2	3	1	4	
1	2	1	1		2	1	

1-8 续表 14

行业小类	2003年	2004年	2005年	2006年
化学纤维制造业	1	1	2	2
纤维素纤维原料及纤维制造	1	1	2	1
合成纤维制造				1
橡胶和塑料制品业	35	42	49	66
橡胶制品业			3	7
塑料制品业	35	42	46	59
非金属矿物制品业	52	67	68	105
水泥、石灰和石膏制造	4	7	8	10
石膏、水泥制品及类似制品制造	16	18	13	19
砖瓦、石材等建筑材料制造	25	33	33	68
玻璃制造	2	1	2	2
玻璃制品制造	1		1	3
玻璃纤维和玻璃纤维增强塑料制品制造	1	2	1	1
陶瓷制品制造		1	1	
耐火材料制品制造	2	3	4	1
石墨及其他非金属矿物制品制造	1	2	5	1
黑色金属冶炼和压延加工业	8	9	11	9
炼铁	2	3	4	1
炼钢	1			
黑色金属铸造	2	1		2
钢压延加工	1	4	4	3
铁合金冶炼	2	1	3	3
有色金属冶炼和压延加工业	6		6	9
常用有色金属冶炼	3		4	2
贵金属冶炼	2		1	2
稀有稀土金属冶炼				
有色金属合金制造	1			
有色金属铸造				1
有色金属压延加工			1	4
金属制品业	19	37	36	39
结构性金属制品制造	10	23	21	23
金属工具制造		1	3	1
集装箱及金属包装容器制造	1	1	3	
金属丝绳及其制品制造	2	1		1
建筑、安全用金属制品制造	2	3	3	6
金属表面处理及热处理加工	1	3	2	2
搪瓷制品制造				
金属制日用品制造	1			1
其他金属制品制造	2	5	4	5
通用设备制造业	13	14	13	28
锅炉及原动设备制造		1	1	9
金属加工机械制造	6	3	3	3
物料搬运设备制造	1	2		4
泵、阀门、压缩机及类似机械制造	1	1		
轴承、齿轮和传动部件制造				1
烘炉、风机、衡器、包装等设备制造	1	1	2	4
文化、办公用机械制造				
通用零部件制造	2	6	7	6
其他通用设备制造业	2			1

2007年	2008年	2009年	2010年	2011年	2012年	2013年	无开业年份
8	4	2	2	1	1	2	
8	4	2	1	1		1	
			1		1	1	
74	108	91	115	143	178	143	15
4	2	7	3	5	14	8	1
70	106	84	112	138	164	135	14
95	139	226	314	573	611	390	49
10	13	13	39	46	32	26	5
19	29	39	102	146	145	117	7
50	80	160	148	334	390	208	32
2	2	3	7	6	6	2	1
5	2	3	6	4	6	6	1
4	5	3	1	7	9	7	1
	1	2	2	1	2	5	
1		1	3	13	9	12	
4	7	2	6	16	12	7	2
18	19	21	26	53	29	18	4
5	5	3	10	15	2	3	2
	2		1	5	1	4	
3	2	4	4	11	8	4	
8	6	10	10	22	17	6	1
2	4	4	1		1	1	1
5	8	12	18	19	15	14	2
2	7	4	6	3	4	2	1
1			1	2			
		1	4	3	1	2	
1		1	2	4	2	3	
1	1		2	1		1	
		6	3	6	8	6	1
43	64	74	89	176	134	124	16
22	42	47	56	121	101	84	14
2	2	6	9	14	5	6	1
1	3	6	3	7	5	7	
2	2	3	1	1	2	2	
3	5	3	9	19	10	8	1
3	4		1	2	2	2	
2	1	3	1		3	4	
8	5	6	9	12	6	11	
24	18	41	29	47	42	41	4
4	2	7	8	5	10	8	
4	5	7	7	11	8	8	
2	2	3	1	6	3	7	1
2		4	2	1	1	2	
				2		1	
6	1	5	1	3	6	7	
1					1		
4	7	12	8	19	13	7	1
1	1	3	2			1	2

1-8 续表 15

行业小类	2003年	2004年	2005年	2006年
专用设备制造业	9	19	24	27
采矿、冶金、建筑专用设备制造	4	2	6	6
化工、木材、非金属加工专用设备制造	1	1	2	6
食品、饮料、烟草及饲料生产专用设备制造		1	2	1
印刷、制药、日化及日用品生产专用设备制造				
纺织、服装和皮革加工专用设备制造				1
电子和电工机械专用设备制造		2	1	
农、林、牧、渔专用机械制造	2	11	11	10
医疗仪器设备及器械制造		1		1
环保、社会公共服务及其他专用设备制造	2	1	2	2
汽车制造业	2	1		3
汽车整车制造				
改装汽车制造	1	1		1
低速载货汽车制造				
电车制造				
汽车车身、挂车制造	1			
汽车零部件及配件制造				2
铁路、船舶、航空航天和其他运输设备制造业			2	2
铁路运输设备制造				1
城市轨道交通设备制造			1	
船舶及相关装置制造				
航空、航天器及设备制造				
摩托车制造				1
自行车制造			1	
非公路休闲车及零配件制造				
潜水救捞及其他未列明运输设备制造				
电气机械和器材制造业	11	11	10	20
电机制造	1			1
输配电及控制设备制造	7	8	4	10
电线、电缆、光缆及电工器材制造	1	2	5	7
电池制造				
家用电力器具制造	1	1		1
非电力家用器具制造				
照明器具制造			1	1
其他电气机械及器材制造	1			
计算机、通信和其他电子设备制造业		1	3	
计算机制造				
通信设备制造		1		
广播电视设备制造			1	
雷达及配套设备制造				
视听设备制造			1	
电子器件制造				
电子元件制造				
其他电子设备制造			1	
仪器仪表制造业	2			6
通用仪器仪表制造	2			4
专用仪器仪表制造				1
钟表与计时仪器制造				
光学仪器及眼镜制造				
其他仪器仪表制造业				1

	2007年	2008年	2009年	2010年	2011年	2012年	2013年	无开业年份
	29	36	42	48	72	69	52	10
	14	9	13	12	24	19	15	6
	4	3		4	10	8	4	2
	1	2	1		1	2	1	
	1	2	3		3	1	4	
			1			1		
	1	1	1	1	3	2	1	
	6	12	19	24	23	22	14	2
		2		1	3		1	
	2	5	4	6	5	14	12	
	4	2	4	6	15	12	7	
					2	1		
	2		2	6	7	9	6	
			1					
	1	1			2			
	1	1	1		4	2	1	
		1	1	1		3	2	2
							1	
			1	1		1		1
		1				2	1	1
	17	20	26	32	40	46	44	6
		2		5	5	3	1	1
	12	11	15	12	22	21	16	
	2	2	7	6	4	11	12	1
			1	1				1
		2	1	2			1	2
			2	1	1	3	4	
	2	3		5	8	6	7	1
	1					2	3	
	1		1	1	6	2		1
						1		
	1							
					1			
					3	1		
				1				1
			1		2			
	2	1	1	2	3	2	3	
	1		1	1			1	
	1	1		1	3	2	2	

1-8 续表 16

行业小类	2003年	2004年	2005年	2006年
其他制造业		3	2	1
日用杂品制造			1	
煤制品制造				
核辐射加工				
其他未列明制造业		3	1	1
废弃资源综合利用业	3		5	3
金属废料和碎屑加工处理	1		3	2
非金属废料和碎屑加工处理	2		2	1
金属制品、机械和设备修理业	3	5	3	4
金属制品修理				
通用设备修理			1	2
专用设备修理	1	3	1	2
铁路、船舶、航空航天等运输设备修理				
电气设备修理	1	1		
仪器仪表修理			1	
其他机械和设备修理业	1	1		
电力、热力、燃气及水生产和供应业	**35**	**43**	**47**	**37**
电力、热力生产和供应业	27	28	35	25
电力生产	7	7	19	16
电力供应	1	2	3	1
热力生产和供应	19	19	13	8
燃气生产和供应业	3	8	5	5
燃气生产和供应业	3	8	5	5
水的生产和供应业	5	7	7	7
自来水生产和供应	4	5	5	5
污水处理及其再生利用		2	1	2
其他水的处理、利用与分配	1		1	
建筑业	**101**	**110**	**95**	**123**
房屋建筑业	32	26	29	23
房屋建筑业	32	26	29	23
土木工程建筑业	29	21	18	24
铁路、道路、隧道和桥梁工程建筑	8	9	8	12
水利和内河港口工程建筑	12	5	2	3
海洋工程建筑				
工矿工程建筑		1	1	2
架线和管道工程建筑	2	4	4	3
其他土木工程建筑	7	2	3	4
建筑安装业	19	26	16	31
电气安装	6	11	10	10
管道和设备安装	5	9	2	12
其他建筑安装业	8	6	4	9
建筑装饰和其他建筑业	21	37	32	45
建筑装饰业	12	21	25	27
工程准备活动	5	4	3	4
提供施工设备服务	1	4	1	3
其他未列明建筑业	3	8	3	11
批发和零售业	**900**	**1131**	**1284**	**1856**
批发业	630	807	913	1291
农、林、牧产品批发	60	79	68	77
食品、饮料及烟草制品批发	39	46	61	97
纺织、服装及家庭用品批发	36	48	47	102

2007年	2008年	2009年	2010年	2011年	2012年	2013年	无开业年份
1	1	2	5	8	9	10	1
						3	1
	1	1	1	2	3	1	
1		1	4	6	6	6	
2	5	5	4	11	7	12	
2	4	1	3	3	4	3	
	1	4	1	8	3	9	
6	8	8	8	12	24	12	1
1	2	6	1	1	4	2	
	2	1	4	3	10	2	
	1					1	
1	1	1		1	2	3	1
1			1		1		
3	2		2	7	7	4	
43	**49**	**67**	**80**	**114**	**161**	**165**	**23**
34	36	50	55	94	135	139	19
16	21	37	28	69	113	107	18
2	2	2	5	1	2	5	
16	13	11	22	24	20	27	1
3	4	7	16	11	16	10	3
3	4	7	16	11	16	10	3
6	9	10	9	9	10	16	1
6	9	7	6	5	4	7	1
		3	2	2	6	8	
			1	2		1	
111	**141**	**177**	**228**	**278**	**386**	**437**	**4**
35	38	51	59	75	98	109	
35	38	51	59	75	98	109	
27	27	38	41	62	77	68	3
10	8	6	15	20	26	29	1
4	5	7	9	9	13	4	2
3	2	3	1	5	4	2	
3	6	9	9	12	7	10	
7	6	13	7	16	27	23	
20	24	34	39	38	72	67	1
7	10	14	15	13	14	13	
7	4	7	10	7	9	14	
6	10	13	14	18	49	40	1
29	52	54	89	103	139	193	
21	34	30	62	71	99	146	
4	9	9	11	9	16	17	
1	3	4	3	4	4	8	
3	6	11	13	19	20	22	
1909	**2290**	**2717**	**2829**	**3729**	**4431**	**4772**	**88**
1345	1633	1913	1954	2572	3110	3382	60
66	107	135	152	173	196	284	3
106	113	141	178	254	313	377	14
96	114	114	117	162	228	224	5

1-8 续表 17

行业小类	2003年	2004年	2005年	2006年
文化、体育用品及器材批发	22	18	17	17
医药及医疗器材批发	15	11	29	37
矿产品、建材及化工产品批发	198	270	306	437
机械设备、五金产品及电子产品批发	217	279	318	434
贸易经纪与代理	21	23	40	47
其他批发业	22	33	27	43
零售业	270	324	371	565
综合零售	29	23	41	52
食品、饮料及烟草制品专门零售	15	20	19	31
纺织、服装及日用品专门零售	17	25	31	41
文化、体育用品及器材专门零售	13	20	14	34
医药及医疗器材专门零售	21	18	25	25
汽车、摩托车、燃料及零配件专门零售	68	84	83	114
家用电器及电子产品专门零售	54	81	80	154
五金、家具及室内装饰材料专门零售	33	36	53	80
货摊、无店铺及其他零售业	20	17	25	34
交通运输、仓储和邮政业	**146**	**163**	**184**	**202**
铁路运输业				
铁路旅客运输				
铁路货物运输				
铁路运输辅助活动				
道路运输业	96	112	115	116
城市公共交通运输	13	21	14	16
公路旅客运输	27	13	13	12
道路货物运输	47	72	75	76
道路运输辅助活动	9	6	13	12
水上运输业				
水上旅客运输				
水上货物运输				
水上运输辅助活动				
航空运输业	2	2	2	2
航空客货运输	1		2	1
通用航空服务	1			1
航空运输辅助活动		2		
管道运输业				
管道运输业				
装卸搬运和运输代理业	34	35	50	53
装卸搬运	2	4	3	5
运输代理业	32	31	47	48
仓储业	13	12	15	25
谷物、棉花等农产品仓储	5	8	7	10
其他仓储业	8	4	8	15
邮政业	1	2	2	6
邮政基本服务				1
快递服务	1	2	2	5
住宿和餐饮业	**54**	**44**	**59**	**82**
住宿业	42	36	45	57
旅游饭店	22	21	25	30
一般旅馆	15	14	19	22
其他住宿业	5	1	1	5

2007年	2008年	2009年	2010年	2011年	2012年	2013年	无开业年份
32	38	48	37	49	53	79	3
37	43	45	54	68	78	69	
419	526	682	663	920	1169	1185	16
473	570	621	628	792	882	952	12
71	69	70	68	66	110	116	5
45	53	57	57	88	81	96	2
564	657	804	875	1157	1321	1390	28
53	59	74	94	120	140	155	3
39	59	74	75	136	154	153	3
44	57	51	62	89	113	97	4
28	27	35	47	52	70	78	2
21	35	51	50	54	72	59	1
118	131	184	218	271	258	285	5
129	141	185	166	203	255	222	5
83	103	112	102	175	170	250	4
49	45	38	61	57	89	91	1
241	**265**	**328**	**383**	**405**	**542**	**672**	**18**
2	1			1	1		
1							
1	1			1	1		
108	131	196	207	220	277	364	5
10	5	9	10	12	18	9	
10	8	7	6	5	11	7	
80	101	168	177	172	231	316	4
8	17	12	14	31	17	32	1
				1			
				1			
3	6	4	1	6	7	7	
	2	2		2	4	3	
3	3	2		2	2	2	
	1		1	2	1	2	
1	1	2		3	2	4	
1	1	2		3	2	4	
102	94	100	98	101	166	187	4
13	9	15	8	18	25	29	
89	85	85	90	83	141	158	4
16	17	21	42	47	46	63	9
7	8	7	20	14	22	26	
9	9	14	22	33	24	37	9
9	15	5	35	26	43	47	
	3		2	1	2	1	
9	12	5	33	25	41	46	
63	**68**	**75**	**80**	**80**	**158**	**150**	**5**
46	46	47	49	36	81	82	5
21	14	18	22	11	44	25	1
20	25	22	23	21	26	41	3
5	7	7	4	4	11	16	1

1-8 续表 18

行业小类	2003年	2004年	2005年	2006年
餐饮业	12	8	14	25
正餐服务	10	7	11	21
快餐服务	1		1	
饮料及冷饮服务			1	1
其他餐饮业	1	1	1	3
信息传输、软件和信息技术服务业	**48**	**83**	**68**	**86**
电信、广播电视和卫星传输服务	7	38	8	11
电信	1	33	7	4
广播电视传输服务	6	4	1	7
卫星传输服务		1		
互联网和相关服务	5	9	7	14
互联网接入及相关服务			3	
互联网信息服务	4	7	3	12
其他互联网服务	1	2	1	2
软件和信息技术服务业	36	36	53	61
软件开发	11	10	19	23
信息系统集成服务	3	4	6	2
信息技术咨询服务	14	17	16	25
数据处理和存储服务			1	2
集成电路设计				
其他信息技术服务业	8	5	11	9
金融业	**28**	**18**	**23**	**33**
货币金融服务	6	2	16	23
中央银行服务				
货币银行服务	1	2	5	15
非货币银行服务	4		11	8
银行监管服务	1			
资本市场服务				
证券市场服务				
期货市场服务				
证券期货监管服务				
资本投资服务				
其他资本市场服务				
保险业	22	16	7	9
人身保险	13	9	2	1
财产保险	7	5	2	6
再保险				
养老金				
保险经纪与代理服务	2	2	3	2
保险监管服务				
其他保险活动				
其他金融业				1
金融信托与管理服务				
控股公司服务				
非金融机构支付服务				
金融信息服务				1
其他未列明金融业				
房地产业	**206**	**215**	**207**	**260**
房地产业	206	215	207	260
房地产开发经营	92	94	99	132

2007年	2008年	2009年	2010年	2011年	2012年	2013年	无开业年份
17	22	28	31	44	77	68	
13	19	22	21	28	50	43	
1	1		5	7	10	7	
	1		1			2	
3	1	6	4	9	17	16	
88	**95**	**113**	**121**	**155**	**173**	**226**	**8**
10	11	4	12	13	11	7	
7	7	3	5	5	7	3	
3	4	1	6	6	4	3	
			1	2		1	
21	23	23	11	26	20	27	1
8		3	2	4	4	6	1
9	17	10	5	15	10	12	
4	6	10	4	7	6	9	
57	61	86	98	116	142	192	7
24	24	29	42	39	53	74	5
8	11	12	12	18	18	24	
18	14	34	32	43	52	69	2
2	3	1	2	3	2	4	
		1		1	1	1	
5	9	9	10	12	16	20	
38	**47**	**31**	**22**	**34**	**38**	**54**	**104**
21	26	20	13	23	26	38	21
			1				
2	18	5	7	9	5	13	20
19	8	15	5	14	21	25	1
16	20	9	6	9	10	13	81
2	10	6	3	5	1	3	29
11	8	2	3	4	6	10	51
					1		1
3	2	1			2		
1	1	2	3	2	2	3	2
	1			1			
		1		1			
1		1	3		2	3	
							2
274	**301**	**376**	**552**	**580**	**484**	**637**	**20**
274	301	376	552	580	484	637	20
161	149	180	287	293	201	211	5

1-8 续表 19

行业小类	2003年	2004年	2005年	2006年
物业管理	72	64	73	74
房地产中介服务	19	32	18	36
自有房地产经营活动	14	20	14	13
其他房地产业	9	5	3	5
租赁和商务服务业	**245**	**295**	**326**	**456**
租赁业	11	22	20	29
机械设备租赁	11	19	19	29
文化及日用品出租		3	1	
商务服务业	234	273	306	427
企业管理服务	41	39	51	69
法律服务	15	7	18	24
咨询与调查	26	42	59	80
广告业	39	65	51	79
知识产权服务	6	5		1
人力资源服务	32	23	33	63
旅行社及相关服务	30	33	35	37
安全保护服务	8	14	10	10
其他商务服务业	37	45	49	64
科学研究和技术服务业	**171**	**187**	**203**	**213**
研究和试验发展	5	11	11	18
自然科学研究和试验发展		2	2	2
工程和技术研究和试验发展	1	4	4	6
农业科学研究和试验发展	1	2	3	5
医学研究和试验发展	3		1	3
社会人文科学研究		3	1	2
专业技术服务业	150	146	163	166
气象服务	2	1	8	6
地震服务	1	1	2	
海洋服务				
测绘服务	12	8	13	10
质检技术服务	32	31	43	32
环境与生态监测	5	3	5	4
地质勘查	8	11	17	24
工程技术	62	63	52	62
其他专业技术服务业	28	28	23	28
科技推广和应用服务业	16	30	29	29
技术推广服务	12	20	22	26
科技中介服务	1	4	5	2
其他科技推广和应用服务业	3	6	2	1
水利、环境和公共设施管理业	**26**	**38**	**42**	**36**
水利管理业	6	7	18	11
防洪除涝设施管理			1	
水资源管理	1	2	6	6
天然水收集与分配	4	3	6	3
水文服务			1	1
其他水利管理业	1	2	4	1
生态保护和环境治理业	2	5	7	3
生态保护		4	6	3
环境治理业	2	1	1	

2007年	2008年	2009年	2010年	2011年	2012年	2013年	无开业年份
61	105	125	149	159	159	223	11
45	33	58	90	95	94	156	4
4	8	7	14	11	13	20	
3	6	6	12	22	17	27	
459	**523**	**566**	**654**	**937**	**1303**	**1702**	**46**
37	28	49	59	69	116	138	5
36	27	46	55	69	113	135	5
1	1	3	4		3	3	
422	495	517	595	868	1187	1564	41
91	99	112	109	265	365	408	15
16	36	26	41	38	31	28	
77	94	92	103	142	196	321	5
76	92	106	116	144	181	290	2
	2	1	3	5	4	2	
48	48	61	66	81	153	171	1
37	48	21	31	43	62	96	3
9	10	12	9	15	29	26	1
68	66	86	117	135	166	222	14
216	**264**	**274**	**261**	**381**	**452**	**535**	**31**
6	15	18	18	21	25	29	1
	2	1	2	2	3	4	
3	1	6	4	6	10	12	
1	6	9	10	9	5	10	1
	3	2	2	3	4	1	
2	3			1	3	2	
171	203	203	183	281	309	351	26
1	4	5	4	8	2	7	
1		2			2	2	
7	9	15	12	9	7	20	
38	37	40	29	62	53	60	2
1	8	6	3	10	13	11	
26	32	23	17	37	27	26	11
47	44	61	59	81	111	115	4
50	69	51	59	74	94	110	9
39	46	53	60	79	118	155	4
32	38	43	46	63	88	132	4
3	5	3	4	10	14	10	
4	3	7	10	6	16	13	
60	**73**	**49**	**46**	**71**	**73**	**75**	
27	27	20	16	18	20	18	
1	2	1		3	1	3	
19	15	12	5	9	11	6	
1	5	3	2	2	1	1	
		1	2	1		1	
6	5	3	7	3	7	7	
2	19	8	4	8	9	10	
1	14	7	3	2	3	3	
1	5	1	1	6	6	7	

1-8 续表 20

行业小类	2003年	2004年	2005年	2006年
公共设施管理业	18	26	17	22
市政设施管理	1	3	3	3
环境卫生管理	2	4	2	3
城乡市容管理	1	1		3
绿化管理	9	13	8	10
公园和游览景区管理	5	5	4	3
居民服务、修理和其他服务业	**50**	**69**	**84**	**118**
居民服务业	13	19	24	32
家庭服务	2	1	2	5
托儿所服务		6	2	6
洗染服务	1			
理发及美容服务		3	1	1
洗浴服务	4			1
保健服务	1		2	2
婚姻服务			1	4
殡葬服务	1	3	7	2
其他居民服务业	4	6	9	11
机动车、电子产品和日用产品修理业	25	33	43	66
汽车、摩托车修理与维护	18	22	27	49
计算机和办公设备维修	4	7	10	9
家用电器修理	2	4	3	6
其他日用产品修理业	1		3	2
其他服务业	12	17	17	20
清洁服务	3	4	5	1
其他未列明服务业	9	13	12	19
教育	**134**	**188**	**194**	**179**
教育	134	188	194	179
学前教育	34	48	48	56
初等教育	34	33	23	15
中等教育	23	28	43	25
高等教育	3	2	3	
特殊教育	2	2	4	
技能培训、教育辅助及其他教育	38	75	73	83
卫生和社会工作	**93**	**89**	**99**	**109**
卫生	71	77	80	92
医院	32	28	29	30
社区医疗与卫生院	12	27	29	42
门诊部(所)	4	3	4	5
计划生育技术服务活动	6	4	3	2
妇幼保健院(所、站)	2	1	4	1
专科疾病防治院(所、站)				
疾病预防控制中心	13	10	7	10
其他卫生活动	2	4	4	2
社会工作	22	12	19	17
提供住宿社会工作	16	8	13	13
不提供住宿社会工作	6	4	6	4
文化、体育和娱乐业	**82**	**93**	**103**	**153**
新闻和出版业	3	3	3	4
新闻业				1
出版业	3	3	3	3

2007年	2008年	2009年	2010年	2011年	2012年	2013年	无开业年份
31	27	21	26	45	44	47	
2	3	3	4	10	8	4	
2	2	3	8	5	5	5	
1	2	1		4	3	4	
14	14	11	9	21	21	28	
12	6	3	5	5	7	6	
95	**137**	**161**	**203**	**200**	**240**	**269**	**7**
19	31	28	44	48	62	76	3
4	3	3	11	13	14	26	
3	2	5	8	3	3	4	
1	2	1	2	1	2	1	
1	2	1	3	4	6	1	
1	2	1			2	1	
	3			2	3	2	1
1	1	5	5	5	4	13	1
2	5	7	4	5	6	5	
6	11	5	11	15	22	23	1
48	72	89	115	111	129	131	4
32	57	69	95	84	96	103	3
9	8	11	10	16	19	20	1
5	5	4	5	9	7	5	
2	2	5	5	2	7	3	
28	34	44	44	41	49	62	
7	8	9	7	6	18	28	
21	26	35	37	35	31	34	
166	**190**	**241**	**239**	**314**	**399**	**361**	**2**
166	190	241	239	314	399	361	2
44	58	90	98	162	179	116	
23	18	17	19	14	22	28	
17	19	27	19	11	16	23	
1	2		1	1	3	6	
1	1	3	1	2	4	5	
80	92	104	101	124	175	183	2
67	**132**	**123**	**136**	**133**	**139**	**151**	**1**
57	105	102	94	107	99	110	1
18	32	19	21	29	34	46	
19	54	68	57	66	49	46	
4	7	3	4	6	8	8	
3	4	8	7		4	6	
2	2	1	2			1	
2			1		1		
9	2		2	3		1	
	4	3		3	3	2	1
10	27	21	42	26	40	41	
7	18	11	30	20	25	22	
3	9	10	12	6	15	19	
137	**270**	**207**	**217**	**266**	**286**	**332**	**3**
3	4	3	4	2	4	4	
2	1		2	2		1	
1	3	3	2		4	3	

1-8 续表 21

行业小类	2003年	2004年	2005年	2006年
广播、电视、电影和影视录音制作业	11	13	10	10
广播	2	2	1	5
电视	4	5	5	
电影和影视节目制作	2	4		3
电影和影视节目发行				
电影放映	3	2	4	
录音制作				2
文化艺术业	16	11	19	22
文艺创作与表演	4		1	3
艺术表演场馆	1		1	1
图书馆与档案馆		4	4	2
文物及非物质文化遗产保护	2	1	1	2
博物馆		1		1
烈士陵园、纪念馆	1			1
群众文化活动	5	4	9	9
其他文化艺术业	3	1	3	3
体育	5	11	4	3
体育组织	2	4	2	1
体育场馆		5		
休闲健身活动	2	2	2	1
其他体育	1			1
娱乐业	47	55	67	114
室内娱乐活动	44	53	63	107
游乐园	1			
彩票活动	1	1		
文化、娱乐、体育经纪代理	1	1	2	3
其他娱乐业			2	4
公共管理、社会保障和社会组织	**650**	**803**	**719**	**784**
中国共产党机关	9	27	12	7
中国共产党机关	9	27	12	7
国家机构	264	383	316	323
国家权力机构	2	1	2	
国家行政机构	258	376	303	310
人民法院和人民检察院		1		
其他国家机构	4	5	11	13
人民政协、民主党派	1			
人民政协	1			
民主党派				
社会保障	7	4	22	17
社会保障	7	4	22	17
群众团体、社会团体和其他成员组织	223	247	267	282
群众团体	17	29	24	22
社会团体	139	147	173	177
基金会				1
宗教组织	67	71	70	82
基层群众自治组织	146	142	102	155
社区自治组织	100	80	59	69
村民自治组织	46	62	43	86
国际组织				
国际组织				
国际组织				

2007年	2008年	2009年	2010年	2011年	2012年	2013年	无开业年份
7	22	9	20	22	23	20	
	8	2	3	6	2	7	
	3	2	3	2	3	1	
5	5	2	3	4	6	3	
		1		3	1		
	4	2	10	7	9	7	
2	2		1		2	2	
21	27	20	24	23	35	54	2
3	7	7	6	5	8	13	1
1			2	1		4	
	3	1	3	3	3	3	
5	7	3	1		2	5	
3	3	2	1	3	3	2	
1			1				
7	6	5	4	8	10	15	
1	1	2	6	3	9	12	1
3	8	9	9	10	17	21	
1	6	5	4	2	8	8	
	1			1	1	3	
1		2	3	5	7	9	
1	1	2	2	2	1	1	
103	209	166	160	209	207	233	1
101	204	161	152	204	195	216	1
	2	1			3	5	
1			4	4	6	8	
1	3	4	4	1	3	4	
879	**1209**	**671**	**856**	**914**	**1199**	**1095**	**235**
18	11	6	6	6	11	9	26
18	11	6	6	6	11	9	26
317	299	193	259	297	349	280	206
4	2		2	1	5	3	7
299	290	184	249	286	334	266	191
4	5	6	1	3	1	2	5
10	2	3	7	7	9	9	3
	1	1		3	2		2
	1			3	2		2
		1					
10	10	4	8	8	7	16	
10	10	4	8	8	7	16	
419	720	376	486	480	527	593	
23	31	27	47	70	47	67	
341	338	301	363	358	443	477	
1	1	1	2	2	4	3	
54	350	47	74	50	33	46	
115	168	91	97	120	303	197	1
45	100	57	69	63	185	160	1
70	68	34	28	57	118	37	

1-9 按行业、开业(成立)

行业小类	从业人员数(人)	1949年及以前	1950-1977年	1978-1991年
总　计	**4410735**	**97298**	**1182055**	**494409**
农、林、牧、渔业	**538252**	**1909**	**428353**	**14883**
农业	433126		405402	9823
谷物种植	84155		84020	
豆类、油料和薯类种植	13036		10033	3003
棉、麻、糖、烟草种植	286761		266929	6820
蔬菜、食用菌及园艺作物种植	21045		21035	
水果种植	23874		19130	
坚果、含油果、香料和饮料作物种植	2417		2417	
中药材种植				
其他农业	1838		1838	
林业	910		852	53
林木育种和育苗	5			
造林和更新	318		318	
森林经营和管护	460		407	53
木材和竹材采运	127		127	
林产品采集				
畜牧业	8604	1891	4943	45
牲畜饲养	7872	1891	4663	45
家禽饲养	426			
狩猎和捕捉动物				
其他畜牧业	306		280	
渔业	93			
水产养殖	36			
水产捕捞	57			
农、林、牧、渔服务业	95519	18	17156	4962
农业服务业	59035	7	4259	2395
林业服务业	7195	6	929	1195
畜牧服务业	29144	5	11968	1356
渔业服务业	145			16
采矿业	**250523**		**25603**	**14780**
煤炭开采和洗选业	76669		17688	627
烟煤和无烟煤开采洗选	76378		17688	627
褐煤开采洗选				
其他煤炭采选	291			
石油和天然气开采业	75136		5989	13735
石油开采	74483		5989	13735
天然气开采	653			
黑色金属矿采选业	20519		1433	
铁矿采选	19098		1433	
锰矿、铬矿采选	950			
其他黑色金属矿采选	471			
有色金属矿采选业	14157			
常用有色金属矿采选	10374			
贵金属矿采选	2903			
稀有稀土金属矿采选	880			
非金属矿采选业	11911		493	32
土砂石开采	8665		93	6
化学矿开采	265			
采盐	952			26
石棉及其他非金属矿采选	2029		400	

时间分组的法人单位从业人员数

1991-1995年	1996年	1997年	1998年	1999年	2000年	2001年	2002年
133724	**42022**	**27962**	**63749**	**84505**	**168164**	**142455**	**148608**
964	**3723**	**127**	**1230**	**771**	**342**	**1032**	**521**
	3529		758	369	119	20	
			80				
	3529		678	369	119	20	
40				132			
40				132			
924	194	127	472	270	223	1012	521
595	126	47	327	240	148	699	429
201	22	31		14	40	241	47
128	43	33	145	16	35	70	45
	3	16				2	
2279	**1087**	**684**	**3310**	**9329**	**61318**	**3348**	**8103**
1556	45	259	139	576	308	1182	5285
1556	45	259	139	576	307	1182	5285
					1		
	290			5430	47225		1
	290			5430	47225		
							1
109	731	400	6	1326	256	617	192
93	731	400	6	1326	256	464	131
							61
16						153	
104			10	1174	6	285	676
104				1174	6	265	25
			10				78
						20	573
59	21	25	2	152	1069	164	220
59	17	25	2	64	197	137	187
							12
	4				847		
				88	25	27	21

1-9 续表 1

行业小类	从业人员数（人）	1949年及以前	1950-1977年	1978-1991年
开采辅助活动	51439			386
煤炭开采和洗选辅助活动	944			147
石油和天然气开采辅助活动	50396			239
其他开采辅助活动	99			
其他采矿业	692			
其他采矿业	692			
制造业	**637600**	**14479**	**21336**	**16715**
农副食品加工业	54144		294	1836
谷物磨制	4922		220	206
饲料加工	4806			86
植物油加工	13319		4	153
制糖业	6407			1322
屠宰及肉类加工	5260			55
水产品加工	178			
蔬菜、水果和坚果加工	13548			
其他农副食品加工	5704		70	14
食品制造业	32222		17	339
焙烤食品制造	3143			6
糖果、巧克力及蜜饯制造	551			
方便食品制造	3725			
乳制品制造	5073			25
罐头食品制造	6914			305
调味品、发酵制品制造	5422		17	
其他食品制造	7394			3
酒、饮料和精制茶制造业	17868		1079	1217
酒的制造	12805		1079	1217
饮料制造	4832			
精制茶加工	231			
烟草制品业	1015		1015	
烟叶复烤				
卷烟制造	1015		1015	
其他烟草制品制造				
纺织业	38470		1368	2150
棉纺织及印染精加工	32306		1367	973
毛纺织及染整精加工	2672			1104
麻纺织及染整精加工	626		1	9
丝绢纺织及印染精加工	139			
化纤织造及印染精加工	222			
针织或钩针编织物及其制品制造	500			
家用纺织制成品制造	1287			
非家用纺织制成品制造	718			64
纺织服装、服饰业	6266		884	1386
机织服装制造	4581		884	1346
针织或钩针编织服装制造	533			
服饰制造	1152			40
皮革、毛皮、羽毛及其制品和制鞋业	1179		13	4
皮革鞣制加工	645		13	
皮革制品制造	79			

1991-1995年	1996年	1997年	1998年	1999年	2000年	2001年	2002年
451			3153	671	12454	1097	1694
			6	130			30
451			3147	541	12454	1097	1645
							19
						3	35
						3	35
26158	**9616**	**4759**	**10502**	**14391**	**28468**	**15574**	**22781**
715	86	214	718	536	1697	3064	2635
87	54		51	125	137	415	74
429		54	106	221	884	432	74
170			138	165	426	142	489
			398			1956	1230
28		142	25	25	167	82	481
							59
1	32	8			75	13	99
		10			8	24	129
3160	232	470	246	543	2873	409	3159
355	4			18	8	11	746
		192				5	47
1677	26			15	604	6	577
2	140	278	2	20		299	1286
1073			34	380	1243	5	311
				22	479	5	
53	62		210	88	539	78	192
163	114	48	368	2634	492	199	895
110		33	311	2610	382	111	693
53	114	15	57	24	103	88	202
					7		
627	177	17	757	580	21	820	2636
445	177	17	724	447		731	2580
180					20		
						13	52
2						30	
			33	80	1	1	
				53		45	4
3	4		154	277	10	51	403
3			154	277	10	25	20
							378
	4					26	5
4	4	20	10	74	316	50	
					310	50	
4		20	1		6		

1-9 续表 2

行业小类	从业人员数(人)	1949年及以前	1950-1977年	1978-1991年
毛皮鞣制及制品加工	104			4
羽毛(绒)加工及制品制造	208			
制鞋业	143			
木材加工和木、竹、藤、棕、草制品业	4544		4	45
木材加工	964		4	6
人造板制造	2089			12
木制品制造	1258			27
竹、藤、棕、草等制品制造	233			
家具制造业	2854		19	19
木质家具制造	1651			19
竹、藤家具制造	5			
金属家具制造	808		19	
塑料家具制造	133			
其他家具制造	257			
造纸和纸制品业	9600		205	47
纸浆制造	169			
造纸	4407		205	
纸制品制造	5024			47
印刷和记录媒介复制业	6274	506	251	1113
印刷	5559	506	209	987
装订及印刷相关服务	715		42	126
记录媒介复制				
文教、工美、体育和娱乐用品制造业	8606		80	162
文教办公用品制造	94		7	
乐器制造	4			
工艺美术品制造	8410		73	162
体育用品制造	49			
玩具制造	6			
游艺器材及娱乐用品制造	43			
石油加工、炼焦和核燃料加工业	51674	13973	3565	3
精炼石油产品制造	33960	13973	3565	3
炼焦	17599			
核燃料加工	115			
化学原料和化学制品制造业	82672		3497	1355
基础化学原料制造	27594		317	486
肥料制造	18775		1530	158
农药制造	249			
涂料、油墨、颜料及类似产品制造	1242		193	41
合成材料制造	22168			369
专用化学产品制造	8249			21
炸药、火工及焰火产品制造	3081		1457	280
日用化学产品制造	1314			
医药制造业	7439		1	700
化学药品原料药制造	1762		1	83
化学药品制剂制造	1346			473
中药饮片加工	655			
中成药生产	2380			144
兽用药品制造	309			
生物药品制造	678			
卫生材料及医药用品制造	309			

1991-1995年	1996年	1997年	1998年	1999年	2000年	2001年	2002年
	4						
			9	74			
38	42			98	115	76	167
25	7			98		5	32
13	35				109	71	100
					6		35
454	8	308	62		9	2	23
454	8	93	62			2	23
		215			7		
					2		
175		81	203	1955	122	671	574
			124			41	
13		11		1946	20	177	78
162		70	79	9	102	453	496
141	101	46	203	38	288	333	301
129	78	46	176	38	250	248	283
12	23		27		38	85	18
60	6		23	22	29	10	
60	6		23	22	29	10	
470		1103	253	195	7453	1213	602
470		1103	253	195	7453	1078	240
						135	362
4399	3199	466	1978	3126	3387	202	1122
3420	3041	78	647	133	292	19	111
34	61	325	59	152	2833	5	203
31			15	14	114		74
501		2	108	2084		7	9
198	97	61	1149	693	136	143	342
215					12		375
				50		28	8
400	51	342	576	73	134	649	803
220	51		565	1			
					1	7	6
14		321			133	610	622
		21	11	7			
158						32	175
8				65			

1-9 续表 3

行业小类	从业人员数（人）	1949年及以前	1950-1977年	1978-1991年
化学纤维制造业	9062			
纤维素纤维原料及纤维制造	8931			
合成纤维制造	131			
橡胶和塑料制品业	31183		243	229
橡胶制品业	3371			134
塑料制品业	27812		243	95
非金属矿物制品业	118066		3418	3661
水泥、石灰和石膏制造	29934		2465	2077
石膏、水泥制品及类似制品制造	30144		677	222
砖瓦、石材等建筑材料制造	43510		111	675
玻璃制造	1607			
玻璃制品制造	2727		165	
玻璃纤维和玻璃纤维增强塑料制品制造	1744			
陶瓷制品制造	113			
耐火材料制品制造	1994			687
石墨及其他非金属矿物制品制造	6293			
黑色金属冶炼和压延加工业	52820		3929	652
炼铁	15845			10
炼钢	2965			
黑色金属铸造	1541			25
钢压延加工	28507		3929	617
铁合金冶炼	3962			
有色金属冶炼和压延加工业	37979			
常用有色金属冶炼	24043			
贵金属冶炼	3697			
稀有稀土金属冶炼	4090			
有色金属合金制造	655			
有色金属铸造	83			
有色金属压延加工	5411			
金属制品业	21258		113	526
结构性金属制品制造	13126		86	213
金属工具制造	691		27	10
集装箱及金属包装容器制造	2612			47
金属丝绳及其制品制造	1045			71
建筑、安全用金属制品制造	1050			
金属表面处理及热处理加工	719			
搪瓷制品制造				
金属制日用品制造	239			3
其他金属制品制造	1776			182
通用设备制造业	7915		338	151
锅炉及原动设备制造	1218			78
金属加工机械制造	1097		97	
物料搬运设备制造	1912		83	
泵、阀门、压缩机及类似机械制造	212			
轴承、齿轮和传动部件制造	254		10	
烘炉、风机、衡器、包装等设备制造	602			
文化、办公用机械制造	15			
通用零部件制造	2361		148	73
其他通用设备制造业	244			

1991-1995年	1996年	1997年	1998年	1999年	2000年	2001年	2002年
28				38			1449
				38			1449
28							
171	30	137	345	1583	868	1009	1818
			66	6		44	1194
171	30	137	279	1577	868	965	624
1159	684	379	1613	800	2112	4519	2151
276	312		1492	281	1432	1915	534
128	111	15	30	148	291	1823	272
463	248	364	54	260	336	509	502
						134	95
15	13		7	75	43	130	741
272							
				21			7
			18			8	
5			12	15	10		
8325		411	52	162	5999	20	637
8215					279	10	8
22		10	10	9			1
		401	42	8	5720	10	628
88				145			
1025	4518		2024			2	1444
	490		2024				
1025						2	1444
	4028						
392	20	21	68	1031	335	569	1111
174	20	14		17	278	423	858
2				18	2	15	7
16			50	926	18		63
110					15		
56			10	70	9	3	
						122	178
34			8		8		
		7			5	6	5
79	179	415	295	67	447	214	302
31	4	36	3		20	28	105
	45	27		24		28	50
		269			260		
				15			
	25						125
			15	8	90		15
							2
48	105	83	277	20	77	150	5
						8	

1-9 续表 4

行业小类	从业人员数(人)	1949年及以前	1950-1977年	1978-1991年
专用设备制造业	11619		261	744
采矿、冶金、建筑专用设备制造	3181		246	1
化工、木材、非金属加工专用设备制造	1219			
食品、饮料、烟草及饲料生产专用设备制造	138			
印刷、制药、日化及日用品生产专用设备制造	170		4	
纺织、服装和皮革加工专用设备制造	25			
电子和电工机械专用设备制造	131			
农、林、牧、渔专用机械制造	5854		11	705
医疗仪器设备及器械制造	69			
环保、社会公共服务及其他专用设备制造	832			38
汽车制造业	3309		742	250
汽车整车制造	1697		742	
改装汽车制造	799			
低速载货汽车制造				
电车制造	8			
汽车车身、挂车制造	268			
汽车零部件及配件制造	537			250
铁路、船舶、航空航天和其他运输设备制造业	475			
铁路运输设备制造	239			
城市轨道交通设备制造	41			
船舶及相关装置制造				
航空、航天器及设备制造	27			
摩托车制造	124			
自行车制造	44			
非公路休闲车及零配件制造				
潜水救捞及其他未列明运输设备制造				
电气机械和器材制造业	14370			60
电机制造	1741			
输配电及控制设备制造	10026			
电线、电缆、光缆及电工器材制造	1488			44
电池制造	22			
家用电力器具制造	189			
非电力家用器具制造	135			
照明器具制造	537			
其他电气机械及器材制造	232			16
计算机、通信和其他电子设备制造业	324			
计算机制造	7			
通信设备制造	37			
广播电视设备制造	72			
雷达及配套设备制造				
视听设备制造	27			
电子器件制造	125			
电子元件制造	9			
其他电子设备制造	47			
仪器仪表制造业	400			
通用仪器仪表制造	300			
专用仪器仪表制造	98			
钟表与计时仪器制造				
光学仪器及眼镜制造				
其他仪器仪表制造业	2			

1991-1995年	1996年	1997年	1998年	1999年	2000年	2001年	2002年
724	14	35	69	22	57	115	149
334	9		11		20		77
19			7		11		3
			22			5	12
10					5		
	5						
						3	
361		35		22	21	107	57
			29				
	109			232		12	10
				232			10
	109					12	
							27
							27
3349	38	214	83	262	1660	1200	291
			11	41		763	
3235	13	38	65	177	1509	289	188
61	25	176		7	150	113	71
					1	35	
1			7				
52				37			32
4				5			
				5			
4							
93		28				45	35
93		28				45	
							35

1-9 续表 5

行业小类	从业人员数（人）	1949年及以前	1950-1977年	1978-1991年
其他制造业	997			
日用杂品制造	66			
煤制品制造	576			
核辐射加工				
其他未列明制造业	355			
废弃资源综合利用业	1043			
金属废料和碎屑加工处理	613			
非金属废料和碎屑加工处理	430			
金属制品、机械和设备修理业	1953			66
金属制品修理				
通用设备修理	211			
专用设备修理	954			
铁路、船舶、航空航天等运输设备修理	135			66
电气设备修理	160			
仪器仪表修理	62			
其他机械和设备修理业	431			
电力、热力、燃气及水生产和供应业	**95470**		**3975**	**18444**
电力、热力生产和供应业	79698		1955	15946
电力生产	34061		1955	784
电力供应	30404			13102
热力生产和供应	15233			2060
燃气生产和供应业	6798			
燃气生产和供应业	6798			
水的生产和供应业	8974		2020	2498
自来水生产和供应	7556		2020	2239
污水处理及其再生利用	1254			206
其他水的处理、利用与分配	164			53
建筑业	**387624**		**47492**	**41752**
房屋建筑业	246160		25423	26607
房屋建筑业	246160		25423	26607
土木工程建筑业	93978		22069	13217
铁路、道路、隧道和桥梁工程建筑	44314		12765	1309
水利和内河港口工程建筑	20236		7876	3180
海洋工程建筑				
工矿工程建筑	6687		1428	2151
架线和管道工程建筑	20801			6309
其他土木工程建筑	1940			268
建筑安装业	25373			441
电气安装	10547			427
管道和设备安装	5146			1
其他建筑安装业	9680			13
建筑装饰和其他建筑业	22113			1487
建筑装饰业	10825			597
工程准备活动	4188			867
提供施工设备服务	601			
其他未列明建筑业	6499			23
批发和零售业	**305101**	**43**	**7949**	**10258**
批发业	190085	33	5601	8166
农、林、牧产品批发	32907		681	3284
食品、饮料及烟草制品批发	22115	30	193	1403
纺织、服装及家庭用品批发	12166		18	4

1991-1995年	1996年	1997年	1998年	1999年	2000年	2001年	2002年
					15	8	
					15	8	
				19		15	1
				19			1
						15	
		4	402	19	29	97	36
			6	2	4	75	
		4	379		25		
			17			22	
							36
				17			
2365	**2594**	**879**	**5501**	**9478**	**3351**	**3257**	**906**
1812	2583	805	5482	9263	3082	2399	498
404	914	60	249	3938	1209	713	162
616	1124	745	5073	4932	21	158	20
792	545		160	393	1852	1528	316
1	11			97	94	755	201
1	11			97	94	755	201
552		74	19	118	175	103	207
419		74	11	118	90	28	91
133					85	75	116
			8				
19115	**1269**	**1630**	**11153**	**13086**	**18711**	**56120**	**38962**
13309	262	617	3327	10759	13904	35877	25194
13309	262	617	3327	10759	13904	35877	25194
2835		726	2919	1936	2338	15247	7425
1467		379	2493	1218	676	9881	4525
333		15	20	82	1104	1539	696
169			1	188		874	1462
842		332	405	443	482	2786	643
24				5	76	167	99
1829	902	88	4344	105	1868	4345	2055
1149	901	19	601	37	1017	905	1698
61	1	36	1893	29	694	988	337
619		33	1850	39	157	2452	20
1142	105	199	563	286	601	651	4288
650	55	169	321	260	548	638	788
484	7	14	242	7	15	10	327
	2						85
8	41	16		19	38	3	3088
11489	**1472**	**2370**	**5084**	**7272**	**10998**	**9984**	**17481**
3611	911	1437	3378	5546	7760	5173	8912
710	71	87	716	1221	409	2027	2369
509	135	203	484	1332	1310	660	500
249	49	296	83	291	387	190	236

1-9 续表 6

行业小类	从业人员数（人）	1949年及以前	1950-1977年	1978-1991年
文化、体育用品及器材批发	3049		622	39
医药及医疗器材批发	7538		276	312
矿产品、建材及化工产品批发	62076	3	3722	2764
机械设备、五金产品及电子产品批发	41547		26	238
贸易经纪与代理	4082			76
其他批发业	4605		63	46
零售业	115016	10	2348	2092
综合零售	26073		181	559
食品、饮料及烟草制品专门零售	6107			105
纺织、服装及日用品专门零售	8537			55
文化、体育用品及器材专门零售	5100		1852	40
医药及医疗器材专门零售	8999	10	118	957
汽车、摩托车、燃料及零配件专门零售	30683		141	264
家用电器及电子产品专门零售	13780		32	15
五金、家具及室内装饰材料专门零售	8776			47
货摊、无店铺及其他零售业	6961		24	50
交通运输、仓储和邮政业	**217989**	**2649**	**118601**	**5913**
铁路运输业	63746		63651	
铁路旅客运输	40			
铁路货物运输	63706		63651	
铁路运输辅助活动				
道路运输业	108395	476	53781	5067
城市公共交通运输	15977		1616	1201
公路旅客运输	11414		959	385
道路货物运输	63635	320	43251	824
道路运输辅助活动	17369	156	7955	2657
水上运输业	58			
水上旅客运输	56			
水上货物运输				
水上运输辅助活动	2			
航空运输业	6274			
航空客货运输	91			
通用航空服务	342			
航空运输辅助活动	5841			
管道运输业	3697			
管道运输业	3697			
装卸搬运和运输代理业	14630			149
装卸搬运	6622			85
运输代理业	8008			64
仓储业	6614		286	317
谷物、棉花等农产品仓储	3070		173	175
其他仓储业	3544		113	142
邮政业	14575	2173	883	380
邮政基本服务	11170	2173	883	379
快递服务	3405			1
住宿和餐饮业	**51528**		**2943**	**3976**
住宿业	34697		2456	3521
旅游饭店	24955		2224	2415
一般旅馆	8099		225	694
其他住宿业	1643		7	412

1991-1995年	1996年	1997年	1998年	1999年	2000年	2001年	2002年
43	17		12	107	44	25	35
68		7	61	154	47	184	153
1341	248	435	1110	1227	4348	995	3289
573	303	311	703	939	987	939	1957
79	67	6	28	65	146	40	122
39	21	92	181	210	82	113	251
7878	561	933	1706	1726	3238	4811	8569
5947	35	147	204	197	303	214	3099
79	7	3	62	127	131	121	94
65	67	90	380	42	35	689	316
80	36	51	63	67	23	117	48
50	11	40	71	6	7	2333	528
1172	242	383	435	629	2165	715	1092
352	119	144	283	530	312	392	335
40	8	19	96	101	92	145	2942
93	36	56	112	27	170	85	115
2118	**866**	**1430**	**5012**	**4487**	**4316**	**3342**	**3401**
724	113	956	919	1155	3488	2379	2836
127		259	30	334	1005	89	939
82	75	573	163	115	263	1134	630
258	38	124	542	543	1079	993	1106
257			184	163	1141	163	161
			56				
			56				
248	15					7	72
						7	
241	15						
7							72
				13	143	10	
				13	143	10	
254	720		328	111	520	545	195
	649		4	49	339	14	7
254	71		324	62	181	531	188
310	18	20	6	354	165	398	298
68		16		173	45	342	89
242	18	4	6	181	120	56	209
582		454	3703	2854		3	
582		454	3703	2854		2	
						1	
3213	**1690**	**1013**	**1085**	**268**	**923**	**2864**	**2093**
3030	492	938	1065	163	727	2083	869
2846	425	847	917	44	566	1939	520
165	67	91	83	109	117	127	302
19			65	10	44	17	47

1-9 续表 7

行业小类	从业人员数（人）	1949年及以前	1950-1977年	1978-1991年
餐饮业	16831		487	455
正餐服务	11824		487	363
快餐服务	2654			92
饮料及冷饮服务	42			
其他餐饮业	2311			
信息传输、软件和信息技术服务业	**40837**	**27**	**386**	**937**
电信、广播电视和卫星传输服务	27905	27	386	813
电信	24195		36	20
广播电视传输服务	3469	27	350	789
卫星传输服务	241			4
互联网和相关服务	2084			
互联网接入及相关服务	326			
互联网信息服务	1417			
其他互联网服务	341			
软件和信息技术服务业	10848			124
软件开发	4105			28
信息系统集成服务	1749			
信息技术咨询服务	3566			54
数据处理和存储服务	257			
集成电路设计	27			
其他信息技术服务业	1144			42
金融业	**20887**		**1354**	**5915**
货币金融服务	19871		1354	5915
中央银行服务				
货币银行服务	18763		1354	5915
非货币银行服务	1108			
银行监管服务				
资本市场服务	295			
证券市场服务				
期货市场服务	237			
证券期货监管服务	58			
资本投资服务				
其他资本市场服务				
保险业	210			
人身保险				
财产保险				
再保险				
养老金				
保险经纪与代理服务	133			
保险监管服务	77			
其他保险活动				
其他金融业	511			
金融信托与管理服务	324			
控股公司服务				
非金融机构支付服务	38			
金融信息服务	149			
其他未列明金融业				
房地产业	**114544**		**174**	**605**
房地产业	114544		174	605
房地产开发经营	46684			133

1991-1995年	1996年	1997年	1998年	1999年	2000年	2001年	2002年
183	1198	75	20	105	196	781	1224
183	82	75	20	97	179	544	315
	1116					46	909
				8	5		
					12	191	
1386	**85**	**335**	**889**	**4206**	**2045**	**3063**	**1171**
1221		89	741	3828	1834	2754	518
45		4	736	3690	1776	2587	468
1176		85	5	46	58	137	50
				92		30	
	20	222	4		13	31	107
		60			11	6	97
	20	161	4			5	10
		1			2	20	
165	65	24	144	378	198	278	546
150		20	54	35	2	98	294
	65	4	85	21	148	42	20
10				319	9	121	148
5			5	3	39	17	84
842	**833**	**1942**	**220**	**57**		**137**	**31**
605	833	1942	215	9		55	29
599	711	1942	215				
6	122			9		55	29
237			5	48		5	
237							
			5	48		5	
						77	
						77	
							2
							2
2037	**1140**	**785**	**2886**	**2858**	**8603**	**6190**	**8538**
2037	1140	785	2886	2858	8603	6190	8538
1170	703	390	1409	955	2138	1493	2146

1-9 续表 8

行业小类	从业人员数（人）	1949年及以前	1950-1977年	1978-1991年
物业管理	55286			155
房地产中介服务	5780		14	13
自有房地产经营活动	4470		155	279
其他房地产业	2324		5	25
租赁和商务服务业	**203541**	**192**	**27894**	**8057**
租赁业	6657			24
机械设备租赁	6494			13
文化及日用品出租	163			11
商务服务业	196884	192	27894	8033
企业管理服务	64439	134	27543	2599
法律服务	4595		2	385
咨询与调查	10333		5	113
广告业	8572		3	2
知识产权服务	164			
人力资源服务	68512		15	2908
旅行社及相关服务	6620			459
安全保护服务	16109		226	1276
其他商务服务业	17540	58	100	291
科学研究和技术服务业	**99957**	**308**	**22060**	**12335**
研究和试验发展	7148	56	1757	1535
自然科学研究和试验发展	1086		724	132
工程和技术研究和试验发展	1277		222	135
农业科学研究和试验发展	3065	56	705	756
医学研究和试验发展	390		72	113
社会人文科学研究	1330		34	399
专业技术服务业	77942	244	16775	7695
气象服务	3707	101	1876	684
地震服务	729		503	65
海洋服务	26			26
测绘服务	2309		309	307
质检技术服务	8403		432	683
环境与生态监测	2482		154	414
地质勘查	11280		6156	1318
工程技术	34858		4774	2555
其他专业技术服务业	14148	143	2571	1643
科技推广和应用服务业	14867	8	3528	3105
技术推广服务	13308	8	3380	2950
科技中介服务	786		79	79
其他科技推广和应用服务业	773		69	76
水利、环境和公共设施管理业	**54489**		**9925**	**15975**
水利管理业	22594		8670	5314
防洪除涝设施管理	958		710	5
水资源管理	7754		2183	2087
天然水收集与分配	7474		2658	2061
水文服务	439		219	22
其他水利管理业	5969		2900	1139
生态保护和环境治理业	3860		656	982
生态保护	2926		656	950
环境治理业	934			32

1991-1995年	1996年	1997年	1998年	1999年	2000年	2001年	2002年
425	407	194	1073	1687	5789	3751	5316
30	19	21	71	47	98	273	602
351	11	180	328	168	349	566	224
61			5	1	229	107	250
6085	**2216**	**748**	**1772**	**5024**	**5601**	**3077**	**3721**
131		10	15	36	326	131	147
126		5	11	36	326	93	146
5		5	4			38	1
5954	2216	738	1757	4988	5275	2946	3574
1216	1176	211	845	2597	1496	458	1614
191	138	110	261	183	152	285	149
160	618	47	71	165	788	602	386
269	43	52	72	116	195	206	307
16							5
222	108	26	175	3	1921	74	214
78	12	2	54	24	244	801	367
3218	27			1306	22		142
584	94	290	279	594	457	520	390
5373	**1206**	**754**	**856**	**1936**	**4679**	**2932**	**4430**
119	107	47	40	7	25	44	758
63					12		64
13	37		1			28	157
43	17		39	7	13		72
	3	28				15	
	50	19				1	465
4632	916	514	684	1822	4466	2666	3411
34	61	18	33	118	70	77	79
31			15				30
68			1	11	102	193	141
212	230	35	138	591	151	316	299
673	70	39	14	175	8	13	184
631			112	9	73	80	189
2759	432	246	339	645	3635	1888	2168
224	123	176	32	273	427	99	321
622	183	193	132	107	188	222	261
616	183	159	108	105	164	156	218
4		15	9	2	17	28	8
2		19	15		7	38	35
2754	**792**	**886**	**358**	**704**	**734**	**1255**	**2448**
1474	185	550	190	114	133	436	888
3	1				17		15
423	153	182	115	65	13	3	80
711	5	130	24	49	89	235	498
						30	
337	26	238	51		14	168	295
114	27	25	10		37	71	120
107	27	14			37	71	88
7		11	10				32

1-9 续表 9

行业小类	从业人员数（人）	1949年及以前	1950-1977年	1978-1991年
公共设施管理业	28035		599	9679
市政设施管理	2986		98	1061
环境卫生管理	9447			5149
城乡市容管理	1041		1	418
绿化管理	11230		490	2226
公园和游览景区管理	3331		10	825
居民服务、修理和其他服务业	**30847**	**5**	**324**	**598**
居民服务业	9450	5	261	403
家庭服务	2175			
托儿所服务	1112		85	112
洗染服务	279			
理发及美容服务	249			3
洗浴服务	592			
保健服务	236			
婚姻服务	162			10
殡葬服务	1507	5	169	132
其他居民服务业	3138		7	146
机动车、电子产品和日用产品修理业	12167		33	75
汽车、摩托车修理与维护	9357		33	40
计算机和办公设备维修	1165			
家用电器修理	1207			10
其他日用产品修理业	438			25
其他服务业	9230		30	120
清洁服务	4074			109
其他未列明服务业	5156		30	11
教育	**376714**	**38403**	**149997**	**66939**
教育	376714	38403	149997	66939
学前教育	29526	634	4191	3688
初等教育	123519	27061	49880	19314
中等教育	168001	10295	84716	31797
高等教育	28699	191	7868	7929
特殊教育	1039		173	148
技能培训、教育辅助及其他教育	25930	222	3169	4063
卫生和社会工作	**176801**	**23339**	**83494**	**26168**
卫生	169715	22946	82679	25154
医院	124006	22643	62535	13293
社区医疗与卫生院	29200	291	16604	5128
门诊部(所)	996		33	63
计划生育技术服务活动	3864	12	63	2901
妇幼保健院(所、站)	4099		346	2928
专科疾病防治院(所、站)	410		281	53
疾病预防控制中心	6084		2656	684
其他卫生活动	1056		161	104
社会工作	7086	393	815	1014
提供住宿社会工作	5631	393	815	803
不提供住宿社会工作	1455			211
文化、体育和娱乐业	**37653**	**1777**	**7870**	**8339**
新闻和出版业	6989	750	1630	1656
新闻业	814		85	489
出版业	6175	750	1545	1167

1991-1995年	1996年	1997年	1998年	1999年	2000年	2001年	2002年
1166	580	311	158	590	564	748	1440
365			42	126	8	77	39
483	295		76	78	176	348	241
16	7	120		12			
110	273	191	25	338	267	316	1098
192	5		15	36	113	7	62
486	**176**	**214**	**202**	**616**	**1400**	**1223**	**930**
257	100	88	70	105	208	725	233
				31	13	333	67
110		10			7	48	17
					12	84	19
	48					1	
91					25	66	
							10
10		10			4		4
18	28	24	5	33	64	53	6
28	24	44	65	41	83	140	110
229	76	126	124	315	1081	286	460
215	64	117	74	61	241	255	386
8	12	2	33	244		18	29
6		7	17	10	840	6	26
						7	19
			8	196	111	212	237
					107	4	190
			8	196	4	208	47
7055	**5272**	**2523**	**4855**	**3259**	**4692**	**5165**	**6216**
7055	5272	2523	4855	3259	4692	5165	6216
919	313	400	593	370	666	353	837
2666	1073	1494	1046	670	1406	1044	880
2324	830	542	1302	1769	2309	1728	2558
12	2810	20	1644		19	1478	360
89	96		6	55	7	3	
1045	150	67	264	395	285	559	1581
4428	**602**	**412**	**649**	**469**	**924**	**909**	**2179**
4236	490	276	519	413	773	687	1993
2949	138	90	122	78	422	544	1161
515	150	48	165	79	268	46	193
4		2	6	3	9		22
217	28	63	52	117	12	91	16
207	116		113	91			22
8							22
119	30	26	7		62		486
217	28	47	54	45		6	71
192	112	136	130	56	151	222	186
137	81	136	86	42	136	207	98
55	31		44	14	15	15	88
1417	**86**	**221**	**242**	**556**	**245**	**303**	**488**
340		18		163	71	84	8
6				71	59	63	
334		18		92	12	21	8

1-9 续表 10

行业小类	从业人员数(人)	1949年及以前	1950-1977年	1978-1991年
广播、电视、电影和影视录音制作业	10361	530	2351	3688
广播	3407	530	597	1416
电视	4479		1165	1869
电影和影视节目制作	773		158	72
电影和影视节目发行	407		243	115
电影放映	1228		188	216
录音制作	67			
文化艺术业	11320	497	3884	2538
文艺创作与表演	4615	465	1752	941
艺术表演场馆	644		538	
图书馆与档案馆	1544		466	612
文物及非物质文化遗产保护	463	21	24	180
博物馆	655		171	205
烈士陵园、纪念馆	138		90	
群众文化活动	2862	11	824	593
其他文化艺术业	399		19	7
体育	2021			187
体育组织	1061			173
体育场馆	194			
休闲健身活动	601			14
其他体育	165			
娱乐业	6962		5	270
室内娱乐活动	5583		5	5
游乐园	184			
彩票活动	183			89
文化、娱乐、体育经纪代理	167			12
其他娱乐业	845			164
公共管理、社会保障和社会组织	**770378**	**14167**	**222325**	**221820**
中国共产党机关	19288	208	10547	5132
中国共产党机关	19288	208	10547	5132
国家机构	464048	6072	159568	154928
国家权力机构	5370	51	997	3096
国家行政机构	434541	5802	146155	145057
人民法院和人民检察院	17386	219	9448	5554
其他国家机构	6751		2968	1221
人民政协、民主党派	2529	120	1343	586
人民政协	2385	120	1311	510
民主党派	144		32	76
社会保障	3861		346	1484
社会保障	3861		346	1484
群众团体、社会团体和其他成员组织	165334	7343	13396	33309
群众团体	29748	511	2175	2188
社会团体	92087	10	1556	14178
基金会	119			15
宗教组织	43380	6822	9665	16928
基层群众自治组织	115318	424	37125	26381
社区自治组织	45292		796	2603
村民自治组织	70026	424	36329	23778
国际组织				
国际组织				
国际组织				

1991-1995年	1996年	1997年	1998年	1999年	2000年	2001年	2002年
534	64	38	72	115	43	92	193
150	16	5	51		43	47	53
356	8	33		18		30	117
15				88			
13	40		13	9		5	10
			8			10	13
384		121	34	28	6	34	63
36		79			3		
							14
198		4	30	20	3	12	20
36			4	3			8
31							
		8					
81		30				22	6
2				5			15
56		42	128	223	22	9	14
48		39	71		9	5	14
8		3	57		10		
				215	3	4	
				8			
103	22	2	8	27	103	84	210
26		2	8	27	94	59	150
						25	
77							
					9		
	22						60
34160	**7297**	**6250**	**7943**	**5738**	**10814**	**22680**	**24208**
648	210	33	175	102	89	111	485
648	210	33	175	102	89	111	485
24988	3913	3307	4376	3400	4629	3827	17216
197	73		8	4	53		72
23881	3816	3237	4329	3374	4450	3501	16880
675	7		16	7	100	12	242
235	17	70	23	15	26	314	22
119	1					5	32
93						5	32
26	1						
88	25	3	31	32	34	45	205
88	25	3	31	32	34	45	205
5781	2414	785	1858	1376	3716	8246	1752
1229	129	55	259	80	2135	290	365
2491	836	354	1228	871	1309	7751	1060
36		5				2	
2025	1449	371	371	425	272	203	327
2536	734	2122	1503	828	2346	10446	4518
1242	315	1564	770	621	1887	10037	4150
1294	419	558	733	207	459	409	368

1-9 续表 11

行业小类	2003年	2004年	2005年	2006年
总　计	**134067**	**161667**	**122425**	**148320**
农、林、牧、渔业	**3104**	**7374**	**1275**	**7515**
农业	287	4580	15	6365
谷物种植				
豆类、油料和薯类种植				
棉、麻、糖、烟草种植	287			6365
蔬菜、食用菌及园艺作物种植				
水果种植		4580	15	
坚果、含油果、香料和饮料作物种植				
中药材种植				
其他农业				
林业				
林木育种和育苗				
造林和更新				
森林经营和管护				
木材和竹材采运				
林产品采集				
畜牧业		973		
牲畜饲养		973		
家禽饲养				
狩猎和捕捉动物				
其他畜牧业				
渔业	36		57	
水产养殖	36			
水产捕捞			57	
农、林、牧、渔服务业	2781	1821	1203	1150
农业服务业	2538	1669	1097	856
林业服务业	167	62	3	257
畜牧服务业	76	84	103	37
渔业服务业		6		
采矿业	**8472**	**7788**	**17341**	**13425**
煤炭开采和洗选业	4917	3983	13002	7607
烟煤和无烟煤开采洗选	4917	3976	13002	7607
褐煤开采洗选				
其他煤炭采选		7		
石油和天然气开采业	205	5	1209	7
石油开采		5	1209	
天然气开采	205			7
黑色金属矿采选业	411	637	1621	2008
铁矿采选	307	513	1549	1993
锰矿、铬矿采选	104	124	28	
其他黑色金属矿采选			44	15
有色金属矿采选业	449	2652	890	1752
常用有色金属矿采选	327	1721	656	1168
贵金属矿采选	119	931	191	564
稀有稀土金属矿采选	3		43	20
非金属矿采选业	532	78	311	824
土砂石开采	193	60	230	744
化学矿开采	153			7
采盐	27			
石棉及其他非金属矿采选	159	18	81	73

2007年	2008年	2009年	2010年	2011年	2012年	2013年	无开业年份
164043	**143472**	**163210**	**198209**	**193143**	**198711**	**178798**	**19719**
3366	**5166**	**6450**	**9486**	**8166**	**13342**	**19095**	**58**
155	45	136	5		10	1508	
55							
100	45					1500	
					10		
		136	5			8	
					5		
					5		
	53	26	483	10		8	
	45		65	10		8	
	8		418				
		26					
3211	5068	6288	8998	8156	13327	17579	58
2519	3007	4442	7421	6170	9977	10010	57
248	387	433	374	347	289	1901	1
444	1655	1413	1193	1631	3061	5603	
	19		10	8		65	
29364	**7453**	**11142**	**5021**	**7046**	**8140**	**4863**	**627**
4397	3356	5289	2367	1307	1565	904	310
4332	3356	5289	2267	1247	1526	898	297
65			100	60	39	6	13
	256	2		18	433	331	
				18	433	149	
	256	2				182	
2197	2033	963	699	1060	3038	717	65
2190	2028	702	687	683	2887	666	53
7	2	244	9	321		39	11
	3	17	3	56	151	12	1
1459	660	325	138	1940	419	1011	207
1342	520	241	79	1518	179	856	193
117	112	35	28	388	210	106	14
	28	49	31	34	30	49	
266	778	964	1367	1219	1950	1350	35
229	628	848	1298	990	1683	940	35
8	5	1		4	4	71	
7	31	6	4				
22	114	109	65	225	263	339	

1-9 续表 12

行业小类	2003年	2004年	2005年	2006年
开采辅助活动	1918	432	286	1224
煤炭开采和洗选辅助活动		101	85	
石油和天然气开采辅助活动	1918	331	199	1224
其他开采辅助活动			2	
其他采矿业	40	1	22	3
其他采矿业	40	1	22	3
制造业	**26086**	**24758**	**25375**	**33061**
农副食品加工业	3282	3336	3376	4044
谷物磨制	211	330	251	409
饲料加工	43	98	92	30
植物油加工	1190	1634	965	1198
制糖业	1005			457
屠宰及肉类加工	594	415	216	986
水产品加工	44		15	8
蔬菜、水果和坚果加工	51	552	1398	673
其他农副食品加工	144	307	439	283
食品制造业	1291	2306	1357	1703
焙烤食品制造	55		213	193
糖果、巧克力及蜜饯制造				
方便食品制造	36		87	146
乳制品制造	661	738	750	214
罐头食品制造	197	95	212	224
调味品、发酵制品制造	4	1143	12	177
其他食品制造	338	330	83	749
酒、饮料和精制茶制造业	353	263	413	2047
酒的制造	162	132	264	1619
饮料制造	166	121	149	393
精制茶加工	25	10		35
烟草制品业				
烟叶复烤				
卷烟制造				
其他烟草制品制造				
纺织业	2025	1244	3102	2350
棉纺织及印染精加工	1394	1168	3073	2212
毛纺织及染整精加工	231			14
麻纺织及染整精加工	369	33		26
丝绢纺织及印染精加工				
化纤织造及印染精加工				
针织或钩针编织物及其制品制造		23		5
家用纺织制成品制造	31	20	29	89
非家用纺织制成品制造				4
纺织服装、服饰业	5	100	123	112
机织服装制造	2	18	27	72
针织或钩针编织服装制造		82		
服饰制造	3		96	40
皮革、毛皮、羽毛及其制品和制鞋业	108	78	9	74
皮革鞣制加工	85	75		56
皮革制品制造	11	2	2	10

2007年	2008年	2009年	2010年	2011年	2012年	2013年	无开业年份
21020	323	3540	330	1398	612	450	
83		13	74	206	12	57	
20937	313	3517	256	1185	600	342	
	10	10		7		51	
25	47	59	120	104	123	100	10
25	47	59	120	104	123	100	10
37113	**38023**	**45946**	**71296**	**64107**	**48140**	**36660**	**2256**
3668	3602	3999	4707	4822	3918	3582	13
460	342	438	456	402	108	146	
332	275	569	101	142	217	621	
1035	1143	1584	781	356	712	1034	
			14		10	15	
447	272	113	459	209	270	268	6
4	10	3	20		15		
799	931	871	2421	2865	1776	978	5
591	629	421	455	848	810	520	2
771	2094	1662	1821	4534	2066	1131	38
110	214	181	291	432	199	98	9
	7	17	104	3	79	97	
85		42	101	72	171	80	
208	76	133	67	40	70	63	1
171	1001	662	597	327	77		
10	5	32	17	3473	15	11	
187	791	595	644	187	1455	782	28
2173	560	905	1225	784	1417	513	6
1106	392	175	769	453	943	238	6
971	168	730	408	326	473	271	
96			48	5	1	4	
1679	1509	3897	4825	4361	2177	2076	72
1600	1457	3145	3673	3982	1665	1446	30
3		2	952	10	111	5	40
51		20			52		
		20	9	70		40	
			99	71	50	2	
	8	46	37	138	122	87	2
13	29	610	14	15	102	220	
12	15	54	41	75	75	276	
261	131	233	166	899	605	454	5
223	78	109	68	697	344	219	5
		12	9	5	10	37	
38	53	112	89	197	251	198	
50	57	147	11	109	8	32	1
	50					6	
10		5	3		2	3	

1-9 续表 13

行业小类	2003年	2004年	2005年	2006年
毛皮鞣制及制品加工	12	1	7	8
羽毛(绒)加工及制品制造				
制鞋业				
木材加工和木、竹、藤、棕、草制品业	293	244	372	80
木材加工		50	47	9
人造板制造	293	183		21
木制品制造		11	325	50
竹、藤、棕、草等制品制造				
家具制造业	75	111	12	132
木质家具制造	13	23	2	109
竹、藤家具制造				
金属家具制造		78	10	23
塑料家具制造	62			
其他家具制造		10		
造纸和纸制品业	211	200	482	466
纸浆制造				
造纸	93		72	231
纸制品制造	118	200	410	235
印刷和记录媒介复制业	192	152	234	217
印刷	186	140	162	170
装订及印刷相关服务	6	12	72	47
记录媒介复制				
文教、工美、体育和娱乐用品制造业	90	98	415	361
文教办公用品制造	4		5	5
乐器制造				
工艺美术品制造	43	98	410	349
体育用品制造				7
玩具制造				
游艺器材及娱乐用品制造	43			
石油加工、炼焦和核燃料加工业	2346	2216	1255	1667
精炼石油产品制造	7	1309		168
炼焦	2339	907	1255	1384
核燃料加工				115
化学原料和化学制品制造业	1106	4794	2380	7053
基础化学原料制造	39	1244	665	5555
肥料制造	345	118	1254	141
农药制造			40	
涂料、油墨、颜料及类似产品制造	70	39	38	40
合成材料制造	10	2450	11	1115
专用化学产品制造	566	516	164	175
炸药、火工及焰火产品制造				
日用化学产品制造	76	427	208	27
医药制造业	310	136	353	294
化学药品原料药制造	65		121	
化学药品制剂制造				
中药饮片加工	101	114	142	60
中成药生产	5	20	79	177
兽用药品制造				30
生物药品制造	128	2	3	12
卫生材料及医药用品制造	11		8	15

2007年	2008年	2009年	2010年	2011年	2012年	2013年	无开业年份
		20		36	1	10	1
40		82	8	73	5		
	7	40				13	
318	307	337	360	433	637	578	
89	47	143	131	60	164	47	
158	182	102	139	114	178	379	
71	78	59	90	204	202	100	
		33		55	93	52	
131	261	194	381	224	279	147	3
67	188	44	120	162	179	80	3
			5				
42	18	13	256	21	72	34	
		38				33	
22	55	99		41	28		
539	928	583	311	659	772	412	4
				1	3		
321	221	245	76	367	309	20	2
218	707	338	235	291	460	392	2
375	113	336	209	459	416	244	6
369	61	287	200	394	407	227	6
6	52	49	9	65	9	17	
209	256	702	881	1035	1961	2203	3
14	10			19	3	27	
					4		
187	246	679	881	1016	1937	2176	3
8		17			17		
		6					
1965	4131	2514	710	1618	2356	1929	137
618	491	399	545	368	1275	344	103
1347	3640	2115	165	1250	1081	1585	34
7730	7247	6651	12167	3793	3463	3452	105
4515	30	885	2354	1647	1892	174	50
845	495	2220	4895	1318	825	947	12
10		59	35	35	60	10	
15	87	29	165	46	132	73	26
2164	5261	2841	4144	86	48	946	12
118	1228	478	179	567	384	1029	5
	93	101	339	19	4	186	
63	53	38	56	75	118	87	
58	283	80	434	149	168	1444	1
	107				69	1316	
						36	
3	35	23	92	22	29	19	1
16	40	29	1	108	10	51	
			240				
30	8	12	76	19	5	18	
9	93	16	25		55	4	

1-9 续表 14

行业小类	2003年	2004年	2005年	2006年
化学纤维制造业	1248	279	263	74
纤维素纤维原料及纤维制造	1248	279	263	5
合成纤维制造				69
橡胶和塑料制品业	1160	1561	1174	2800
橡胶制品业			20	1085
塑料制品业	1160	1561	1154	1715
非金属矿物制品业	2899	3476	2253	4392
水泥、石灰和石膏制造	278	1314	679	1600
石膏、水泥制品及类似制品制造	1788	1123	514	525
砖瓦、石材等建筑材料制造	611	679	607	2067
玻璃制造	173	52	151	120
玻璃制品制造	3		3	69
玻璃纤维和玻璃纤维增强塑料制品制造	12	49	1	4
陶瓷制品制造		15	12	
耐火材料制品制造	23	229	236	6
石墨及其他非金属矿物制品制造	11	15	50	1
黑色金属冶炼和压延加工业	4439	1594	3471	1133
炼铁	355	1229	1209	281
炼钢	5			
黑色金属铸造	12	18		127
钢压延加工	3817	109	1979	261
铁合金冶炼	250	238	283	464
有色金属冶炼和压延加工业	1065		1723	894
常用有色金属冶炼	700		1104	615
贵金属冶炼	353		169	148
稀有稀土金属冶炼				
有色金属合金制造	12			
有色金属铸造				1
有色金属压延加工			450	130
金属制品业	1308	766	1140	744
结构性金属制品制造	325	468	751	504
金属工具制造		21	33	23
集装箱及金属包装容器制造	5	82	109	
金属丝绳及其制品制造	674	25		16
建筑、安全用金属制品制造	35	114	39	66
金属表面处理及热处理加工	35	19	52	75
搪瓷制品制造				
金属制日用品制造	65			4
其他金属制品制造	169	37	156	56
通用设备制造业	334	151	225	413
锅炉及原动设备制造		20	8	183
金属加工机械制造	139	10	19	27
物料搬运设备制造	13	47		72
泵、阀门、压缩机及类似机械制造	31	24		
轴承、齿轮和传动部件制造				1
烘炉、风机、衡器、包装等设备制造	26	4	5	23
文化、办公用机械制造				
通用零部件制造	12	46	193	91
其他通用设备制造业	113			16

2007年	2008年	2009年	2010年	2011年	2012年	2013年	无开业年份
3551	972	359	11	586	8	196	
3551	972	359	6	586		175	
			5		8	21	
1540	2761	2414	1951	3117	3341	2601	330
22	30	155	45	54	425	90	1
1518	2731	2259	1906	3063	2916	2511	329
5829	7075	7906	14793	21837	17049	9533	528
2165	1896	1107	3844	3279	1162	1644	182
847	1770	2624	5165	5357	3895	2742	77
1204	1863	3296	4776	9758	10609	4381	137
22	364	130	178	60	109	11	8
266	10	365	212	320	166	56	68
141	120	222	1	383	260	234	45
	3	10	10	7	9	19	
48		86	43	256	144	210	
1136	1049	66	564	2417	695	236	11
2255	1193	1856	8662	6238	658	554	580
1750	274	715	683	766	22	36	3
	52		1830	1009	23	46	
123	42	162	32	531	144	273	
90	375	239	5687	3932	467	194	2
292	450	740	430		2	5	575
621	1528	6413	12651	839	680	2546	6
372	1526	3919	10866	131	133	2160	3
214			298	44			
		2270	1014	432	160	214	
23		34	429	78	47	32	
12	2		26	5		37	
		190	18	149	340	103	3
1286	1150	1925	1946	3200	1930	1454	223
852	617	1447	1056	2256	1668	879	220
21	6	60	165	193	40	47	1
12	95	253	405	246	43	242	
57	22	33	4	1	9	8	
42	27	16	93	278	118	72	2
65	132		10	17	8	6	
7	7	52	3		22	26	
230	244	64	210	209	22	174	
663	424	738	636	802	652	337	53
50	62	177	116	78	161	58	
67	133	90	102	134	51	54	
357	13	115	196	254	116	116	1
65		22	21	2	23	9	
				81		12	
59	4	118	92	48	48	47	
6					7		
35	206	188	90	205	246	36	27
24	6	28	19			5	25

1-9 续表 15

行业小类	2003年	2004年	2005年	2006年
专用设备制造业	335	462	439	1139
采矿、冶金、建筑专用设备制造	145	15	73	205
化工、木材、非金属加工专用设备制造	15	23	8	482
食品、饮料、烟草及饲料生产专用设备制造		11	31	2
印刷、制药、日化及日用品生产专用设备制造				
纺织、服装和皮革加工专用设备制造				16
电子和电工机械专用设备制造		5	45	
农、林、牧、渔专用机械制造	91	401	261	396
医疗仪器设备及器械制造		4		9
环保、社会公共服务及其他专用设备制造	84	3	21	29
汽车制造业	114	179		55
汽车整车制造				
改装汽车制造	72	179		7
低速载货汽车制造				
电车制造				
汽车车身、挂车制造	42			
汽车零部件及配件制造				48
铁路、船舶、航空航天和其他运输设备制造业			47	237
铁路运输设备制造				236
城市轨道交通设备制造			41	
船舶及相关装置制造				
航空、航天器及设备制造				
摩托车制造				1
自行车制造			6	
非公路休闲车及零配件制造				
潜水救捞及其他未列明运输设备制造				
电气机械和器材制造业	1260	917	515	375
电机制造	9			3
输配电及控制设备制造	1172	857	412	164
电线、电缆、光缆及电工器材制造	30	28	78	105
电池制造				
家用电力器具制造	6	32		85
非电力家用器具制造				
照明器具制造			25	18
其他电气机械及器材制造	43			
计算机、通信和其他电子设备制造业		29	88	
计算机制造				
通信设备制造		29		
广播电视设备制造			72	
雷达及配套设备制造				
视听设备制造			4	
电子器件制造				
电子元件制造				
其他电子设备制造			12	
仪器仪表制造业	44			40
通用仪器仪表制造	44			32
专用仪器仪表制造				6
钟表与计时仪器制造				
光学仪器及眼镜制造				
其他仪器仪表制造业				2

2007年	2008年	2009年	2010年	2011年	2012年	2013年	无开业年份
666	857	1505	846	1504	1201	425	50
270	194	244	171	669	311	156	30
10	25		14	169	393	23	17
13	7	8		12	12	3	
8	43	10		63	7	20	
		2			2		
4	16	1	6	13	30	8	
353	466	1127	559	479	285	114	3
	8		17	19		12	
8	98	113	79	80	161	89	
200	9	83	78	724	473	39	
				588	367		
11		13	78	75	92	30	
		8					
177	5			44			
12	4	62		17	14	9	
	27	20	9		95	9	4
						3	
		20	9		92		2
	27				3	6	2
407	341	268	1083	920	661	390	76
	49		570	245	29	19	2
349	190	176	328	329	351	184	
36	24	70	100	130	160	77	3
		2	16				4
	27	13	3			6	17
		7	4	35	29	24	
12	51		62	181	68	62	50
10					24	18	
3		24	3	75	87		6
					7		
3							
				23			
				45	80		
			3				6
		24		7			
12	9	1	20	10	9	54	
5		1	5			47	
7	9		15	10	9	7	

1-9 续表 16

行业小类	2003年	2004年	2005年	2006年
其他制造业		19	44	60
日用杂品制造			40	
煤制品制造				
核辐射加工				
其他未列明制造业		19	4	60
废弃资源综合利用业	68		45	85
金属废料和碎屑加工处理	23		29	77
非金属废料和碎屑加工处理	45		16	8
金属制品、机械和设备修理业	125	47	65	20
金属制品修理				
通用设备修理			15	5
专用设备修理	60	42	5	15
铁路、船舶、航空航天等运输设备修理				
电气设备修理	21	3		
仪器仪表修理			45	
其他机械和设备修理业	44	2		
电力、热力、燃气及水生产和供应业	**2958**	**5887**	**3793**	**3800**
电力、热力生产和供应业	2545	3589	3171	2840
电力生产	938	401	1959	1936
电力供应	74	2356	452	612
热力生产和供应	1533	832	760	292
燃气生产和供应业	152	1965	348	533
燃气生产和供应业	152	1965	348	533
水的生产和供应业	261	333	274	427
自来水生产和供应	226	197	250	290
污水处理及其再生利用		136	15	137
其他水的处理、利用与分配	35		9	
建筑业	**19465**	**22002**	**13341**	**7935**
房屋建筑业	13401	15558	6163	4269
房屋建筑业	13401	15558	6163	4269
土木工程建筑业	3810	3705	6041	2206
铁路、道路、隧道和桥梁工程建筑	913	2391	1180	1165
水利和内河港口工程建筑	2715	855	395	25
海洋工程建筑				
工矿工程建筑		37	42	14
架线和管道工程建筑	107	407	4367	972
其他土木工程建筑	75	15	57	30
建筑安装业	1401	767	455	876
电气安装	291	545	105	508
管道和设备安装	166	137	130	153
其他建筑安装业	944	85	220	215
建筑装饰和其他建筑业	853	1972	682	584
建筑装饰业	308	1751	272	233
工程准备活动	500	15	238	82
提供施工设备服务	1	134	11	44
其他未列明建筑业	44	72	161	225
批发和零售业	**13730**	**17994**	**11487**	**17618**
批发业	7638	11312	7168	11833
农、林、牧产品批发	1873	3609	1132	1247
食品、饮料及烟草制品批发	507	421	557	1113
纺织、服装及家庭用品批发	862	592	390	866

2007年	2008年	2009年	2010年	2011年	2012年	2013年	无开业年份
70	29	12	34	78	573	52	3
						23	3
	29	2	5	15	521	4	
70		10	29	63	52	25	
21	49	118	56	189	258	119	
21	21	41	38	132	178	33	
	28	77	18	57	80	86	
62	120	64	309	109	222	154	3
5	9	44	9	2	22	13	
	23	15	231	42	71	42	
	26					4	
2	8	5		8	10	64	3
9			3		5		
46	54		66	57	114	31	
3032	**3570**	**4031**	**2977**	**5220**	**3817**	**2755**	**2880**
2393	3071	3451	1920	4655	3280	2478	2480
1512	2013	3131	823	3879	2718	1893	2470
88	440	37	319	138	14	83	
793	618	283	778	638	548	502	10
236	267	392	756	143	398	57	392
236	267	392	756	143	398	57	392
403	232	188	301	422	139	220	8
403	232	125	186	331	96	122	8
		63	97	51	43	97	
			18	40		1	
15813	**10360**	**12561**	**11245**	**9281**	**8716**	**7603**	**12**
13214	5867	9411	7809	6193	4358	4638	
13214	5867	9411	7809	6193	4358	4638	
1420	1504	1273	2112	917	1268	1006	4
729	690	696	253	450	604	528	2
200	408	154	117	125	361	34	2
150	8	77	2	30	37	17	
146	310	224	1705	188	54	79	
195	88	122	35	124	212	348	
439	678	1423	509	519	1674	647	8
160	452	350	359	287	526	210	
105	52	34	50	56	137	86	
174	174	1039	100	176	1011	351	8
740	2311	454	815	1652	1416	1312	
140	150	173	558	1307	965	942	
422	85	184	170	145	173	201	
155	10	30	17	47	29	36	
23	2066	67	70	153	249	133	
16298	**19302**	**19810**	**23909**	**25329**	**27432**	**27404**	**388**
10260	11457	12606	13920	16029	18351	18785	198
1076	1550	1604	1637	1860	2311	3430	3
921	954	1298	1869	2098	2435	3118	65
1059	1296	1218	790	946	1090	1238	16

1-9 续表 17

行业小类	2003年	2004年	2005年	2006年
文化、体育用品及器材批发	129	138	63	145
医药及医疗器材批发	357	412	290	1182
矿产品、建材及化工产品批发	1854	3911	2177	3913
机械设备、五金产品及电子产品批发	1712	1966	2185	2776
贸易经纪与代理	124	138	239	239
其他批发业	220	125	135	352
零售业	6092	6682	4319	5785
综合零售	1603	1589	789	1313
食品、饮料及烟草制品专门零售	239	185	110	298
纺织、服装及日用品专门零售	698	294	411	363
文化、体育用品及器材专门零售	69	155	41	144
医药及医疗器材专门零售	617	699	314	168
汽车、摩托车、燃料及零配件专门零售	2153	1935	1591	1546
家用电器及电子产品专门零售	309	1338	608	1363
五金、家具及室内装饰材料专门零售	212	161	213	376
货摊、无店铺及其他零售业	192	326	242	214
交通运输、仓储和邮政业	**5646**	**9049**	**3609**	**9508**
铁路运输业				
铁路旅客运输				
铁路货物运输				
铁路运输辅助活动				
道路运输业	4841	2551	2442	8247
城市公共交通运输	184	285	640	7001
公路旅客运输	3990	1320	550	102
道路货物运输	618	918	1073	874
道路运输辅助活动	49	28	179	270
水上运输业				
水上旅客运输				
水上货物运输				
水上运输辅助活动				
航空运输业	49	5741	27	5
航空客货运输	5		27	3
通用航空服务	44			2
航空运输辅助活动		5741		
管道运输业				
管道运输业				
装卸搬运和运输代理业	460	570	855	674
装卸搬运	7	132	271	81
运输代理业	453	438	584	593
仓储业	280	180	168	382
谷物、棉花等农产品仓储	66	160	96	287
其他仓储业	214	20	72	95
邮政业	16	7	117	200
邮政基本服务				13
快递服务	16	7	117	187
住宿和餐饮业	**2040**	**2026**	**2000**	**4526**
住宿业	1580	1723	1617	3017
旅游饭店	1367	1460	1145	1425
一般旅馆	166	262	412	1547
其他住宿业	47	1	60	45

2007年	2008年	2009年	2010年	2011年	2012年	2013年	无开业年份
183	192	243	145	215	304	341	7
660	792	380	510	690	551	452	
3030	2910	3999	4577	4945	5900	5329	49
2755	2858	3217	3781	4523	4881	3881	36
304	371	310	323	286	545	556	18
272	534	337	288	466	334	440	4
6038	7845	7204	9989	9300	9081	8619	190
1473	2016	911	1072	1237	1813	1366	5
259	406	809	587	785	858	837	5
619	567	406	760	719	1117	803	41
185	629	173	226	233	286	576	6
277	451	655	425	375	457	337	93
1523	1788	2304	2885	3348	1960	2398	14
1034	840	1345	924	1374	1235	878	18
314	460	388	392	893	845	1026	6
354	688	213	2718	336	510	398	2
5283	**3275**	**4189**	**4912**	**6521**	**5413**	**8379**	**70**
53	25			8	9		
40							
13	25			8	9		
1933	1534	3242	2262	3955	2896	2574	24
388	176	1079	65	156	361	42	
210	130	152	279	26	153	123	
1261	962	1850	1517	1658	1950	1853	23
74	266	161	401	2115	432	556	1
				2			
				2			
6	25	13	3	16	28	19	
	13	5		7	12	12	
6	8	8		3	12	3	
	4		3	6	4	4	
18		59		244	93	3117	
18		59		244	93	3117	
2998	911	630	604	913	1653	1535	5
2466	315	212	103	463	694	731	
532	596	418	501	450	959	804	5
116	644	224	383	774	291	959	41
50	171	78	131	355	168	427	
66	473	146	252	419	123	532	41
159	136	21	1660	609	443	175	
	73		5	12	32	5	
159	63	21	1655	597	411	170	
2389	**1672**	**2815**	**2740**	**3533**	**4606**	**3087**	**26**
1660	770	1485	1332	1188	3220	1735	26
976	354	1007	884	652	2414	527	1
595	362	384	305	428	646	989	23
89	54	94	143	108	160	219	2

1-9 续表 18

行业小类	2003年	2004年	2005年	2006年
餐饮业	460	303	383	1509
正餐服务	422	300	363	1422
快餐服务	37		3	
饮料及冷饮服务			2	10
其他餐饮业	1	3	15	77
信息传输、软件和信息技术服务业	**836**	**14307**	**839**	**779**
电信、广播电视和卫星传输服务	151	13477	178	89
电信	1	13327	147	21
广播电视传输服务	150	97	31	68
卫星传输服务		53		
互联网和相关服务	17	80	95	89
互联网接入及相关服务			11	
互联网信息服务	14	70	82	67
其他互联网服务	3	10	2	22
软件和信息技术服务业	668	750	566	601
软件开发	206	99	202	127
信息系统集成服务	91	395	140	7
信息技术咨询服务	298	157	116	353
数据处理和存储服务			5	20
集成电路设计				
其他信息技术服务业	73	99	103	94
金融业	**48**	**331**	**114**	**4003**
货币金融服务	34	300	89	3908
中央银行服务				
货币银行服务		300		3862
非货币银行服务	34		89	46
银行监管服务				
资本市场服务				
证券市场服务				
期货市场服务				
证券期货监管服务				
资本投资服务				
其他资本市场服务				
保险业	14	31	25	9
人身保险				
财产保险				
再保险				
养老金				
保险经纪与代理服务	14	31	25	9
保险监管服务				
其他保险活动				
其他金融业				86
金融信托与管理服务				
控股公司服务				
非金融机构支付服务				
金融信息服务				86
其他未列明金融业				
房地产业	**5938**	**5697**	**5260**	**6296**
房地产业	5938	5697	5260	6296
房地产开发经营	1696	3008	1855	2706

2007年	2008年	2009年	2010年	2011年	2012年	2013年	无开业年份
729	902	1330	1408	2345	1386	1352	
697	881	1258	482	1646	1097	911	
9	2		127	108	131	74	
	13		1			3	
23	6	72	798	591	158	364	
2460	**1301**	**783**	**1302**	**1313**	**1325**	**1032**	**30**
1119	170	17	161	147	126	59	
1074	102	8	19	84	34	16	
45	68	9	108	54	92	24	
			34	9		19	
166	438	133	272	160	124	112	1
58		24	13	17	7	21	1
92	412	37	232	118	33	60	
16	26	72	27	25	84	31	
1175	693	633	869	1006	1075	861	29
802	259	252	253	356	478	371	19
182	80	42	62	142	98	125	
108	210	228	445	377	336	267	10
11	98	10	30	53	8	22	
		3		15	7	2	
72	46	98	79	63	148	74	
920	**858**	**193**	**406**	**517**	**322**	**1844**	
888	592	179	390	418	285	1831	
724	536	62	362	343	150	1688	
164	56	117	28	75	135	143	
22	11	5			16		
22	11	5			16		
10	255	9	16	99	21	13	
	255			69			
		6		30			
10		3	16		21	13	
6663	**6103**	**9508**	**10218**	**10068**	**7640**	**7198**	**139**
6663	6103	9508	10218	10068	7640	7198	139
3559	2758	3160	5521	5663	3147	3012	62

1-9 续表 19

行业小类	2003年	2004年	2005年	2006年
物业管理	3428	2188	3109	2965
房地产中介服务	146	281	148	479
自有房地产经营活动	537	187	132	90
其他房地产业	131	33	16	56
租赁和商务服务业	**10608**	**14227**	**8606**	**8051**
租赁业	95	253	480	109
机械设备租赁	95	227	477	109
文化及日用品出租		26	3	
商务服务业	10513	13974	8126	7942
企业管理服务	832	363	979	1504
法律服务	131	230	167	306
咨询与调查	171	456	516	618
广告业	454	439	213	441
知识产权服务	47	32		1
人力资源服务	7452	9998	3255	4007
旅行社及相关服务	375	360	404	287
安全保护服务	538	1026	1937	302
其他商务服务业	513	1070	655	476
科学研究和技术服务业	**4239**	**3545**	**4174**	**4778**
研究和试验发展	58	278	210	689
自然科学研究和试验发展		11	25	6
工程和技术研究和试验发展	26	25	65	166
农业科学研究和试验发展	13	58	72	391
医学研究和试验发展	19		14	21
社会人文科学研究		184	34	105
专业技术服务业	4009	2728	3636	3623
气象服务	16	6	86	148
地震服务	8	5	13	
海洋服务				
测绘服务	141	41	126	96
质检技术服务	503	378	995	312
环境与生态监测	55	27	70	92
地质勘查	171	541	105	198
工程技术	2437	1338	2033	2234
其他专业技术服务业	678	392	208	543
科技推广和应用服务业	172	539	328	466
技术推广服务	158	408	285	456
科技中介服务	3	103	40	8
其他科技推广和应用服务业	11	28	3	2
水利、环境和公共设施管理业	**963**	**2091**	**2289**	**2057**
水利管理业	218	391	463	174
防洪除涝设施管理			4	
水资源管理	2	52	22	108
天然水收集与分配	127	126	301	19
水文服务			92	40
其他水利管理业	89	213	44	7
生态保护和环境治理业	75	306	76	97
生态保护		302	72	97
环境治理业	75	4	4	

2007年	2008年	2009年	2010年	2011年	2012年	2013年	无开业年份
2687	2953	5407	3807	3347	3600	2932	66
332	226	541	632	484	532	780	11
55	85	305	116	93	118	141	
30	81	95	142	481	243	333	
9128	**13244**	**13616**	**15847**	**14683**	**18819**	**12196**	**129**
256	147	323	498	1794	828	1044	10
246	143	315	489	1794	814	1019	10
10	4	8	9		14	25	
8872	13097	13293	15349	12889	17991	11152	119
730	1533	2012	4145	4032	5003	3382	35
123	338	195	480	308	247	214	
680	483	552	584	814	1041	1445	18
403	927	844	909	729	772	1171	5
	6	8	12	13	18	6	
5640	7750	8382	7523	3547	3552	1739	1
273	434	153	421	514	563	790	5
522	458	385	120	1558	2193	838	15
501	1168	762	1155	1374	4602	1567	40
3538	**3748**	**3501**	**2600**	**4107**	**4262**	**4432**	**164**
61	185	237	164	270	135	365	1
	5	10	11	10	6	7	
47	8	66	33	84	63	101	
1	149	155	116	112	43	246	1
	15	6	4	59	16	5	
13	8			5	7	6	
3130	3201	2873	1916	3246	3063	2559	133
12	48	47	74	50	12	57	
3		5			47	4	
110	100	160	169	45	76	113	
461	438	486	227	642	396	470	8
2	57	121	18	61	185	50	
260	295	324	188	292	165	94	79
681	945	1144	648	1368	1543	1025	21
1601	1318	586	592	788	639	746	25
347	362	391	520	591	1064	1508	30
307	308	314	271	491	891	1342	30
29	28	31	146	47	68	42	
11	26	46	103	53	105	124	
1012	**2115**	**1286**	**1838**	**2397**	**1364**	**1246**	
243	391	645	299	909	452	455	
8	19	3		45	6	122	
178	156	517	93	758	310	254	
10	184	79	35	92	34	7	
		13	13	4		6	
47	32	33	158	10	102	66	
22	175	94	161	242	342	228	
18	156	80	14	17	76	144	
4	19	14	147	225	266	84	

1-9 续表 20

行业小类	2003年	2004年	2005年	2006年
公共设施管理业	670	1394	1750	1786
市政设施管理	10	114	21	114
环境卫生管理	290	370	6	70
城乡市容管理	86	19		182
绿化管理	203	395	1564	1014
公园和游览景区管理	81	496	159	406
居民服务、修理和其他服务业	**3439**	**709**	**837**	**2123**
居民服务业	809	208	306	1433
家庭服务	17	2	13	54
托儿所服务		90	26	88
洗染服务	12			
理发及美容服务		13	54	15
洗浴服务	291			30
保健服务	71		30	74
婚姻服务			1	11
殡葬服务	364	63	67	24
其他居民服务业	54	40	115	1137
机动车、电子产品和日用产品修理业	230	367	453	559
汽车、摩托车修理与维护	191	219	331	450
计算机和办公设备维修	22	102	62	70
家用电器修理	5	46	8	21
其他日用产品修理业	12		52	18
其他服务业	2400	134	78	131
清洁服务	2175	28	16	5
其他未列明服务业	225	106	62	126
教育	**5740**	**8733**	**8667**	**6717**
教育	5740	8733	8667	6717
学前教育	680	770	645	1164
初等教育	2191	2510	2021	1386
中等教育	2179	3705	4164	3163
高等教育	225	301	348	
特殊教育	8	15	179	
技能培训、教育辅助及其他教育	457	1432	1310	1004
卫生和社会工作	**4334**	**3275**	**1942**	**3218**
卫生	4076	3180	1718	2994
医院	2870	2392	992	1797
社区医疗与卫生院	268	318	292	757
门诊部(所)	136	24	42	102
计划生育技术服务活动	45	22	30	24
妇幼保健院(所、站)	53	28	57	26
专科疾病防治院(所、站)				
疾病预防控制中心	692	338	267	274
其他卫生活动	12	58	38	14
社会工作	258	95	224	224
提供住宿社会工作	211	84	192	208
不提供住宿社会工作	47	11	32	16
文化、体育和娱乐业	**1309**	**724**	**796**	**876**
新闻和出版业	669	64	31	47
新闻业				1
出版业	669	64	31	46

2007年	2008年	2009年	2010年	2011年	2012年	2013年	无开业年份
747	1549	547	1378	1246	570	563	
3	104	21	14	658	51	60	
211	114	162	1123	60	91	104	
3	68	5		67	13	24	
195	1141	281	62	428	359	254	
335	122	78	179	33	56	121	
1854	**1278**	**1906**	**4696**	**1865**	**3792**	**2163**	**11**
268	470	459	1173	497	692	676	4
92	12	187	843	125	124	262	
52	148	63	91	59	23	83	
3	19	63	42	10	6	9	
5	60	5	7	14	20	4	
27	15	7			25	15	
	10			15	10	14	2
3	2	15	18	13	17	43	1
16	87	64	98	45	67	75	
70	117	55	74	216	400	171	1
785	559	863	850	927	2708	1054	7
695	432	604	728	783	2537	895	6
56	50	90	79	98	90	99	1
20	32	14	19	35	38	47	
14	45	155	24	11	43	13	
801	249	584	2673	441	392	433	
682	104	64	111	56	192	231	
119	145	520	2562	385	200	202	
5409	**5966**	**8687**	**5949**	**6030**	**8403**	**12019**	**18**
5409	5966	8687	5949	6030	8403	12019	18
801	1277	2094	1751	2381	2947	2052	
1523	1243	1495	1211	1056	854	1495	
2030	2336	3801	1829	869	1635	2120	
7	41		6	5	1021	4414	
10	4	20	13	51	97	65	
1038	1065	1277	1139	1668	1849	1873	18
1365	**2108**	**1724**	**2876**	**2904**	**3770**	**5707**	**5**
1201	1754	1464	2346	2563	3276	4972	5
534	1166	683	1409	1381	2712	4095	
291	421	652	846	925	468	475	
40	34	20	33	91	62	270	
41	11	49	27		16	27	
25	21	51	14			1	
32			10		4		
238	41		7	151		6	
	60	9		15	14	98	5
164	354	260	530	341	494	735	
153	319	178	497	291	303	261	
11	35	82	33	50	191	474	
1001	**1965**	**1636**	**2405**	**1433**	**1813**	**2126**	**25**
25	73	139	1115	9	78	19	
11	7		12	9		1	
14	66	139	1103		78	18	

1-9 续表 21

行业小类				
	2003年	2004年	2005年	2006年
广播、电视、电影和影视录音制作业	227	193	399	223
广播	67	8	7	28
电视	100	129	364	
电影和影视节目制作	12	38		188
电影和影视节目发行				
电影放映	48	18	28	
录音制作				7
文化艺术业	159	105	155	183
文艺创作与表演	26		7	6
艺术表演场馆	17		1	10
图书馆与档案馆		15	27	56
文物及非物质文化遗产保护	7	16	8	6
博物馆		20		9
烈士陵园、纪念馆	3			31
群众文化活动	76	48	93	43
其他文化艺术业	30	6	19	22
体育	37	165	32	10
体育组织	17	79	19	5
体育场馆		68		
休闲健身活动	14	18	13	3
其他体育	6			2
娱乐业	217	197	179	413
室内娱乐活动	182	190	170	362
游乐园	5			
彩票活动	12	5		
文化、娱乐、体育经纪代理	18	2	4	17
其他娱乐业			5	34
公共管理、社会保障和社会组织	**15112**	**11150**	**10680**	**12034**
中国共产党机关	72	223	176	73
中国共产党机关	72	223	176	73
国家机构	6582	5001	4991	4605
国家权力机构	14	3	61	
国家行政机构	6527	4806	4748	4424
人民法院和人民检察院		97		
其他国家机构	41	95	182	181
人民政协、民主党派	21			
人民政协	21			
民主党派				
社会保障	129	53	269	195
社会保障	129	53	269	195
群众团体、社会团体和其他成员组织	6068	3534	3374	5151
群众团体	3547	1077	420	1347
社会团体	2090	2163	2639	3330
基金会				1
宗教组织	431	294	315	473
基层群众自治组织	2240	2339	1870	2010
社区自治组织	1963	1699	1306	1442
村民自治组织	277	640	564	568
国际组织				
国际组织				
国际组织				

2007年	2008年	2009年	2010年	2011年	2012年	2013年	无开业年份
57	365	118	226	326	282	225	
	119	16	32	144	17	61	
	46	53	57	29	76	29	
50	75	13	25	13	18	8	
		9		37	3		
	118	27	109	103	162	121	
7	7		3		6	6	
147	747	580	291	345	407	607	5
61	81	468	189	219	158	122	2
1			27	8		28	
	14	2	6	12	23	24	
18	45	47	4		12	24	
29	64	20	5	8	61	32	
1			5				
36	532	33	40	68	102	224	
1	11	10	15	30	51	153	3
167	103	158	164	50	152	302	
160	83	20	54	4	82	179	
	12			3	25	8	
3		113	29	24	39	109	
4	8	25	81	19	6	6	
605	677	641	609	703	894	973	20
342	641	592	553	688	711	756	20
	6	2			60	86	
1			28	13	38	25	
262	30	47	28	2	85	106	
18035	**15965**	**13426**	**18486**	**18623**	**27595**	**18989**	**12881**
275	95	40	22	22	43	77	430
275	95	40	22	22	43	77	430
5299	5083	4401	5857	7203	11692	4684	12426
52	68		176	36	119	134	156
5000	4909	4113	4976	6895	11307	4434	11920
121	93	171	97	148	32	8	339
126	13	117	608	124	234	108	11
	10	9		154	108		21
	10			154	108		21
		9					
99	130	36	84	215	251	107	
99	130	36	84	215	251	107	
10783	8425	7636	10589	9223	9295	11280	
582	1902	1431	2522	2051	2374	3079	
9967	4960	5979	7623	6936	6765	7991	
6	5	6	12	9	10	12	
228	1558	220	432	227	146	198	
1579	2222	1304	1934	1806	6206	2841	4
1065	1708	1061	1734	1406	5310	2609	4
514	514	243	200	400	896	232	

1-10 按地区、开业(成立)

地 区	法 人 单位数 (个)	1949年及以前	1950-1977年	1978-1991年
总 计	**135357**	**2066**	**12833**	**16207**
乌鲁木齐市	36989	92	644	1128
天山区	7675	42	153	340
沙依巴克区	7109	12	113	197
新市区	13389	12	122	235
水磨沟区	3979	5	51	103
头屯河区	1821	4	31	41
达坂城区	358	3	17	41
米东区	2267	8	119	89
乌鲁木齐县	391	6	38	82
克拉玛依市	3347	1	79	146
独山子区	482	1	9	22
克拉玛依区	2382		60	95
白碱滩区	349		6	18
乌尔禾区	134		4	11
吐鲁番地区	3859	333	673	457
吐鲁番市	1511	21	424	179
鄯善县	1581	265	122	140
托克逊县	767	47	127	138
哈密地区	5303	151	328	547
哈密市	4391	135	208	392
巴里坤哈萨克自治县	543	4	63	103
伊吾县	369	12	57	52
昌吉回族自治州	8730	54	493	875
昌吉市	3217	13	88	218
阜康市	1149	4	37	51
呼图壁县	982	5	65	130
玛纳斯县	801	4	76	131
奇台县	1409	17	122	154
吉木萨尔县	712	7	58	83
木垒哈萨克自治县	460	4	47	108
博尔塔拉蒙古自治州	3467	12	269	550
博乐市	1891	5	116	331
阿拉山口市	425		1	1
精河县	732	6	77	151
温泉县	419	1	75	67

时间分组的法人单位数

1991-1995年	1996年	1997年	1998年	1999年	2000年	2001年	2002年
3254	**1178**	**1053**	**1592**	**1597**	**2123**	**2855**	**3654**
682	238	232	414	554	737	1115	1188
216	84	57	93	162	196	301	267
142	35	44	102	112	163	258	257
200	69	76	124	172	235	315	373
57	20	17	39	53	71	136	123
17	5	9	9	12	17	44	36
2	9	7	11	2	5	8	52
37	13	17	32	38	45	50	72
11	3	5	4	3	5	3	8
113	30	86	82	74	69	87	124
25	4	6	12	18	8	11	12
55	21	54	55	50	49	62	89
20	4	24	12	5	12	13	17
13	1	2	3	1		1	6
109	37	24	50	30	56	69	92
54	20	10	25	14	19	32	56
34	13	9	20	11	21	32	24
21	4	5	5	5	16	5	12
141	50	67	49	44	62	96	181
120	41	56	42	39	52	88	157
13	3	9	5	3	6	5	14
8	6	2	2	2	4	3	10
202	117	67	160	115	143	180	286
79	34	33	57	51	69	80	119
24	19	5	39	9	11	27	55
20	9	5	15	14	20	23	34
25	6	3	17	7	8	14	35
28	36	5	10	15	19	14	20
14	3	7	14	9	12	11	16
12	10	9	8	10	4	11	7
128	50	28	49	41	55	59	102
49	29	21	31	25	32	35	54
7	10	2	1	6	11	7	12
17	9	4	11	7	10	11	26
55	2	1	6	3	2	6	10

1-10 续表 1

地 区	法人单位数(个)	1949年及以前	1950-1977年	1978-1991年
巴音郭楞蒙古自治州	10444	39	555	1270
库尔勒市	5238	4	137	285
轮台县	1012	6	79	178
尉犁县	694	3	56	105
若羌县	435		33	50
且末县	355	4	47	79
焉耆回族自治县	777	16	53	165
和静县	997	3	79	176
和硕县	481	2	34	79
博湖县	455	1	37	153
阿克苏地区	9861	83	1566	1027
阿克苏市	3269	10	207	235
温宿县	1199	7	213	131
库车县	1596	8	177	135
沙雅县	837	5	210	123
新和县	543	9	134	61
拜城县	881	7	200	98
乌什县	668	25	240	137
阿瓦提县	585	3	116	64
柯坪县	283	9	69	43
克孜勒苏柯尔克孜自治州	2418	146	404	384
阿图什市	1128	51	166	140
阿克陶县	679	95	145	109
阿合奇县	198		62	45
乌恰县	413		31	90
喀什地区	11492	118	2531	1464
喀什市	3090	19	246	214
疏附县	705	6	156	106
疏勒县	864	17	216	123
英吉沙县	731	4	204	85
泽普县	698	7	184	75
莎车县	1382	19	349	322
叶城县	1011	15	267	143
麦盖提县	635		151	75
岳普湖县	519	4	119	73
伽师县	768	18	376	53
巴楚县	830	9	222	137
塔什库尔干塔吉克自治县	259		41	58
和田地区	10445	610	2451	3447
和田市	2373	177	242	436

1991-1995年	1996年	1997年	1998年	1999年	2000年	2001年	2002年
239	90	64	134	140	173	200	278
102	40	31	65	68	110	116	144
14	15	7	14	23	16	22	39
17	6	2	4	5	8	5	12
9		2	2	1	1	1	5
10		1	10		3	7	5
34	10	7	11	13	10	21	24
21	7	6	10	14	9	17	15
13	4	3	8	5	11	4	19
19	8	5	10	11	5	7	15
186	46	52	93	84	114	259	217
64	20	12	37	26	32	113	86
16	4	4	17	21	14	55	19
18	1	3	10	11	16	31	31
22	4	7	8	3	4	6	16
8	1	2	1	4	11	14	19
13	3	3	2	10	13	11	13
29	10	9	7	3	8	9	15
11	1	1	8	5	13	16	11
5	2	11	3	1	3	4	7
55	32	19	27	26	27	14	51
27	10	15	15	9	14	12	29
17	17	1	4	8	4	2	12
2	2	1	3	4	3		5
9	3	2	5	5	6		5
183	67	57	115	95	142	166	220
42	12	10	37	46	46	91	109
5	3	1	3	2	6	4	9
37	7	4	7	7	5	7	11
8	3	1	23	3	8	12	7
12	11	1	3	5	7	9	10
16	4	24	7	8	9	13	21
20	7	3	6	9	10	9	13
4			7	2	5	4	7
19	2		4	5	3	11	14
9	3	6	7		13	2	9
6	8	4	5	6	23	3	7
5	7	3	6	2	7	1	3
302	145	77	82	67	83	90	111
69	37	9	22	14	34	42	61

1-10 续表 2

地 区	法 人 单位数 (个)	1949年及以前	1950-1977年	1978-1991年
和田县	1246	31	512	398
墨玉县	1959	125	743	677
皮山县	1251	34	262	501
洛浦县	1152	205	285	325
策勒县	821	13	124	405
于田县	1303	20	223	580
民丰县	340	5	60	125
伊犁哈萨克自治州	12916	362	1346	2366
伊宁市	2911	86	211	293
奎屯市	1961	1	56	128
伊宁县	1358	142	215	430
察布查尔锡伯自治县	816	19	113	189
霍城县	1978	27	186	362
巩留县	758	22	99	181
新源县	1013	21	158	179
昭苏县	722	12	80	235
特克斯县	632	10	117	194
尼勒克县	767	22	111	175
塔城地区	6407	48	713	1261
塔城市	1040	9	169	195
乌苏市	1385	11	73	272
额敏县	1031	11	110	234
沙湾县	1632	7	178	299
托里县	497	4	59	75
裕民县	339	4	50	72
和布克赛尔蒙古自治县	483	2	74	114
阿勒泰地区	4991	14	586	1060
阿勒泰市	1803	4	206	324
布尔津县	560	2	77	123
富蕴县	524		37	101
福海县	726		92	130
哈巴河县	653	6	66	223
青河县	342		66	77
吉木乃县	383	2	42	82
自治区直辖县级行政区划	4686	3	195	225
石河子市	2923	3	97	135
阿拉尔市	626		50	14
图木舒克市	406		23	25
五家渠市	731		25	51

1991-1995年	1996年	1997年	1998年	1999年	2000年	2001年	2002年
7	4	9	2	4	4	5	
78	32	7	6	3	3	7	7
48	37	12	23	18	9	11	23
31	3	7	9	10	2	3	6
25	16	1	3	4	15	4	4
32	9	29	13	10	11	10	5
12	7	3	4	4	5	8	5
429	137	123	129	134	198	243	286
105	28	49	35	38	57	74	104
70	29	25	33	32	39	53	55
35	16	1	8	9	11	13	15
24	8	5	9	5	6	10	12
63	27	18	12	13	29	30	33
27	4	7	2	10	10	8	11
33	6	7	10	8	8	27	16
27	7	3	6	4	15	8	14
21	6	3	8	11	3	8	11
24	6	5	6	4	20	12	15
204	69	65	73	75	116	93	172
26	6	10	19	16	21	15	38
74	43	25	12	19	19	28	43
37	7	9	11	14	17	10	23
28	9	5	14	14	28	19	29
8	1	3	6	5	15	8	16
21	2		8	1	5	3	12
10	1	13	3	6	11	10	11
184	37	43	74	74	80	82	152
89	10	15	24	35	40	36	68
22	5	3	7	5	11	8	15
5		4	6	8	5	12	23
24	5	3	13	6	10	15	19
24	9	4	4	5	4	3	10
9	5	3	16	5	2	5	6
11	3	11	4	10	8	3	11
97	33	49	61	44	68	101	193
63	27	36	51	36	61	93	141
7	3	3	4	3	1	3	20
		1					8
27	3	9	6	5	6	5	24

1-10 续表 3

地 区	2003年	2004年	2005年	2006年	2007年
总 计	**3470**	**4145**	**4378**	**5564**	**5741**
乌鲁木齐市	1173	1477	1652	2285	2287
天山区	259	334	350	506	494
沙依巴克区	248	334	366	495	457
新市区	406	505	549	820	837
水磨沟区	135	172	201	256	258
头屯河区	47	51	45	81	73
达坂城区	10	7	14	4	12
米东区	60	67	83	109	139
乌鲁木齐县	8	7	44	14	17
克拉玛依市	129	147	132	156	184
独山子区	16	22	30	18	36
克拉玛依区	96	106	88	124	122
白碱滩区	11	14	7	11	17
乌尔禾区	6	5	7	3	9
吐鲁番地区	76	117	98	144	146
吐鲁番市	31	64	35	62	56
鄯善县	36	42	43	63	62
托克逊县	9	11	20	19	28
哈密地区	140	133	144	218	217
哈密市	116	118	130	185	187
巴里坤哈萨克自治县	14	10	7	14	18
伊吾县	10	5	7	19	12
昌吉回族自治州	221	224	240	328	298
昌吉市	129	107	111	143	145
阜康市	21	25	15	31	30
呼图壁县	20	25	34	35	34
玛纳斯县	16	29	19	20	26
奇台县	11	18	41	30	33
吉木萨尔县	20	10	11	54	25
木垒哈萨克自治县	4	10	9	15	5
博尔塔拉蒙古自治州	93	106	88	108	119
博乐市	52	76	38	61	54
阿拉山口市	21	19	21	21	30
精河县	13	8	21	16	23
温泉县	7	3	8	10	12

2008年	2009年	2010年	2011年	2012年	2013年	无开业年份
7349	**7664**	**8772**	**11077**	**13358**	**14619**	**808**
2599	2639	2857	3700	4338	4720	238
488	549	520	630	775	725	134
577	503	500	642	725	813	14
944	1016	1142	1521	1757	1935	24
306	260	313	362	456	578	7
96	109	149	294	312	339	
28	12	19	25	29	35	6
138	168	190	214	261	267	51
22	22	24	12	23	28	2
178	255	233	309	385	343	5
23	29	44	40	51	45	
127	191	177	224	286	248	3
16	25	8	37	36	36	
12	10	4	8	12	14	2
158	231	195	227	261	266	10
55	55	65	60	82	87	5
78	139	92	114	118	101	2
25	37	38	53	61	78	3
286	290	362	465	549	710	73
239	262	324	389	458	582	71
23	18	22	42	55	90	2
24	10	16	34	36	38	
534	580	661	875	909	1045	123
219	237	243	284	324	414	20
53	81	98	147	156	199	12
62	49	77	82	79	111	34
52	51	51	83	59	62	7
78	94	108	178	187	162	29
48	48	55	60	67	59	21
22	20	29	41	37	38	
158	181	217	256	347	450	1
71	92	121	139	211	247	1
33	38	34	31	47	72	
33	33	40	61	58	97	
21	18	22	25	31	34	

1-10 续表 4

地 区	2003年	2004年	2005年	2006年	2007年
巴音郭楞蒙古自治州	311	348	349	465	492
库尔勒市	184	199	225	306	332
轮台县	29	31	47	38	42
尉犁县	18	13	11	21	35
若羌县	7	3	6	16	13
且末县	5	4	5	11	9
焉耆回族自治县	38	30	18	18	20
和静县	14	36	12	32	23
和硕县	10	15	16	13	10
博湖县	6	17	9	10	8
阿克苏地区	239	271	309	363	299
阿克苏市	91	109	110	145	129
温宿县	45	17	42	34	28
库车县	46	37	67	71	40
沙雅县	8	31	28	21	22
新和县	11	11	9	10	11
拜城县	12	23	18	31	30
乌什县	8	16	8	20	12
阿瓦提县	13	16	20	18	13
柯坪县	5	11	7	13	14
克孜勒苏柯尔克孜自治州	44	51	47	71	71
阿图什市	22	23	28	40	35
阿克陶县	10	17	9	15	18
阿合奇县	3	6	5	2	9
乌恰县	9	5	5	14	9
喀什地区	222	245	286	304	463
喀什市	102	124	121	124	130
疏附县	7	6	9	18	10
疏勒县	8	7	6	23	26
英吉沙县	10	8	6	5	12
泽普县	23	7	28	25	30
莎车县	16	16	29	23	23
叶城县	14	21	19	20	31
麦盖提县	9	5	13	9	140
岳普湖县	5	8	17	17	15
伽师县	3	13	12	16	20
巴楚县	19	26	24	22	24
塔什库尔干塔吉克自治县	6	4	2	2	2
和田地区	153	177	148	188	154
和田市	88	82	74	99	59

2008年	2009年	2010年	2011年	2012年	2013年	无开业年份
748	716	751	920	1023	1105	34
428	484	446	545	480	485	22
62	43	40	70	87	110	
72	36	44	33	89	99	
34	28	39	55	54	75	1
16	20	23	31	23	31	11
46	29	57	47	52	58	
49	52	53	88	143	138	
20	15	31	32	63	74	
21	9	18	19	32	35	
377	518	668	816	1112	1102	60
160	194	272	331	447	422	17
35	64	79	87	135	132	
67	94	130	155	171	269	8
37	43	43	58	72	62	4
7	20	34	53	56	50	7
31	36	50	64	118	92	3
12	17	22	20	20	16	5
21	43	26	38	71	45	12
7	7	12	10	22	14	4
86	88	136	167	222	233	17
36	33	76	101	111	129	6
25	23	27	31	40	50	
4	12	6	7	8	7	2
21	20	27	28	63	47	9
495	497	681	847	1057	1158	79
166	199	262	254	308	379	49
33	25	29	73	84	108	2
25	24	59	82	79	80	4
26	24	61	62	100	59	
60	38	31	45	46	39	2
51	48	72	92	109	105	6
35	38	60	81	96	82	12
18	21	27	39	47	52	
24	31	34	32	34	48	
22	18	15	28	72	52	1
28	26	22	48	70	91	
7	5	9	11	12	63	3
335	265	285	369	412	455	39
83	119	112	139	169	177	29

1-10 续表 5

地 区	2003年	2004年	2005年	2006年	2007年
和田县	2	5	8	6	7
墨玉县	9	18	13	9	13
皮山县	18	23	14	20	22
洛浦县	7	10	14	12	23
策勒县	8	6	5	10	5
于田县	14	25	13	23	24
民丰县	7	8	7	9	1
伊犁哈萨克自治州	304	330	387	381	427
伊宁市	89	107	92	105	116
奎屯市	94	91	77	70	78
伊宁县	14	24	30	31	28
察布查尔锡伯自治县	19	10	20	26	19
霍城县	28	35	68	66	69
巩留县	8	17	19	18	17
新源县	26	18	31	23	27
昭苏县	15	12	11	9	25
特克斯县	3	5	14	11	20
尼勒克县	8	11	25	22	28
塔城地区	133	184	165	163	170
塔城市	21	33	28	28	31
乌苏市	23	29	26	27	29
额敏县	19	71	27	29	25
沙湾县	37	29	42	35	49
托里县	14	12	18	24	16
裕民县	8	3	6	3	11
和布克赛尔蒙古自治县	11	7	18	17	9
阿勒泰地区	100	134	131	169	215
阿勒泰市	44	73	54	63	71
布尔津县	11	12	15	19	50
富蕴县	18	18	20	29	35
福海县	10	16	15	30	18
哈巴河县	4	7	11	19	13
青河县	9	3	9	4	14
吉木乃县	4	5	7	5	14
自治区直辖县级行政区划	132	201	202	221	199
石河子市	101	90	115	149	124
阿拉尔市	12	22	21	17	28
图木舒克市	2	44	10	23	20
五家渠市	17	45	56	32	27

2008年	2009年	2010年	2011年	2012年	2013年	无开业年份
17	32	26	47	63	56	1
32	25	38	40	32	42	
19	20	23	37	40	37	
31	24	23	26	39	56	1
18	24	17	30	34	43	7
128	13	31	35	20	35	
7	8	15	15	15	9	1
657	607	700	872	1225	1221	52
154	142	202	238	289	269	28
96	119	131	141	280	260	3
32	43	39	58	90	73	1
35	43	42	49	78	69	6
125	95	94	157	236	196	9
71	49	44	44	35	55	
57	58	55	67	78	100	
22	24	26	52	45	68	2
20	14	26	21	48	56	2
45	20	41	45	46	75	1
256	280	374	441	559	744	49
27	39	43	63	75	106	22
78	55	97	113	134	154	1
27	46	56	70	87	89	2
65	93	98	121	159	273	1
28	10	30	29	47	48	21
10	17	17	25	18	43	
21	20	33	20	39	31	2
219	217	241	313	397	459	10
89	66	81	113	152	146	
25	32	26	29	31	30	2
26	25	22	37	54	35	4
17	36	45	54	66	98	4
20	20	31	26	49	95	
18	19	8	30	19	15	
24	19	28	24	26	40	
263	300	411	500	562	608	18
181	183	227	318	351	329	12
21	39	76	88	80	111	3
21	21	45	32	60	69	2
40	57	63	62	71	99	1

1-11 按行业、从业人员组距

行业小类	代码	法人单位数(个)	7人及以下	8-19人	20-49人
总计		**135357**	**78641**	**27050**	**16088**
农、林、牧、渔业	**A**	**4692**	**2464**	**1175**	**527**
农业	01	161	1	4	5
谷物种植	011	37			
豆类、油料和薯类种植	012	7			1
棉、麻、糖、烟草种植	013	92			4
蔬菜、食用菌及园艺作物种植	014	9		1	
水果种植	015	14	1	3	
坚果、含油果、香料和饮料作物种植	016	1			
中药材种植	017				
其他农业	019	1			
林业	02	9	1		
林木育种和育苗	021	1	1		
造林和更新	022	2			
森林经营和管护	023	5			
木材和竹材采运	024	1			
林产品采集	025				
畜牧业	03	20		4	4
牲畜饲养	031	16		3	3
家禽饲养	032	2		1	
狩猎和捕捉动物	033				
其他畜牧业	039	2			1
渔业	04	2			1
水产养殖	041	1			1
水产捕捞	042	1			
农、林、牧、渔服务业	05	4500	2462	1167	517
农业服务业	051	2952	1578	757	358
林业服务业	052	381	225	96	36
畜牧服务业	053	1141	639	308	123
渔业服务业	054	26	20	6	
采矿业	**B**	**2276**	**1106**	**420**	**276**
煤炭开采和洗选业	06	396	94	44	53
烟煤和无烟煤开采洗选	061	383	86	43	52
褐煤开采洗选	062				
其他煤炭采选	069	13	8	1	1
石油和天然气开采业	07	20	6	1	2
石油开采	071	12	2	1	1
天然气开采	072	8	4		1
黑色金属矿采选业	08	481	254	73	58
铁矿采选	081	434	228	64	55
锰矿、铬矿采选	082	23	11	4	1
其他黑色金属矿采选	089	24	15	5	2
有色金属矿采选业	09	335	189	43	44
常用有色金属矿采选	091	212	120	19	31
贵金属矿采选	092	93	55	15	7
稀有稀土金属矿采选	093	30	14	9	6
非金属矿采选业	10	723	392	199	87
土砂石开采	101	564	286	181	63
化学矿开采	102	12	7	3	1
采盐	103	12	7	1	2
石棉及其他非金属矿采选	109	135	92	14	21

分组的法人单位数及从业人员数

50-99人	100-299人	300-499人	500-999人	1000-4999人	5000-9999人	10000人及以上
7022	**4748**	**777**	**528**	**447**	**46**	**10**
221	**142**	**15**	**15**	**108**	**23**	**2**
10	4	4	11	98	22	2
6		1	2	25	3	
			1	5		
3	3	3	7	54	16	2
1				5	2	
	1		1	7	1	
				1		
				1		
3	5					
1	1					
2	3					
	1					
1	4	2	1	4		
1	3	1	1	4		
		1				
	1					
1						
1						
206	129	9	3	6	1	
156	90	7	3	3		
11	12			1		
39	27	2		2	1	
182	**190**	**43**	**34**	**17**	**4**	**4**
63	90	22	19	9	2	
60	90	22	19	9	2	
3						
	5	1		1	2	2
	2	1		1	2	2
	3					
51	31	7	5	2		
48	26	6	5	2		
3	3	1				
	2					
21	30	4	3	1		
13	23	3	2	1		
8	7	1				
			1			
28	13	3	1			
24	9		1			
	1					
		2				
4	3	1				

1-11 续表 1

行业小类	代码	法人单位数(个)	7人及以下	8-19人	20-49人
开采辅助活动	11	205	82	41	24
煤炭开采和洗选辅助活动	111	28	10	6	6
石油和天然气开采辅助活动	112	158	55	34	17
其他开采辅助活动	119	19	17	1	1
其他采矿业	12	116	89	19	8
其他采矿业	120	116	89	19	8
制造业	C	**12382**	**4233**	**3045**	**2887**
农副食品加工业	13	1385	394	353	360
谷物磨制	131	191	47	61	56
饲料加工	132	95	21	23	21
植物油加工	133	310	74	58	96
制糖业	134	18	1	3	
屠宰及肉类加工	135	183	61	59	39
水产品加工	136	13	7	3	2
蔬菜、水果和坚果加工	137	370	116	89	95
其他农副食品加工	139	205	67	57	51
食品制造业	14	488	122	119	110
焙烤食品制造	141	78	23	20	19
糖果、巧克力及蜜饯制造	142	20	9	5	2
方便食品制造	143	44	11	13	12
乳制品制造	144	61	7	10	16
罐头食品制造	145	128	29	33	31
调味品、发酵制品制造	146	31	14	7	1
其他食品制造	149	126	29	31	29
酒、饮料和精制茶制造业	15	411	149	108	91
酒的制造	151	245	83	65	55
饮料制造	152	152	60	40	32
精制茶加工	153	14	6	3	4
烟草制品业	16	1			
烟叶复烤	161				
卷烟制造	162	1			
其他烟草制品制造	169				
纺织业	17	348	102	63	65
棉纺织及印染精加工	171	202	44	30	34
毛纺织及染整精加工	172	21	7	4	5
麻纺织及染整精加工	173	11	2	2	3
丝绢纺织及印染精加工	174	6	1	2	2
化纤织造及印染精加工	175	5	2		
针织或钩针编织物及其制品制造	176	30	14	8	5
家用纺织制成品制造	177	33	9	10	9
非家用纺织制成品制造	178	40	23	7	7
纺织服装、服饰业	18	168	57	49	40
机织服装制造	181	89	33	22	17
针织或钩针编织服装制造	182	15	6	6	2
服饰制造	183	64	18	21	21
皮革、毛皮、羽毛及其制品和制鞋业	19	50	23	12	6
皮革鞣制加工	191	9	1	1	1
皮革制品制造	192	15	11	3	1

50–99人	100–299人	300–499人	500–999人	1000–4999人	5000–9999人	10000人及以上
19	21	6	6	4		2
3	3					
16	18	6	6	4		2
1187	**720**	**137**	**92**	**77**	**3**	**1**
169	80	20	8	1		
20	7					
21	6	2	1			
54	24	3	1			
1		9	4			
13	8	3				
1						
41	24	2	2	1		
18	11	1				
67	54	5	7	4		
9	6		1			
3	1					
4	1		2	1		
9	16	2	1			
22	10		2	1		
	7		1	1		
20	13	3		1		
27	27	5	2	2		
17	18	4	1	2		
9	9	1	1			
1						
				1		
				1		
39	40	17	15	7		
23	37	15	13	6		
	2	1	1	1		
3		1				
1						
3						
3						
4			1			
2	1					
13	5	2	2			
9	5	1	2			
		1				
4						
8	1					
5	1					

1-11 续表 2

行业小类	代码	法人单位数(个)	7人及以下	8-19人	20-49人
毛皮鞣制及制品加工	193	12	7	3	2
羽毛(绒)加工及制品制造	194	7	2	2	1
制鞋业	195	7	2	3	1
木材加工和木、竹、藤、棕、草制品业	20	225	97	57	50
木材加工	201	77	47	15	12
人造板制造	202	68	16	21	17
木制品制造	203	69	31	19	15
竹、藤、棕、草等制品制造	204	11	3	2	6
家具制造业	21	133	52	49	21
木质家具制造	211	89	36	35	13
竹、藤家具制造	212	1	1		
金属家具制造	213	27	10	11	3
塑料家具制造	214	5		2	2
其他家具制造	219	11	5	1	3
造纸和纸制品业	22	231	69	60	59
纸浆制造	221	4	2		1
造纸	222	66	13	18	15
纸制品制造	223	161	54	42	43
印刷和记录媒介复制业	23	328	155	85	63
印刷	231	276	132	66	54
装订及印刷相关服务	232	52	23	19	9
记录媒介复制	233				
文教、工美、体育和娱乐用品制造业	24	341	127	96	71
文教办公用品制造	241	13	9	4	
乐器制造	242	1	1		
工艺美术品制造	243	319	113	89	70
体育用品制造	244	6	3	3	
玩具制造	245	1	1		
游艺器材及娱乐用品制造	246	1			1
石油加工、炼焦和核燃料加工业	25	241	66	35	50
精炼石油产品制造	251	124	40	23	26
炼焦	252	116	26	12	24
核燃料加工	253	1			
化学原料和化学制品制造业	26	870	307	226	151
基础化学原料制造	261	158	39	41	26
肥料制造	262	302	128	62	57
农药制造	263	13		7	6
涂料、油墨、颜料及类似产品制造	264	80	37	27	11
合成材料制造	265	52	15	15	2
专用化学产品制造	266	199	72	57	35
炸药、火工及焰火产品制造	267	19	2	3	1
日用化学产品制造	268	47	14	14	13
医药制造业	27	125	41	23	22
化学药品原料药制造	271	13	4		2
化学药品制剂制造	272	7	1		1
中药饮片加工	273	28	14	3	6
中成药生产	274	36	9	6	6
兽用药品制造	275	6	1	3	1
生物药品制造	276	22	10	5	3
卫生材料及医药用品制造	277	13	2	6	3

50-99人	100-299人	300-499人	500-999人	1000-4999人	5000-9999人	10000人及以上
2						
1						
14	7					
3						
9	5					
2	2					
8	2	1				
4		1				
1	2					
1						
2						
24	16	2		1		
	1					
14	4	1		1		
10	11	1				
17	7	1				
17	6	1				
	1					
30	17					
30	17					
26	35	11	11	5	1	1
9	17	3	1	3	1	1
17	17	8	10	2		
	1					
76	62	14	13	21		
15	18	6	4	9		
28	18	2	4	3		
3	2					
5	3	3	2	7		
19	11	1	3	1		
4	6	2		1		
2	4					
20	16	1	1	1		
5	1			1		
2	1	1	1			
4	1					
6	9					
	1					
1	3					
2						

1-11 续表 3

行业小类	代码	法人单位数(个)	7人及以下	8-19人	20-49人
化学纤维制造业	28	29	6	2	4
纤维素纤维原料及纤维制造	281	24	5	1	2
合成纤维制造	282	5	1	1	2
橡胶和塑料制品业	29	1180	430	351	275
橡胶制品业	291	67	28	17	13
塑料制品业	292	1113	402	334	262
非金属矿物制品业	30	2965	857	596	913
水泥、石灰和石膏制造	301	258	66	36	40
石膏、水泥制品及类似制品制造	302	731	182	142	219
砖瓦、石材等建筑材料制造	303	1709	518	360	600
玻璃制造	304	38	12	5	9
玻璃制品制造	305	48	14	13	9
玻璃纤维和玻璃纤维增强塑料制品制造	306	43	13	5	14
陶瓷制品制造	307	17	12	4	1
耐火材料制品制造	308	52	21	12	9
石墨及其他非金属矿物制品制造	309	69	19	19	12
黑色金属冶炼和压延加工业	31	254	75	45	49
炼铁	311	61	17	13	6
炼钢	312	14	5	3	4
黑色金属铸造	313	47	15	9	13
钢压延加工	314	107	33	20	23
铁合金冶炼	315	25	5		3
有色金属冶炼和压延加工业	32	125	30	20	23
常用有色金属冶炼	321	40	7	4	6
贵金属冶炼	322	17	2	2	3
稀有稀土金属冶炼	323	11		1	
有色金属合金制造	324	14	2	4	7
有色金属铸造	325	7	3	3	1
有色金属压延加工	326	36	16	6	6
金属制品业	33	942	390	285	171
结构性金属制品制造	331	608	236	194	119
金属工具制造	332	57	23	23	9
集装箱及金属包装容器制造	333	48	14	13	7
金属丝绳及其制品制造	334	20	9	5	3
建筑、安全用金属制品制造	335	81	45	18	14
金属表面处理及热处理加工	336	26	10	7	5
搪瓷制品制造	337				
金属制日用品制造	338	21	12	6	2
其他金属制品制造	339	81	41	19	12
通用设备制造业	34	380	167	101	73
锅炉及原动设备制造	341	71	29	22	14
金属加工机械制造	342	75	33	23	16
物料搬运设备制造	343	35	11	5	9
泵、阀门、压缩机及类似机械制造	344	16	8	3	5
轴承、齿轮和传动部件制造	345	7	1	2	2
烘炉、风机、衡器、包装等设备制造	346	43	25	11	4
文化、办公用机械制造	347	3	3		
通用零部件制造	348	116	52	29	22
其他通用设备制造业	349	14	5	6	1

50-99人	100-299人	300-499人	500-999人	1000-4999人	5000-9999人	10000人及以上
3	6	3	2	3		
2	6	3	2	3		
1						
72	44	4	1	3		
5	2			2		
67	42	4	1	1		
380	180	21	12	6		
33	58	15	7	3		
126	56	4	1	1		
189	41	1				
7	5					
5	5	1	1			
6	5					
6	3		1			
8	7		2	2		
22	36	11	6	8	2	
4	11	5	3	1	1	
			1	1		
6	4					
9	10	4	1	6	1	
3	11	2	1			
11	19	8	3	11		
4	4	5	2	8		
2	6		1	1		
1	7	1		1		
		1				
4	2	1		1		
63	27	3	3			
41	15	2	1			
2						
7	5	1	1			
1	1		1			
3	1					
3	1					
1						
5	4					
31	7	1				
6						
3						
6	3	1				
1	1					
3						
10	3					
2						

1-11 续表 4

行业小类	代码	法人单位数(个)	7人及以下	8-19人	20-49人
专用设备制造业	35	491	227	129	84
采矿、冶金、建筑专用设备制造	351	146	67	36	27
化工、木材、非金属加工专用设备制造	352	50	29	12	7
食品、饮料、烟草及饲料生产专用设备制造	353	15	7	6	2
印刷、制药、日化及日用品生产专用设备制造	354	17	9	6	2
纺织、服装和皮革加工专用设备制造	355	4	3	1	
电子和电工机械专用设备制造	356	14	9	4	1
农、林、牧、渔专用机械制造	357	177	66	47	36
医疗仪器设备及器械制造	358	9	5	4	
环保、社会公共服务及其他专用设备制造	359	59	32	13	9
汽车制造业	36	64	32	15	7
汽车整车制造	361	4		1	
改装汽车制造	362	37	24	6	4
低速载货汽车制造	363				
电车制造	364	1		1	
汽车车身、挂车制造	365	5	2		2
汽车零部件及配件制造	366	17	6	7	1
铁路、船舶、航空航天和其他运输设备制造业	37	15	8	1	4
铁路运输设备制造	371	2	1		
城市轨道交通设备制造	372	1			1
船舶及相关装置制造	373				
航空、航天器及设备制造	374	1			1
摩托车制造	375	5	2	1	1
自行车制造	376	6	5		1
非公路休闲车及零配件制造	377				
潜水救捞及其他未列明运输设备制造	379				
电气机械和器材制造业	38	335	117	101	81
电机制造	381	22	6	5	3
输配电及控制设备制造	382	165	49	60	37
电线、电缆、光缆及电工器材制造	383	73	23	21	24
电池制造	384	3	2	1	
家用电力器具制造	385	11	6	2	2
非电力家用器具制造	386	13	8	3	2
照明器具制造	387	36	19	5	10
其他电气机械及器材制造	389	12	4	4	3
计算机、通信和其他电子设备制造业	39	18	11	1	4
计算机制造	391	1	1		
通信设备制造	392	3	2		1
广播电视设备制造	393	1			
雷达及配套设备制造	394				
视听设备制造	395	2	1		1
电子器件制造	396	4	2		1
电子元件制造	397	2	2		
其他电子设备制造	399	5	3	1	1
仪器仪表制造业	40	27	17	4	5
通用仪器仪表制造	401	14	7	2	4
专用仪器仪表制造	402	12	9	2	1
钟表与计时仪器制造	403				
光学仪器及眼镜制造	404				
其他仪器仪表制造业	409	1	1		

50-99人	100-299人	300-499人	500-999人	1000-4999人	5000-9999人	10000人及以上
34	12	3	2			
10	6					
		2				
19	6	1	2			
5						
2	5	1	2			
		1	2			
1	2					
	1					
1	2					
1	1					
	1					
1						
19	11	2	1	3		
3	4		1			
8	6	2		3		
4	1					
1						
2						
1						
2						
1						
1						
1						
1						

1-11 续表 5

行业小类	代码	法人单位数(个)	7人及以下	8-19人	20-49人
其他制造业	41	45	28	10	4
日用杂品制造	411	5	3	1	1
煤制品制造	412	9	6	1	1
核辐射加工	413				
其他未列明制造业	419	31	19	8	2
废弃资源综合利用业	42	60	27	14	15
金属废料和碎屑加工处理	421	28	13	4	8
非金属废料和碎屑加工处理	422	32	14	10	7
金属制品、机械和设备修理业	43	107	50	35	16
金属制品修理	431				
通用设备修理	432	25	17	7	
专用设备修理	433	32	12	14	3
铁路、船舶、航空航天等运输设备修理	434	5	1	1	2
电气设备修理	435	13	5	5	3
仪器仪表修理	436	4	2	1	1
其他机械和设备修理业	439	28	13	7	7
电力、热力、燃气及水生产和供应业	**D**	**1114**	**272**	**265**	**271**
电力、热力生产和供应业	44	829	212	212	180
电力生产	441	531	159	156	95
电力供应	442	52	10	7	9
热力生产和供应	443	246	43	49	76
燃气生产和供应业	45	110	32	22	27
燃气生产和供应业	450	110	32	22	27
水的生产和供应业	46	175	28	31	64
自来水生产和供应	461	133	16	20	56
污水处理及其再生利用	462	34	11	7	6
其他水的处理、利用与分配	469	8	1	4	2
建筑业	**E**	**2935**	**1308**	**504**	**326**
房屋建筑业	47	882	201	123	103
房屋建筑业	470	882	201	123	103
土木工程建筑业	48	601	234	109	77
铁路、道路、隧道和桥梁工程建筑	481	210	66	32	29
水利和内河港口工程建筑	482	116	39	23	15
海洋工程建筑	483				
工矿工程建筑	484	39	15	5	5
架线和管道工程建筑	485	100	29	20	14
其他土木工程建筑	489	136	85	29	14
建筑安装业	49	522	249	106	73
电气安装	491	177	69	24	37
管道和设备安装	492	133	70	28	14
其他建筑安装业	499	212	110	54	22
建筑装饰和其他建筑业	50	930	624	166	73
建筑装饰业	501	640	458	97	50
工程准备活动	502	113	55	30	10
提供施工设备服务	503	39	23	10	3
其他未列明建筑业	509	138	88	29	10
批发和零售业	**F**	**31535**	**24632**	**4574**	**1502**
批发业	51	21993	17466	3071	968
农、林、牧产品批发	511	1686	1026	313	191
食品、饮料及烟草制品批发	512	1962	1387	364	135
纺织、服装及家庭用品批发	513	1416	1116	205	61

50-99人	100-299人	300-499人	500-999人	1000-4999人	5000-9999人	10000人及以上
2			1			
			1			
2						
2	2					
1	2					
1						
4	1	1				
1						
1	1	1				
1						
1						
144	**109**	**21**	**17**	**14**		**1**
98	79	18	17	12		1
53	45	9	11	3		
4	7	2	4	8		1
41	27	7	2	1		
14	11	3		1		
14	11	3		1		
32	19			1		
24	16			1		
7	3					
1						
238	**289**	**93**	**94**	**74**	**9**	
104	167	61	65	52	6	
104	167	61	65	52	6	
57	68	22	13	18	3	
28	29	10	7	7	2	
10	20	2	3	4		
3	4	3	2	2		
13	10	7	1	5	1	
3	5					
38	36	5	14	1		
17	21	4	5			
11	8		1	1		
10	7	1	8			
39	18	5	2	3		
18	12	3	1	1		
11	4	2	1			
2	1					
8	1			2		
462	**293**	**37**	**29**	**5**	**1**	
275	172	20	20	1		
98	47	7	4			
41	34		1			
20	13		1			

1-11 续表 6

行业小类	代码	法人单位数(个)	7人及以下	8-19人	20-49人
文化、体育用品及器材批发	514	451	374	55	19
医药及医疗器材批发	515	534	345	110	48
矿产品、建材及化工产品批发	516	7529	6200	948	258
机械设备、五金产品及电子产品批发	517	6951	5814	879	203
贸易经纪与代理	518	777	648	108	17
其他批发业	519	687	556	89	36
零售业	52	9542	7166	1503	534
综合零售	521	988	687	141	78
食品、饮料及烟草制品专门零售	522	845	647	148	37
纺织、服装及日用品专门零售	523	719	528	113	56
文化、体育用品及器材专门零售	524	509	399	74	18
医药及医疗器材专门零售	525	495	321	108	39
汽车、摩托车、燃料及零配件专门零售	526	2129	1399	412	175
家用电器及电子产品专门零售	527	1901	1509	298	75
五金、家具及室内装饰材料专门零售	528	1338	1201	110	22
货摊、无店铺及其他零售业	529	618	475	99	34
交通运输、仓储和邮政业	**G**	**4256**	**2822**	**724**	**363**
铁路运输业	53	6		3	2
铁路旅客运输	531	1			1
铁路货物运输	532	5		3	1
铁路运输辅助活动	533				
道路运输业	54	2429	1563	406	219
城市公共交通运输	541	201	99	49	21
公路旅客运输	542	212	71	55	41
道路货物运输	543	1717	1270	245	123
道路运输辅助活动	544	299	123	57	34
水上运输业	55	2	1		
水上旅客运输	551	1			
水上货物运输	552				
水上运输辅助活动	553	1	1		
航空运输业	56	49	39	4	2
航空客货运输	561	18	17		1
通用航空服务	562	18	14	2	1
航空运输辅助活动	563	13	8	2	
管道运输业	57	16	4	5	3
管道运输业	570	16	4	5	3
装卸搬运和运输代理业	58	1126	860	152	74
装卸搬运	581	145	69	30	27
运输代理业	582	981	791	122	47
仓储业	59	410	217	115	47
谷物、棉花等农产品仓储	591	183	78	63	28
其他仓储业	599	227	139	52	19
邮政业	60	218	138	39	16
邮政基本服务	601	35	8	6	2
快递服务	602	183	130	33	14
住宿和餐饮业	**H**	**1200**	**325**	**334**	**259**
住宿业	61	797	205	227	169
旅游饭店	611	364	55	65	91
一般旅馆	612	345	118	125	65
其他住宿业	619	88	32	37	13

50-99人	100-299人	300-499人	500-999人	1000-4999人	5000-9999人	10000人及以上
2			1			
20	10		1			
53	48	10	11	1		
34	17	3	1			
4						
3	3					
187	121	17	9	4	1	
35	36	6	4		1	
8	5					
9	9	4				
9	7	2				
12	10	2	2	1		
94	46		2	1		
12	4	2	1			
2	2			1		
6	2	1		1		
157	**131**	**25**	**19**	**13**		**2**
						1
						1
114	96	12	12	6		1
9	13	4	4	2		
21	19	3		2		
48	24	3	3			1
36	40	2	5	2		
1						
1						
1	1			2		
	1					
1				2		
1	2			1		
1	2			1		
17	16	4	2	1		
6	7	3	2	1		
11	9	1				
20	10	1				
10	4					
10	6	1				
3	6	8	5	3		
2	3	7	5	2		
1	3	1		1		
170	**91**	**13**	**6**	**2**		
115	67	10	3	1		
83	58	9	3			
27	9			1		
5		1				

1-11 续表 7

行业小类	代码	法人单位数(个)	7人及以下	8-19人	20-49人
餐饮业	62	403	120	107	90
正餐服务	621	289	77	70	68
快餐服务	622	40	10	15	10
饮料及冷饮服务	623	8	5	3	
其他餐饮业	629	66	28	19	12
信息传输、软件和信息技术服务业	**I**	**1490**	**964**	**274**	**138**
电信、广播电视和卫星传输服务	63	260	87	50	52
电信	631	136	52	13	13
广播电视传输服务	632	116	32	36	37
卫星传输服务	633	8	3	1	2
互联网和相关服务	64	202	161	25	7
互联网接入及相关服务	641	37	29	5	1
互联网信息服务	642	110	86	14	4
其他互联网服务	649	55	46	6	2
软件和信息技术服务业	65	1028	716	199	79
软件开发	651	380	257	86	25
信息系统集成服务	652	135	92	22	12
信息技术咨询服务	653	362	262	64	25
数据处理和存储服务	654	20	13	4	2
集成电路设计	655	4	3	1	
其他信息技术服务业	659	127	89	22	15
金融业	**J**	**684**	**237**	**83**	**89**
货币金融服务	66	404	126	41	38
中央银行服务	661	15			
货币银行服务	662	240	20	3	35
非货币银行服务	663	148	106	38	3
银行监管服务	664	1			
资本市场服务	67	5	2		1
证券市场服务	671				
期货市场服务	672	2			
证券期货监管服务	673	3	2		1
资本投资服务	674				
其他资本市场服务	679				
保险业	68	256	99	38	48
人身保险	681	97	29	13	17
财产保险	682	139	59	19	30
再保险	683				
养老金	684	2	1		
保险经纪与代理服务	685	17	10	6	1
保险监管服务	686	1			
其他保险活动	689				
其他金融业	69	19	10	4	2
金融信托与管理服务	691	2			
控股公司服务	692				
非金融机构支付服务	693	3	2		1
金融信息服务	694	11	6	4	
其他未列明金融业	699	3	2		1
房地产业	**K**	**4983**	**1808**	**1714**	**1028**
房地产业	70	4983	1808	1714	1028
房地产开发经营	701	2286	604	974	576

50-99人	100-299人	300-499人	500-999人	1000-4999人	5000-9999人	10000人及以上
55	24	3	3	1		
48	23	2	1			
3			1	1		
4	1	1	1			
50	**36**	**10**	**15**	**3**		
20	25	9	14	3		
10	23	9	13	3		
8	2		1			
2						
7	1	1				
2						
4	1	1				
1						
23	10		1			
7	4		1			
7	2					
7	4					
1						
1						
68	**150**	**29**	**19**	**9**		
40	118	21	13	7		
2	12	1				
37	105	20	13	7		
1						
	1					
1	1					
1	1					
25	30	8	6	2		
13	17	2	4	2		
10	13	6	2			
1						
1						
2	1					
1	1					
1						
284	**116**	**19**	**12**	**2**		
284	116	19	12	2		
97	25	8	2			

1-11 续表 8

行业小类	代码	法人单位数（个）	7人及以下	8-19人	20-49人
物业管理	702	1509	413	467	363
房地产中介服务	703	768	561	165	33
自有房地产经营活动	704	274	151	73	34
其他房地产业	709	146	79	35	22
租赁和商务服务业	**L**	**8847**	**6221**	**1585**	**633**
租赁业	71	642	497	91	35
机械设备租赁	711	616	478	86	33
文化及日用品出租	712	26	19	5	2
商务服务业	72	8205	5724	1494	598
企业管理服务	721	2062	1354	393	194
法律服务	722	456	244	158	46
咨询与调查	723	1390	1054	243	81
广告业	724	1389	1141	203	35
知识产权服务	725	31	24	6	1
人力资源服务	726	859	584	127	56
旅行社及相关服务	727	567	383	117	42
安全保护服务	728	184	73	22	23
其他商务服务业	729	1267	867	225	120
科学研究和技术服务业	**M**	**4948**	**2483**	**1393**	**678**
研究和试验发展	73	280	123	68	44
自然科学研究和试验发展	731	32	14	9	2
工程和技术研究和试验发展	732	72	32	21	13
农业科学研究和试验发展	733	109	39	25	19
医学研究和试验发展	734	29	18	6	3
社会人文科学研究	735	38	20	7	7
专业技术服务业	74	3514	1680	1047	494
气象服务	741	185	55	89	20
地震服务	742	38	20	12	5
海洋服务	743	1			1
测绘服务	744	144	69	49	18
质检技术服务	745	597	282	192	98
环境与生态监测	746	119	44	41	25
地质勘查	747	333	195	58	34
工程技术	748	1061	445	284	187
其他专业技术服务业	749	1036	570	322	106
科技推广和应用服务业	75	1154	680	278	140
技术推广服务	751	978	568	228	130
科技中介服务	752	80	51	22	4
其他科技推广和应用服务业	759	96	61	28	6
水利、环境和公共设施管理业	**N**	**1130**	**405**	**296**	**183**
水利管理业	76	454	145	121	81
防洪除涝设施管理	761	25	12	6	4
水资源管理	762	198	72	46	37
天然水收集与分配	763	90	16	21	16
水文服务	764	13	3	4	3
其他水利管理业	769	128	42	44	21
生态保护和环境治理业	77	180	71	64	29
生态保护	771	144	54	55	23
环境治理业	772	36	17	9	6

50-99人	100-299人	300-499人	500-999人	1000-4999人	5000-9999人	10000人及以上
165	81	8	10	2		
6	2	1				
9	5	2				
7	3					
178	**133**	**34**	**27**	**34**	**2**	
12	3	3	1			
12	3	3	1			
166	130	31	26	34	2	
52	39	7	10	13		
7	1					
7	3	1	1			
6	3	1				
29	25	7	10	19	2	
16	8	1				
18	31	12	5			
31	20	2		2		
224	**140**	**18**	**10**	**2**		
36	6	3				
4	2	1				
5	1					
24	1	1				
2						
1	2	1				
150	116	15	10	2		
15	6					
		1				
4	4					
19	6					
8			1			
11	26	9				
73	59	3	8	2		
20	15	2	1			
38	18					
35	17					
2	1					
1						
109	**113**	**13**	**5**	**6**		
41	59	4	2	1		
1	1	1				
15	27		1			
13	21	2	1			
2	1					
10	9	1		1		
7	9					
6	6					
1	3					

1-11 续表 9

行业小类	代码	法人单位数(个)	7人及以下	8-19人	20-49人
公共设施管理业	78	496	189	111	73
市政设施管理	781	69	24	16	11
环境卫生管理	782	86	16	18	19
城乡市容管理	783	29	16	5	
绿化管理	784	224	103	46	28
公园和游览景区管理	785	88	30	26	15
居民服务、修理和其他服务业	**O**	**1925**	**1181**	**492**	**181**
居民服务业	79	516	271	143	72
家庭服务	791	96	54	19	15
托儿所服务	792	55	12	27	12
洗染服务	793	14	5	6	1
理发及美容服务	794	26	21	2	2
洗浴服务	795	16	3	7	3
保健服务	796	17	10	4	1
婚姻服务	797	47	44	3	
殡葬服务	798	74	33	21	16
其他居民服务业	799	171	89	54	22
机动车、电子产品和日用产品修理业	80	1005	620	282	81
汽车、摩托车修理与维护	801	758	445	226	70
计算机和办公设备维修	802	144	104	33	5
家用电器修理	803	67	52	12	2
其他日用产品修理业	809	36	19	11	4
其他服务业	81	404	290	67	28
清洁服务	811	105	69	20	8
其他未列明服务业	819	299	221	47	20
教育	**P**	**6310**	**1258**	**1365**	**1368**
教育	82	6310	1258	1365	1368
学前教育	821	1305	280	520	378
初等教育	822	1848	72	318	574
中等教育	823	1426	45	42	182
高等教育	824	109	24	20	7
特殊教育	825	41	13	12	7
技能培训、教育辅助及其他教育	829	1581	824	453	220
卫生和社会工作	**Q**	**3206**	**910**	**765**	**940**
卫生	83	2730	674	619	879
医院	831	709	29	88	225
社区医疗与卫生院	832	1327	403	335	471
门诊部(所)	833	71	41	21	2
计划生育技术服务活动	834	296	144	109	38
妇幼保健院(所、站)	835	96	9	22	43
专科疾病防治院(所、站)	836	9	3	2	3
疾病预防控制中心	837	170	24	30	83
其他卫生活动	839	52	21	12	14
社会工作	84	476	236	146	61
提供住宿社会工作	841	317	117	125	52
不提供住宿社会工作	842	159	119	21	9
文化、体育和娱乐业	**R**	**2925**	**2136**	**414**	**229**
新闻和出版业	85	118	40	21	26
新闻业	851	18	8	3	1
出版业	852	100	32	18	25

50-99人	100-299人	300-499人	500-999人	1000-4999人	5000-9999人	10000人及以上
61	45	9	3	5		
11	5	1	1			
11	15	4		3		
5	3					
25	16	2	2	2		
9	6	2				
44	**16**	**5**	**3**	**3**		
19	6	4	1			
4	1	3				
3	1					
2						
1						
2	1					
2						
2	1	1				
3	2		1			
17	2	1	1	1		
14	1	1		1		
1	1					
			1			
2						
8	8		1	2		
2	4		1	1		
6	4			1		
1107	**1103**	**81**	**20**	**8**		
1107	1103	81	20	8		
112	15					
465	403	14	2			
457	636	57	7			
18	17	6	9	8		
9						
46	32	4	2			
312	**167**	**52**	**43**	**15**	**2**	
284	163	51	43	15	2	
130	130	48	42	15	2	
104	13	1				
5	2					
1	3	1				
15	6		1			
	1					
25	7	1				
4	1					
28	4	1				
19	3	1				
9	1					
87	**48**	**7**	**3**	**1**		
14	12	3	1	1		
4	1	1				
10	11	2	1	1		

1-11 续表 10

行业小类	代码	法人单位数（个）	7人及以下	8-19人	20-49人
广播、电视、电影和影视录音制作业	86	372	161	92	72
广播	861	131	64	26	26
电视	862	79	18	15	23
电影和影视节目制作	863	45	29	7	5
电影和影视节目发行	864	10	2	3	2
电影放映	865	93	37	38	16
录音制作	866	14	11	3	
文化艺术业	87	618	262	209	95
文艺创作与表演	871	120	37	12	37
艺术表演场馆	872	18	5	7	3
图书馆与档案馆	873	132	50	68	11
文物及非物质文化遗产保护	874	54	33	18	2
博物馆	875	32	9	10	10
烈士陵园、纪念馆	876	8	4	2	1
群众文化活动	877	203	91	78	28
其他文化艺术业	879	51	33	14	3
体育	88	124	67	34	15
体育组织	881	56	28	17	6
体育场馆	882	15	5	7	2
休闲健身活动	883	40	27	7	4
其他体育	889	13	7	3	3
娱乐业	89	1693	1606	58	21
室内娱乐活动	891	1606	1553	41	10
游乐园	892	13	7	1	5
彩票活动	893	11	6	2	2
文化、娱乐、体育经纪代理	894	32	24	8	
其他娱乐业	899	31	16	6	4
公共管理、社会保障和社会组织	**S**	**38519**	**23876**	**7628**	**4210**
中国共产党机关	90	1022	386	348	219
中国共产党机关	900	1022	386	348	219
国家机构	91	11350	3775	3097	2430
国家权力机构	911	186	24	44	97
国家行政机构	912	10650	3649	2966	2167
人民法院和人民检察院	913	302	12	26	129
其他国家机构	919	212	90	61	37
人民政协、民主党派	92	125	14	57	49
人民政协	921	106	5	47	49
民主党派	922	19	9	10	
社会保障	93	222	79	71	61
社会保障	930	222	79	71	61
群众团体、社会团体和其他成员组织	94	14970	12961	1066	430
群众团体	941	961	560	201	100
社会团体	942	4351	3046	601	298
基金会	943	26	22	3	1
宗教组织	944	9632	9333	261	31
基层群众自治组织	95	10830	6661	2989	1021
社区自治组织	951	2039	294	829	774
村民自治组织	952	8791	6367	2160	247
国际组织	**T**				
国际组织	96				
国际组织	960				

50-99人	100-299人	300-499人	500-999人	1000-4999人	5000-9999人	10000人及以上
25	17	3	2			
8	5	1	1			
12	8	2	1			
2	2					
1	2					
2						
38	13	1				
25	9					
	3					
3						
1						
2	1					
1						
5		1				
1						
4	4					
2	3					
1						
1	1					
6	2					
2						
1						
3	2					
1798	**761**	**125**	**65**	**54**	**2**	
47	22					
47	22					
1299	562	90	53	43	1	
14	7					
1169	517	86	53	42	1	
100	33	2				
16	5	2		1		
4	1					
4	1					
10	1					
10	1					
293	167	32	12	8	1	
37	43	13	5	2		
251	122	19	7	6	1	
5	2					
145	8	3		3		
135	7					
10	1	3		3		

1-11 续表 11

行业小类	代码	从业人员数（人）	7人及以下	8-19人	20-49人
总 计		**4410735**	**296627**	**321167**	**491675**
农、林、牧、渔业	**A**	**538252**	**10354**	**13743**	**15448**
农业	01	433126	5	42	165
谷物种植	011	84155			
豆类、油料和薯类种植	012	13036			45
棉、麻、糖、烟草种植	013	286761			120
蔬菜、食用菌及园艺作物种植	014	21045		10	
水果种植	015	23874	5	32	
坚果、含油果、香料和饮料作物种植	016	2417			
中药材种植	017				
其他农业	019	1838			
林业	02	910	5		
林木育种和育苗	021	5	5		
造林和更新	022	318			
森林经营和管护	023	460			
木材和竹材采运	024	127			
林产品采集	025				
畜牧业	03	8604		38	144
牲畜饲养	031	7872		30	118
家禽饲养	032	426		8	
狩猎和捕捉动物	033				
其他畜牧业	039	306			26
渔业	04	93			36
水产养殖	041	36			36
水产捕捞	042	57			
农、林、牧、渔服务业	05	95519	10344	13663	15103
农业服务业	051	59035	6654	8911	10461
林业服务业	052	7195	885	1141	1037
畜牧服务业	053	29144	2734	3537	3605
渔业服务业	054	145	71	74	
采矿业	**B**	**250523**	**3439**	**5073**	**8593**
煤炭开采和洗选业	06	76669	287	551	1739
烟煤和无烟煤开采洗选	061	76378	251	538	1700
褐煤开采洗选	062				
其他煤炭采选	069	291	36	13	39
石油和天然气开采业	07	75136	18	18	49
石油开采	071	74483	6	18	29
天然气开采	072	653	12		20
黑色金属矿采选业	08	20519	773	866	1733
铁矿采选	081	19098	694	754	1647
锰矿、铬矿采选	082	950	34	48	24
其他黑色金属矿采选	089	471	45	64	62
有色金属矿采选业	09	14157	549	518	1430
常用有色金属矿采选	091	10374	329	219	1015
贵金属矿采选	092	2903	179	169	253
稀有稀土金属矿采选	093	880	41	130	162
非金属矿采选业	10	11911	1310	2389	2601
土砂石开采	101	8665	995	2174	1866
化学矿开采	102	265	27	39	46
采盐	103	952	32	15	58
石棉及其他非金属矿采选	109	2029	256	161	631

50-99人	100-299人	300-499人	500-999人	1000-4999人	5000-9999人	10000人及以上
474597	**754528**	**285350**	**354635**	**887850**	**292161**	**252145**
14358	**20850**	**5623**	**11950**	**272620**	**145385**	**27921**
667	633	1557	8878	256433	136825	27921
351		454	1435	61090	20825	
			924	12067		
253	506	1103	5528	152689	98641	27921
63				10691	10281	
	127		991	15641	7078	
				2417		
				1838		
211	694					
80	238					
131	329					
	127					
65	910	721	973	5753		
65	630	303	973	5753		
		418				
	280					
57						
57						
13358	18613	3345	2099	10434	8560	
10221	12973	2595	2099	5121		
588	1915			1629		
2549	3725	750		3684	8560	
12534	**32498**	**16290**	**23994**	**25010**	**28877**	**94215**
4778	15551	8142	13121	15042	17458	
4575	15551	8142	13121	15042	17458	
203						
	1031	432		1209	11419	60960
	410	432		1209	11419	60960
	621					
3227	5359	2691	3337	2533		
3023	4735	2375	3337	2533		
204	324	316				
	300					
1379	5223	1445	2348	1265		
839	3898	1008	1801	1265		
540	1325	437				
			547			
1762	1993	1165	691			
1455	1484		691			
	153					
		847				
307	356	318				

1-11 续表 12

行业小类	代码	从业人员数（人）	7人及以下	8-19人	20-49人
开采辅助活动	11	51439	273	501	808
煤炭开采和洗选辅助活动	111	944	32	77	216
石油和天然气开采辅助活动	112	50396	203	405	550
其他开采辅助活动	119	99	38	19	42
其他采矿业	12	692	229	230	233
其他采矿业	120	692	229	230	233
制造业	**C**	**637600**	**15921**	**37029**	**88535**
农副食品加工业	13	54144	1428	4336	11412
谷物磨制	131	4922	179	752	1702
饲料加工	132	4806	89	279	679
植物油加工	133	13319	265	748	3213
制糖业	134	6407	3	36	
屠宰及肉类加工	135	5260	228	701	1217
水产品加工	136	178	30	44	45
蔬菜、水果和坚果加工	137	13548	429	1097	3011
其他农副食品加工	139	5704	205	679	1545
食品制造业	14	32222	476	1511	3354
焙烤食品制造	141	3143	73	263	595
糖果、巧克力及蜜饯制造	142	551	39	61	70
方便食品制造	143	3725	49	155	311
乳制品制造	144	5073	20	132	466
罐头食品制造	145	6914	116	449	943
调味品、发酵制品制造	146	5422	50	88	30
其他食品制造	149	7394	129	363	939
酒、饮料和精制茶制造业	15	17868	589	1311	2670
酒的制造	151	12805	317	771	1559
饮料制造	152	4832	250	505	992
精制茶加工	153	231	22	35	119
烟草制品业	16	1015			
烟叶复烤	161				
卷烟制造	162	1015			
其他烟草制品制造	169				
纺织业	17	38470	317	790	2002
棉纺织及印染精加工	171	32306	139	370	1024
毛纺织及染整精加工	172	2672	17	53	195
麻纺织及染整精加工	173	626	6	22	74
丝绢纺织及印染精加工	174	139	1	18	60
化纤织造及印染精加工	175	222	8		
针织或钩针编织物及其制品制造	176	500	44	105	152
家用纺织制成品制造	177	1287	22	120	264
非家用纺织制成品制造	178	718	80	102	233
纺织服装、服饰业	18	6266	171	574	1228
机织服装制造	181	4581	101	248	534
针织或钩针编织服装制造	182	533	10	63	82
服饰制造	183	1152	60	263	612
皮革、毛皮、羽毛及其制品和制鞋业	19	1179	75	128	184
皮革鞣制加工	191	645	6	13	40
皮革制品制造	192	79	29	30	20

50-99人	100-299人	300-499人	500-999人	1000-4999人	5000-9999人	10000人及以上
1388	3341	2415	4497	4961		33255
241	378					
1147	2963	2415	4497	4961		33255
79421	**121162**	**52711**	**61846**	**145676**	**21326**	**13973**
11251	11775	7742	5061	1139		
1299	990					
1407	733	783	836			
3755	3763	1014	561			
50		3834	2484			
850	1252	1012				
59						
2597	3297	798	1180	1139		
1234	1740	301				
4337	8846	1950	4645	7103		
560	1058		594			
193	188					
248	155		1134	1673		
557	2534	728	636			
1495	1463		1437	1011		
	1175		844	3235		
1284	2273	1222		1184		
1875	4494	1918	1472	3539		
1191	3045	1486	897	3539		
629	1449	432	575			
55						
				1015		
				1015		
2655	7525	6799	9768	8614		
1623	6926	6036	8678	7510		
	399	394	510	1104		
155		369				
60						
214						
199						
301			580			
103	200					
881	785	798	1829			
664	785	420	1829			
		378				
217						
522	270					
316	270					

1-11 续表 13

行业小类	代码	从业人员数(人)	7人及以下	8-19人	20-49人
毛皮鞣制及制品加工	193	104	20	30	54
羽毛(绒)加工及制品制造	194	208	12	24	40
制鞋业	195	143	8	31	30
木材加工和木、竹、藤、棕、草制品业	20	4544	366	694	1478
木材加工	201	964	166	178	356
人造板制造	202	2089	52	253	484
木制品制造	203	1258	131	238	447
竹、藤、棕、草等制品制造	204	233	17	25	191
家具制造业	21	2854	232	609	590
木质家具制造	211	1651	155	425	383
竹、藤家具制造	212	5	5		
金属家具制造	213	808	54	151	75
塑料家具制造	214	133		23	48
其他家具制造	219	257	18	10	84
造纸和纸制品业	22	9600	293	743	1927
纸浆制造	221	169	4		41
造纸	222	4407	59	225	520
纸制品制造	223	5024	230	518	1366
印刷和记录媒介复制业	23	6274	647	1002	1877
印刷	231	5559	544	780	1595
装订及印刷相关服务	232	715	103	222	282
记录媒介复制	233				
文教、工美、体育和娱乐用品制造业	24	8606	520	1149	2155
文教办公用品制造	241	94	37	57	
乐器制造	242	4	4		
工艺美术品制造	243	8410	454	1062	2112
体育用品制造	244	49	19	30	
玩具制造	245	6	6		
游艺器材及娱乐用品制造	246	43			43
石油加工、炼焦和核燃料加工业	25	51674	209	437	1690
精炼石油产品制造	251	33960	125	299	859
炼焦	252	17599	84	138	831
核燃料加工	253	115			
化学原料和化学制品制造业	26	82672	1096	2737	4429
基础化学原料制造	261	27594	130	485	789
肥料制造	262	18775	454	725	1693
农药制造	263	249		72	177
涂料、油墨、颜料及类似产品制造	264	1242	131	339	285
合成材料制造	265	22168	48	180	58
专用化学产品制造	266	8249	278	727	1037
炸药、火工及焰火产品制造	267	3081	10	43	30
日用化学产品制造	268	1314	45	166	360
医药制造业	27	7439	123	282	624
化学药品原料药制造	271	1762	10		62
化学药品制剂制造	272	1346	1		36
中药饮片加工	273	655	42	48	163
中成药生产	274	2380	24	74	180
兽用药品制造	275	309	7	41	21
生物药品制造	276	678	32	52	82
卫生材料及医药用品制造	277	309	7	67	80

50-99人	100-299人	300-499人	500-999人	1000-4999人	5000-9999人	10000人及以上
132						
74						
1078	928					
264						
677	623					
137	305					
561	450	412				
276		412				
78	450					
62						
145						
1611	2765	808		1453		
	124					
971	686	493		1453		
640	1955	315				
1226	1043	479				
1226	935	479				
	108					
1944	2838					
1944	2838					
1911	5872	4086	7500	8566	7430	13973
727	2760	1046	949	5792	7430	13973
1184	2997	3040	6551	2774		
	115					
5110	9806	5519	8885	45090		
1034	3034	2485	2569	17068		
1781	3051	721	2504	7846		
212	275					
292	414	1165	1894	18117		
1390	1524	325	1918	1050		
274	892	823		1009		
127	616					
1375	2817	473	565	1180		
374	136			1180		
101	170	473	565			
283	119					
411	1691					
	240					
51	461					
155						

1-11 续表 14

行业小类	代码	从业人员数（人）	7人及以下	8-19人	20-49人
化学纤维制造业	28	9062	31	19	125
纤维素纤维原料及纤维制造	281	8931	26	11	76
合成纤维制造	282	131	5	8	49
橡胶和塑料制品业	29	31183	1680	4259	8188
橡胶制品业	291	3371	109	196	432
塑料制品业	292	27812	1571	4063	7756
非金属矿物制品业	30	118066	3121	7380	28881
水泥、石灰和石膏制造	301	29934	205	450	1169
石膏、水泥制品及类似制品制造	302	30144	661	1785	6991
砖瓦、石材等建筑材料制造	303	43510	1955	4431	19171
玻璃制造	304	1607	34	65	272
玻璃制品制造	305	2727	46	152	306
玻璃纤维和玻璃纤维增强塑料制品制造	306	1744	36	62	396
陶瓷制品制造	307	113	48	44	21
耐火材料制品制造	308	1994	72	157	237
石墨及其他非金属矿物制品制造	309	6293	64	234	318
黑色金属冶炼和压延加工业	31	52820	263	560	1423
炼铁	311	15845	47	169	154
炼钢	312	2965	23	37	123
黑色金属铸造	313	1541	40	109	355
钢压延加工	314	28507	129	245	693
铁合金冶炼	315	3962	24		98
有色金属冶炼和压延加工业	32	37979	88	233	712
常用有色金属冶炼	321	24043	18	41	205
贵金属冶炼	322	3697	2	26	100
稀有稀土金属冶炼	323	4090		13	
有色金属合金制造	324	655	6	51	194
有色金属铸造	325	83	8	38	37
有色金属压延加工	326	5411	54	64	176
金属制品业	33	21258	1555	3342	4982
结构性金属制品制造	331	13126	916	2254	3445
金属工具制造	332	691	94	270	224
集装箱及金属包装容器制造	333	2612	64	179	235
金属丝绳及其制品制造	334	1045	39	75	82
建筑、安全用金属制品制造	335	1050	175	194	405
金属表面处理及热处理加工	336	719	45	72	176
搪瓷制品制造	337				
金属制日用品制造	338	239	51	58	65
其他金属制品制造	339	1776	171	240	350
通用设备制造业	34	7915	661	1216	2079
锅炉及原动设备制造	341	1218	117	285	394
金属加工机械制造	342	1097	123	279	460
物料搬运设备制造	343	1912	42	46	254
泵、阀门、压缩机及类似机械制造	344	212	29	36	147
轴承、齿轮和传动部件制造	345	254	1	22	56
烘炉、风机、衡器、包装等设备制造	346	602	100	128	110
文化、办公用机械制造	347	15	15		
通用零部件制造	348	2361	205	342	634
其他通用设备制造业	349	244	29	78	24

50-99人	100-299人	300-499人	500-999人	1000-4999人	5000-9999人	10000人及以上
236	1360	1106	1181	5004		
167	1360	1106	1181	5004		
69						
4884	6780	1459	500	3433		
320	247			2067		
4564	6533	1459	500	1366		
24564	30942	7604	8166	7408		
2260	11960	5522	4560	3808		
8481	8926	1418	526	1356		
11639	5994	320				
470	766					
355	796	344	728			
424	826					
410	431		687			
525	1243		1665	2244		
1642	6772	4414	4161	19689	13896	
293	2183	1885	1887	1012	8215	
			952	1830		
439	598					
647	1839	1679	747	16847	5681	
263	2152	850	575			
712	3784	3276	2344	26830		
250	933	1936	1411	19249		
134	1219		933	1283		
85	1236	486		2270		
		404				
243	396	450		4028		
4250	4228	1123	1778			
2744	2460	759	548			
103						
481	727	364	562			
71	110		668			
176	100					
248	178					
65						
362	653					
2232	1390	337				
422						
235						
508	725	337				
50	125					
264						
640	540					
113						

1-11 续表 15

行业小类	代码	从业人员数(人)			
			7人及以下	8-19人	20-49人
专用设备制造业	35	11619	847	1540	2381
采矿、冶金、建筑专用设备制造	351	3181	247	455	765
化工、木材、非金属加工专用设备制造	352	1219	109	147	228
食品、饮料、烟草及饲料生产专用设备制造	353	138	24	64	50
印刷、制药、日化及日用品生产专用设备制造	354	170	37	68	65
纺织、服装和皮革加工专用设备制造	355	25	9	16	
电子和电工机械专用设备制造	356	131	32	54	45
农、林、牧、渔专用机械制造	357	5854	274	537	984
医疗仪器设备及器械制造	358	69	20	49	
环保、社会公共服务及其他专用设备制造	359	832	95	150	244
汽车制造业	36	3309	152	160	256
汽车整车制造	361	1697		8	
改装汽车制造	362	799	120	61	135
低速载货汽车制造	363				
电车制造	364	8		8	
汽车车身、挂车制造	365	268	9		82
汽车零部件及配件制造	366	537	23	83	39
铁路、船舶、航空航天和其他运输设备制造业	37	475	23	9	115
铁路运输设备制造	371	239	3		
城市轨道交通设备制造	372	41			41
船舶及相关装置制造	373				
航空、航天器及设备制造	374	27			27
摩托车制造	375	124	3	9	20
自行车制造	376	44	17		27
非公路休闲车及零配件制造	377				
潜水救捞及其他未列明运输设备制造	379				
电气机械和器材制造业	38	14370	452	1261	2407
电机制造	381	1741	22	66	105
输配电及控制设备制造	382	10026	205	755	1089
电线、电缆、光缆及电工器材制造	383	1488	78	232	693
电池制造	384	22	6	16	
家用电力器具制造	385	189	26	25	53
非电力家用器具制造	386	135	21	44	70
照明器具制造	387	537	76	69	289
其他电气机械及器材制造	389	232	18	54	108
计算机、通信和其他电子设备制造业	39	324	45	12	115
计算机制造	391	7	7		
通信设备制造	392	37	8		29
广播电视设备制造	393	72			
雷达及配套设备制造	394				
视听设备制造	395	27	4		23
电子器件制造	396	125	6		39
电子元件制造	397	9	9		
其他电子设备制造	399	47	11	12	24
仪器仪表制造业	40	400	71	44	198
通用仪器仪表制造	401	300	30	20	163
专用仪器仪表制造	402	98	39	24	35
钟表与计时仪器制造	403				
光学仪器及眼镜制造	404				
其他仪器仪表制造业	409	2	2		

50-99人	100-299人	300-499人	500-999人	1000-4999人	5000-9999人	10000人及以上
2209	2216	1036	1390			
658	1056					
		735				
1208	1160	301	1390			
343						
134	918	367	1322			
		367	1322			
72	411					
	177					
62	330					
92	236					
	236					
92						
1376	1872	626	763	5613		
258	527		763			
569	1169	626		5613		
309	176					
85						
103						
52						
152						
72						
80						
87						
87						

1-11 续表 16

行业小类	代码	从业人员数(人)	7人及以下	8-19人	20-49人
其他制造业	41	997	109	107	135
日用杂品制造	411	66	12	14	40
煤制品制造	412	576	21	10	29
核辐射加工	413				
其他未列明制造业	419	355	76	83	66
废弃资源综合利用业	42	1043	91	169	423
金属废料和碎屑加工处理	421	613	38	47	218
非金属废料和碎屑加工处理	422	430	53	122	205
金属制品、机械和设备修理业	43	1953	190	415	495
金属制品修理	431				
通用设备修理	432	211	57	90	
专用设备修理	433	954	51	168	82
铁路、船舶、航空航天等运输设备修理	434	135	4	17	48
电气设备修理	435	160	14	49	97
仪器仪表修理	436	62	8	9	45
其他机械和设备修理业	439	431	56	82	223
电力、热力、燃气及水生产和供应业	**D**	**95470**	**1029**	**3299**	**8743**
电力、热力生产和供应业	44	79698	798	2620	5789
电力生产	441	34061	569	1938	2957
电力供应	442	30404	46	79	296
热力生产和供应	443	15233	183	603	2536
燃气生产和供应业	45	6798	114	283	819
燃气生产和供应业	450	6798	114	283	819
水的生产和供应业	46	8974	117	396	2135
自来水生产和供应	461	7556	65	258	1835
污水处理及其再生利用	462	1254	51	93	235
其他水的处理、利用与分配	469	164	1	45	65
建筑业	**E**	**387624**	**4593**	**6016**	**10309**
房屋建筑业	47	246160	721	1442	3328
房屋建筑业	470	246160	721	1442	3328
土木工程建筑业	48	93978	840	1359	2361
铁路、道路、隧道和桥梁工程建筑	481	44314	260	410	924
水利和内河港口工程建筑	482	20236	143	280	469
海洋工程建筑	483				
工矿工程建筑	484	6687	55	62	171
架线和管道工程建筑	485	20801	109	259	427
其他土木工程建筑	489	1940	273	348	370
建筑安装业	49	25373	870	1257	2306
电气安装	491	10547	231	314	1211
管道和设备安装	492	5146	245	322	464
其他建筑安装业	499	9680	394	621	631
建筑装饰和其他建筑业	50	22113	2162	1958	2314
建筑装饰业	501	10825	1576	1084	1592
工程准备活动	502	4188	204	387	335
提供施工设备服务	503	601	76	118	98
其他未列明建筑业	509	6499	306	369	289
批发和零售业	**F**	**305101**	**82496**	**51553**	**44570**
批发业	51	190085	58132	34572	28491
农、林、牧产品批发	511	32907	3535	3675	5710
食品、饮料及烟草制品批发	512	22115	4897	4155	4124
纺织、服装及家庭用品批发	513	12166	3674	2333	1891

50-99人	100-299人	300-499人	500-999人	1000-4999人	5000-9999人	10000人及以上
130			516			
			516			
130						
124	236					
74	236					
50						
260	214	379				
64						
60	214	379				
66						
70						
9993	**18086**	**7834**	**11101**	**25319**		**10066**
6667	13592	6765	11101	22300		10066
3701	8485	3524	7063	5824		
265	1109	658	2827	15058		10066
2701	3998	2583	1211	1418		
1122	1740	1069		1651		
1122	1740	1069		1651		
2204	2754			1368		
1651	2379			1368		
500	375					
53						
16523	**50650**	**35835**	**66960**	**140326**	**56412**	
7293	29695	23115	46677	95275	38614	
7293	29695	23115	46677	95275	38614	
3915	12190	8746	9118	37651	17798	
2007	5054	4010	4799	14604	12246	
652	3815	808	2362	11707		
197	534	1070	1437	3161		
889	2008	2858	520	8179	5552	
170	779					
2704	5850	1735	9532	1119		
1352	3260	1335	2844			
698	1445		853	1119		
654	1145	400	5835			
2611	2915	2239	1633	6281		
1169	1918	1273	845	1368		
766	742	966	788			
154	155					
522	100			4913		
31198	**47138**	**13549**	**20428**	**8378**	**5791**	
18364	27762	7477	14109	1178		
6695	7640	2549	3103			
2870	5562		507			
1373	2317		578			

1-11 续表 17

行业小类	代码	从业人员数(人)	7人及以下	8-19人	20-49人
文化、体育用品及器材批发	514	3049	1247	610	520
医药及医疗器材批发	515	7538	1326	1308	1538
矿产品、建材及化工产品批发	516	62076	19581	10791	7478
机械设备、五金产品及电子产品批发	517	41547	19804	9506	5703
贸易经纪与代理	518	4082	2160	1185	494
其他批发业	519	4605	1908	1009	1033
零售业	52	115016	24364	16981	16079
综合零售	521	26073	2120	1626	2527
食品、饮料及烟草制品专门零售	522	6107	2169	1766	1008
纺织、服装及日用品专门零售	523	8537	1760	1301	1659
文化、体育用品及器材专门零售	524	5100	1240	768	502
医药及医疗器材专门零售	525	8999	1143	1236	1069
汽车、摩托车、燃料及零配件专门零售	526	30683	5267	4626	5453
家用电器及电子产品专门零售	527	13780	5233	3342	2220
五金、家具及室内装饰材料专门零售	528	8776	3777	1187	632
货摊、无店铺及其他零售业	529	6961	1655	1129	1009
交通运输、仓储和邮政业	**G**	**217989**	**9801**	**8421**	**11037**
铁路运输业	53	63746		30	65
铁路旅客运输	531	40			40
铁路货物运输	532	63706		30	25
铁路运输辅助活动	533				
道路运输业	54	108395	5579	4738	6585
城市公共交通运输	541	15977	393	586	641
公路旅客运输	542	11414	320	679	1195
道路货物运输	543	63635	4416	2787	3676
道路运输辅助活动	544	17369	450	686	1073
水上运输业	55	58	2		
水上旅客运输	551	56			
水上货物运输	552				
水上运输辅助活动	553	2	2		
航空运输业	56	6274	128	46	67
航空客货运输	561	91	68		23
通用航空服务	562	342	32	25	44
航空运输辅助活动	563	5841	28	21	
管道运输业	57	3697	9	64	82
管道运输业	570	3697	9	64	82
装卸搬运和运输代理业	58	14630	2845	1764	2383
装卸搬运	581	6622	250	360	895
运输代理业	582	8008	2595	1404	1488
仓储业	59	6614	790	1341	1375
谷物、棉花等农产品仓储	591	3070	292	734	854
其他仓储业	599	3544	498	607	521
邮政业	60	14575	448	438	480
邮政基本服务	601	11170	25	84	41
快递服务	602	3405	423	354	439
住宿和餐饮业	**H**	**51528**	**1228**	**4150**	**8051**
住宿业	61	34697	796	2845	5226
旅游饭店	611	24955	209	857	2927
一般旅馆	612	8099	461	1500	1970
其他住宿业	619	1643	126	488	329

50-99人	100-299人	300-499人	500-999人	1000-4999人	5000-9999人	10000人及以上
112			560			
1366	1340		660			
3386	7758	3792	8112	1178		
2101	2708	1136	589			
243						
218	437					
12834	19376	6072	6319	7200	5791	
2530	6436	2093	2950		5791	
514	650					
643	1727	1447				
638	1203	749				
774	1640	754	1379	1004		
6583	6491		1081	1182		
650	703	723	909			
121	245			2814		
381	281	306		2200		
10622	**21896**	**9878**	**14084**	**26280**		**105970**
						63651
						63651
7733	15930	4471	8964	12076		42319
688	2272	1596	3131	6670		
1405	3651	1171		2993		
3037	4195	946	2259			42319
2603	5812	758	3574	2413		
56						
56						
51	241			5741		
	241					
51				5741		
83	359			3100		
83	359			3100		
1090	2827	1597	1083	1041		
357	1449	1187	1083	1041		
733	1378	410				
1399	1309	400				
700	490					
699	819	400				
210	1230	3410	4037	4322		
112	753	2917	4037	3201		
98	477	493		1121		
12027	**15067**	**5101**	**3706**	**2198**		
8222	11023	3875	1597	1113		
6052	9790	3523	1597			
1822	1233			1113		
348		352				

1-11 续表 18

行业小类	代码	从业人员数(人)	7人及以下	8-19人	20-49人
餐饮业	62	16831	432	1305	2825
正餐服务	621	11824	275	892	2192
快餐服务	622	2654	44	155	296
饮料及冷饮服务	623	42	11	31	
其他餐饮业	629	2311	102	227	337
信息传输、软件和信息技术服务业	**I**	**40837**	**3242**	**3232**	**4102**
电信、广播电视和卫星传输服务	63	27905	288	623	1545
电信	631	24195	167	153	414
广播电视传输服务	632	3469	108	451	1067
卫星传输服务	633	241	13	19	64
互联网和相关服务	64	2084	562	291	196
互联网接入及相关服务	641	326	92	48	29
互联网信息服务	642	1417	305	166	124
其他互联网服务	649	341	165	77	43
软件和信息技术服务业	65	10848	2392	2318	2361
软件开发	651	4105	877	999	667
信息系统集成服务	652	1749	298	235	357
信息技术咨询服务	653	3566	842	774	748
数据处理和存储服务	654	257	58	49	66
集成电路设计	655	27	12	15	
其他信息技术服务业	659	1144	305	246	523
金融业	**J**	**20887**	**598**	**531**	**717**
货币金融服务	66	19871	518	423	613
中央银行服务	661				
货币银行服务	662	18763			531
非货币银行服务	663	1108	518	423	82
银行监管服务	664				
资本市场服务	67	295	10		48
证券市场服务	671				
期货市场服务	672	237			
证券期货监管服务	673	58	10		48
资本投资服务	674				
其他资本市场服务	679				
保险业	68	210	46	61	26
人身保险	681				
财产保险	682				
再保险	683				
养老金	684				
保险经纪与代理服务	685	133	46	61	26
保险监管服务	686	77			
其他保险活动	689				
其他金融业	69	511	24	47	30
金融信托与管理服务	691	324			
控股公司服务	692				
非金融机构支付服务	693	38	8		30
金融信息服务	694	149	16	47	
其他未列明金融业	699				
房地产业	**K**	**114544**	**7217**	**21091**	**30795**
房地产业	70	114544	7217	21091	30795
房地产开发经营	701	46684	2894	12112	17297

50-99人	100-299人	300-499人	500-999人	1000-4999人	5000-9999人	10000人及以上
3805	4044	1226	2109	1085		
3254	3873	806	532			
263			811	1085		
288	171	420	766			
3461	**6728**	**3790**	**10031**	**6251**		
1417	4902	3430	9449	6251		
740	4526	3430	8514	6251		
532	376		935			
145						
514	161	360				
157						
301	161	360				
56						
1530	1665		582			
449	531		582			
472	387					
455	747					
84						
70						
2139	**9966**	**2068**	**989**	**3879**		
1841	9540	2068	989	3879		
1756	9540	2068	989	3879		
85						
66	171					
66	171					
77						
77						
155	255					
69	255					
86						
19060	**18728**	**6997**	**7545**	**3111**		
19060	18728	6997	7545	3111		
6155	3678	2869	1679			

1-11 续表 19

行业小类	代码	从 业 人员数 (人)	7人及以下	8-19人	20-49人
物业管理	702	55286	1576	5829	10958
房地产中介服务	703	5780	1882	1931	893
自有房地产经营活动	704	4470	572	833	955
其他房地产业	709	2324	293	386	692
租赁和商务服务业	**L**	**203541**	**20930**	**18298**	**18540**
租赁业	71	6657	1567	1006	1014
机械设备租赁	711	6494	1510	956	958
文化及日用品出租	712	163	57	50	56
商务服务业	72	196884	19363	17292	17526
企业管理服务	721	64439	4191	4684	5968
法律服务	722	4595	1043	1771	1189
咨询与调查	723	10333	3511	2834	2312
广告业	724	8572	3954	2282	956
知识产权服务	725	164	78	66	20
人力资源服务	726	68512	1965	1435	1730
旅行社及相关服务	727	6620	1306	1373	1164
安全保护服务	728	16109	266	256	731
其他商务服务业	729	17540	3049	2591	3456
科学研究和技术服务业	**M**	**99957**	**9144**	**16616**	**20182**
研究和试验发展	73	7148	395	836	1411
自然科学研究和试验发展	731	1086	28	104	64
工程和技术研究和试验发展	732	1277	109	249	415
农业科学研究和试验发展	733	3065	130	315	572
医学研究和试验发展	734	390	61	71	104
社会人文科学研究	735	1330	67	97	256
专业技术服务业	74	77942	6191	12472	14593
气象服务	741	3707	245	1063	649
地震服务	742	729	81	140	158
海洋服务	743	26			26
测绘服务	744	2309	272	560	510
质检技术服务	745	8403	993	2373	2800
环境与生态监测	746	2482	173	460	765
地质勘查	747	11280	625	680	952
工程技术	748	34858	1627	3434	5644
其他专业技术服务业	749	14148	2175	3762	3089
科技推广和应用服务业	75	14867	2558	3308	4178
技术推广服务	751	13308	2171	2762	3888
科技中介服务	752	786	163	255	102
其他科技推广和应用服务业	759	773	224	291	188
水利、环境和公共设施管理业	**N**	**54489**	**1567**	**3597**	**5860**
水利管理业	76	22594	598	1498	2680
防洪除涝设施管理	761	958	40	79	125
水资源管理	762	7754	309	566	1238
天然水收集与分配	763	7474	64	258	510
水文服务	764	439	12	46	112
其他水利管理业	769	5969	173	549	695
生态保护和环境治理业	77	3860	296	798	831
生态保护	771	2926	234	689	657
环境治理业	772	934	62	109	174

50-99人	100-299人	300-499人	500-999人	1000-4999人	5000-9999人	10000人及以上
11449	13517	2980	5866	3111		
388	355	331				
594	699	817				
474	479					
11920	**21632**	**12913**	**20007**	**67839**	**11462**	
806	371	1004	889			
806	371	1004	889			
11114	21261	11909	19118	67839	11462	
3392	6100	2954	7254	29896		
399	193					
432	328	301	615			
409	569	402				
2028	4080	2620	7926	35266	11462	
1096	1351	330				
1314	5563	4656	3323			
2044	3077	646		2677		
15238	**21981**	**6850**	**7156**	**2790**		
2377	991	1138				
219	301	370				
358	146					
1586	159	303				
154						
60	385	465				
10488	18540	5712	7156	2790		
1069	681					
		350				
299	668					
1276	961					
484			600			
719	4778	3526				
5246	9089	1187	5841	2790		
1395	2363	649	715			
2373	2450					
2167	2320					
136	130					
70						
7714	**18812**	**4975**	**3261**	**8703**		
2814	9874	1762	1402	1966		
83	274	357				
994	4047		600			
938	3937	965	802			
142	127					
657	1489	440		1966		
494	1441					
442	904					
52	537					

1-11 续表 20

行业小类	代码	从业人员数(人)	7人及以下	8-19人	20-49人
公共设施管理业	78	28035	673	1301	2349
市政设施管理	781	2986	76	180	332
环境卫生管理	782	9447	61	206	622
城乡市容管理	783	1041	55	64	
绿化管理	784	11230	358	532	952
公园和游览景区管理	785	3331	123	319	443
居民服务、修理和其他服务业	**O**	**30847**	**4285**	**5929**	**5257**
居民服务业	79	9450	914	1815	2276
家庭服务	791	2175	177	242	448
托儿所服务	792	1112	44	360	387
洗染服务	793	279	17	74	41
理发及美容服务	794	249	72	30	93
洗浴服务	795	592	20	83	104
保健服务	796	236	35	40	20
婚姻服务	797	162	134	28	
殡葬服务	798	1507	145	240	488
其他居民服务业	799	3138	270	718	695
机动车、电子产品和日用产品修理业	80	12167	2389	3324	2179
汽车、摩托车修理与维护	801	9357	1760	2671	1896
计算机和办公设备维修	802	1165	373	393	124
家用电器修理	803	1207	176	143	48
其他日用产品修理业	809	438	80	117	111
其他服务业	81	9230	982	790	802
清洁服务	811	4074	231	253	221
其他未列明服务业	819	5156	751	537	581
教育	**P**	**376714**	**5281**	**17538**	**44072**
教育	82	376714	5281	17538	44072
学前教育	821	29526	1402	6540	12039
初等教育	822	123519	287	4436	18666
中等教育	823	168001	179	522	6480
高等教育	824	28699	110	245	226
特殊教育	825	1039	57	139	213
技能培训、教育辅助及其他教育	829	25930	3246	5656	6448
卫生和社会工作	**Q**	**176801**	**3430**	**10202**	**29042**
卫生	83	169715	2500	8447	27217
医院	831	124006	112	1229	7284
社区医疗与卫生院	832	29200	1366	4659	14496
门诊部(所)	833	996	157	252	40
计划生育技术服务活动	834	3864	630	1421	958
妇幼保健院(所、站)	835	4099	43	321	1319
专科疾病防治院(所、站)	836	410	14	18	97
疾病预防控制中心	837	6084	112	399	2612
其他卫生活动	839	1056	66	148	411
社会工作	84	7086	930	1755	1825
提供住宿社会工作	841	5631	512	1539	1592
不提供住宿社会工作	842	1455	418	216	233
文化、体育和娱乐业	**R**	**37653**	**6934**	**4829**	**7113**
新闻和出版业	85	6989	158	253	828
新闻业	851	814	31	25	33
出版业	852	6175	127	228	795

50-99人	100-299人	300-499人	500-999人	1000-4999人	5000-9999人	10000人及以上
4406	7497	3213	1859	6737		
820	735	318	525			
735	2380	1498		3945		
383	539					
1802	2852	608	1334	2792		
666	991	789				
2873	**2561**	**1689**	**2363**	**5890**		
1264	1004	1300	877			
263	109	936				
185	136					
147						
54						
157	228					
141						
112	158	364				
205	373		877			
1062	475	389	840	1509		
868	264	389		1509		
64	211					
			840			
130						
547	1082		646	4381		
157	523		646	2043		
390	559			2338		
79137	**173327**	**29166**	**13438**	**14755**		
79137	173327	29166	13438	14755		
7398	2147					
33275	60612	4934	1309			
33467	102898	20080	4375			
1267	3155	2460	6481	14755		
630						
3100	4515	1692	1273			
20569	**27310**	**20697**	**29232**	**25371**	**10948**	
18896	26721	20383	29232	25371	10948	
8891	22248	19199	28724	25371	10948	
6688	1610	381				
297	250					
79	412	364				
1085	823		508			
	281					
1580	942	439				
276	155					
1673	589	314				
1206	468	314				
467	121					
5976	**6973**	**2668**	**2058**	**1102**		
978	1864	1167	639	1102		
269	124	332				
709	1740	835	639	1102		

1-11 续表 21

行业小类	代码	从业人员数(人)	7人及以下	8-19人	20-49人
广播、电视、电影和影视录音制作业	86	10361	639	1102	2204
广播	861	3407	254	337	809
电视	862	4479	78	176	736
电影和影视节目制作	863	773	102	76	135
电影和影视节目发行	864	407	9	32	61
电影放映	865	1228	160	450	463
录音制作	866	67	36	31	
文化艺术业	87	11320	948	2468	2983
文艺创作与表演	871	4615	123	136	1329
艺术表演场馆	872	644	15	91	81
图书馆与档案馆	873	1544	228	778	312
文物及非物质文化遗产保护	874	463	120	222	60
博物馆	875	655	32	113	279
烈士陵园、纪念馆	876	138	12	22	31
群众文化活动	877	2862	329	929	810
其他文化艺术业	879	399	89	177	81
体育	88	2021	264	391	487
体育组织	881	1061	105	203	222
体育场馆	882	194	14	76	47
休闲健身活动	883	601	114	80	116
其他体育	889	165	31	32	102
娱乐业	89	6962	4925	615	611
室内娱乐活动	891	5583	4744	411	324
游乐园	892	184	28	17	139
彩票活动	893	183	22	21	55
文化、娱乐、体育经纪代理	894	167	83	84	
其他娱乐业	899	845	48	82	93
公共管理、社会保障和社会组织	**S**	**770378**	**105138**	**90020**	**130709**
中国共产党机关	90	19288	1739	4366	6622
中国共产党机关	900	19288	1739	4366	6622
国家机构	91	464048	15889	38036	78350
国家权力机构	911	5370	94	645	2719
国家行政机构	912	434541	15401	36257	70109
人民法院和人民检察院	913	17386	61	396	4418
其他国家机构	919	6751	333	738	1104
人民政协、民主党派	92	2529	48	845	1229
人民政协	921	2385	30	719	1229
民主党派	922	144	18	126	
社会保障	93	3861	322	856	1826
社会保障	930	3861	322	856	1826
群众团体、社会团体和其他成员组织	94	165334	51197	11535	13076
群众团体	941	29748	2187	2289	3083
社会团体	942	92087	9593	6791	9054
基金会	943	119	65	26	28
宗教组织	944	43380	39352	2429	911
基层群众自治组织	95	115318	35943	34382	29606
社区自治组织	951	45292	1369	11154	23386
村民自治组织	952	70026	34574	23228	6220
国际组织	**T**				
国际组织	96				
国际组织	960				

50-99人	100-299人	300-499人	500-999人	1000-4999人	5000-9999人	10000人及以上
1678	2317	1002	1419			
510	641	326	530			
804	1120	676	889			
142	318					
67	238					
155						
2676	1746	499				
1840	1187					
	457					
226						
61						
129	102					
73						
295		499				
52						
242	637					
104	427					
57						
81	210					
402	409					
104						
85						
213	409					
119834	**119163**	**46716**	**44486**	**102352**	**11960**	
3249	3312					
3249	3312					
88252	87761	33765	36587	80379	5029	
839	1073					
79278	81085	32326	36587	78469	5029	
7085	4695	731				
1050	908	708		1910		
264	143					
264	143					
745	112					
745	112					
18245	26682	11845	7899	17924	6931	
2391	7009	4897	3489	4403		
15516	19323	6948	4410	13521	6931	
338	350					
9079	1153	1106		4049		
8477	906					
602	247	1106		4049		

1-12 按行业、登记注册

行业小类	法人单位数(个)	内资	国有	集体	股份合作	联营
总　计	**135357**	**135021**	**28083**	**956**	**366**	**303**
农、林、牧、渔业	**4692**	**4690**	**794**	**18**	**8**	**15**
农业	161	161	147	1		
谷物种植	37	37	35			
稻谷种植	11	11	11			
小麦种植	16	16	15			
玉米种植	7	7	7			
其他谷物种植	3	3	2			
豆类、油料和薯类种植	7	7	7			
豆类种植	1	1	1			
油料种植	5	5	5			
薯类种植	1	1	1			
棉、麻、糖、烟草种植	92	92	86			
棉花种植	91	91	85			
麻类种植						
糖料种植	1	1	1			
烟草种植						
蔬菜、食用菌及园艺作物种植	9	9	8			
蔬菜种植	9	9	8			
食用菌种植						
花卉种植						
其他园艺作物种植						
水果种植	14	14	9	1		
仁果类和核果类水果种植	7	7	6			
葡萄种植	3	3	1			
柑橘类种植						
香蕉等亚热带水果种植						
其他水果种植	4	4	2	1		
坚果、含油果、香料和饮料作物种植	1	1	1			
坚果种植						
含油果种植						
香料作物种植	1	1	1			
茶及其他饮料作物种植						
中药材种植						
中药材种植						
其他农业	1	1	1			
其他农业	1	1	1			
林业	9	9	8			
林木育种和育苗	1	1				
林木育种	1	1				
林木育苗						
造林和更新	2	2	2			
造林和更新	2	2	2			
森林经营和管护	5	5	5			
森林经营和管护	5	5	5			
木材和竹材采运	1	1	1			
木材采运	1	1	1			
竹材采运						

类型分组的法人单位数

国有联营	集体联营	国有与集体联营	其他联营	有限责任公司	国有独资	其他有限责任公司	股份有限公司	私营	私营独资
68	**131**	**18**	**86**	**18534**	**645**	**17889**	**1265**	**51762**	**9581**
5	**7**		**3**	**316**	**12**	**304**	**23**	**430**	**103**
				7	2	5	1	2	
				1		1		1	
								1	
				1		1			
				5	2	3	1		
				5	2	3	1		
				1		1		1	
				1		1			
								1	

1-12 续表 1

行业小类	法人单位数(个)	内资	国有	集体	股份合作	联营
林产品采集						
木竹材林产品采集						
非木竹材林产品采集						
畜牧业	20	19	10			1
牲畜饲养	16	16	9			1
牛的饲养	4	4	1			
马的饲养						
猪的饲养	3	3	1			
羊的饲养	9	9	7			1
骆驼饲养						
其他牲畜饲养						
家禽饲养	2	1				
鸡的饲养	2	1				
鸭的饲养						
鹅的饲养						
其他家禽饲养						
狩猎和捕捉动物						
狩猎和捕捉动物						
其他畜牧业	2	2	1			
其他畜牧业	2	2	1			
渔业	2	2				
水产养殖	1	1				
海水养殖						
内陆养殖	1	1				
水产捕捞	1	1				
海水捕捞						
内陆捕捞	1	1				
农、林、牧、渔服务业	4500	4499	629	17	8	14
农业服务业	2952	2951	302	15	7	7
农业机械服务	489	489	83	1		1
灌溉服务	124	124	41	2		
农产品初加工服务	987	986	32	10	4	3
其他农业服务	1352	1352	146	2	3	3
林业服务业	381	381	226	1	1	4
林业有害生物防治服务	50	50	39	1		
森林防火服务	13	13	11			
林产品初级加工服务	39	39				
其他林业服务	279	279	176		1	4
畜牧服务业	1141	1141	93	1		3
畜牧服务业	1141	1141	93	1		3
渔业服务业	26	26	8			
渔业服务业	26	26	8			
采矿业	**2276**	**2260**	**81**	**24**	**8**	**5**
煤炭开采和洗选业	396	391	32	6	2	
烟煤和无烟煤开采洗选	383	378	32	6	1	
烟煤和无烟煤开采洗选	383	378	32	6	1	
褐煤开采洗选						
褐煤开采洗选						

国有联营	集体联营	国有与集体联营	其他联营	有限责任公司	国有独资	其他有限责任公司	股份有限公司	私营	私营独资
1				5		5		1	
1				4		4		1	
				2		2			
				1		1		1	
1				1		1			
				1		1			
				1		1			
				2		2			
				1		1			
				1		1			
				1		1			
				1		1			
4	7		3	302	10	292	22	427	103
	4		3	261	7	254	19	377	85
	1			10		10		20	4
				10		10	1	18	4
	2		1	177	1	176	13	251	49
	1		2	64	6	58	5	88	28
4				19	1	18	1	21	8
				1		1		3	1
				1	1			1	
				6		6		7	4
4				11		11	1	10	3
	3			20	2	18	2	27	9
	3			20	2	18	2	27	9
				2		2		2	1
				2		2		2	1
1			**4**	**834**	**29**	**805**	**34**	**1181**	**328**
				182	15	167	5	149	47
				175	14	161	5	145	46
				175	14	161	5	145	46

1-12 续表 2

行业小类	法人单位数(个)	内资	国有	集体	股份合作	联营
其他煤炭采选	13	13			1	
其他煤炭采选	13	13			1	
石油和天然气开采业	20	19	2			
石油开采	12	12	2			
石油开采	12	12	2			
天然气开采	8	7				
天然气开采	8	7				
黑色金属矿采选业	481	480	10	4	4	2
铁矿采选	434	433	8	3	4	1
铁矿采选	434	433	8	3	4	1
锰矿、铬矿采选	23	23		1		1
锰矿、铬矿采选	23	23		1		1
其他黑色金属矿采选	24	24	2			
其他黑色金属矿采选	24	24	2			
有色金属矿采选业	335	329	7	2	2	
常用有色金属矿采选	212	208	3	1	2	
铜矿采选	126	123	1		1	
铅锌矿采选	43	43				
镍钴矿采选	13	12	2			
锡矿采选						
锑矿采选						
铝矿采选	1	1				
镁矿采选	2	2				
其他常用有色金属矿采选	27	27		1	1	
贵金属矿采选	93	92	2	1		
金矿采选	85	84	1	1		
银矿采选	4	4	1			
其他贵金属矿采选	4	4				
稀有稀土金属矿采选	30	29	2			
钨钼矿采选	10	10	2			
稀土金属矿采选	1					
放射性金属矿采选						
其他稀有金属矿采选	19	19				
非金属矿采选业	723	722	18	11		2
土砂石开采	564	564	7	8		2
石灰石、石膏开采	119	119				
建筑装饰用石开采	68	68	2	1		
耐火土石开采	16	16	2	1		
粘土及其他土砂石开采	361	361	3	6		2
化学矿开采	12	12	1			
化学矿开采	12	12	1			
采盐	12	12	3	1		
采盐	12	12	3	1		
石棉及其他非金属矿采选	135	134	7	2		
石棉、云母矿采选	14	14	4			
石墨、滑石采选	5	5				
宝石、玉石采选	75	75		2		
其他未列明非金属矿采选	41	40	3			
开采辅助活动	205	203	11	1		1
煤炭开采和洗选辅助活动	28	28	5			1
煤炭开采和洗选辅助活动	28	28	5			1

国有联营	集体联营	国有与集体联营	其他联营	有限责任公司	国有独资	其他有限责任公司	股份有限公司	私营	私营独资
				7	1	6		4	1
				7	1	6		4	1
				7		7	5	5	1
				3		3	4	3	
				3		3	4	3	
				4		4	1	2	1
				4		4	1	2	1
			2	210	4	206	6	236	34
			1	185	4	181	4	221	32
			1	185	4	181	4	221	32
			1	9		9		12	2
			1	9		9		12	2
				16		16	2	3	
				16		16	2	3	
				159	2	157	5	145	38
				105	1	104	4	89	23
				56	1	55	2	60	16
				30		30		13	3
				3		3	1	6	
				1		1			
								2	
				15		15	1	8	4
				36		36	1	51	15
				31		31	1	49	15
				1		1		2	
				4		4			
				18	1	17		5	
				4		4		4	
				14	1	13		1	
			2	184	5	179	8	443	173
			2	127	5	122	6	364	152
				35	2	33	2	71	22
				18		18	1	41	8
				4	1	3	1	6	1
			2	70	2	68	2	246	121
				3		3		8	1
				3		3		8	1
				5		5		3	1
				5		5		3	1
				49		49	2	68	19
				1		1		9	3
								5	1
				33		33		36	12
				15		15	2	18	3
1				45	2	43	5	139	20
1				8	1	7		13	5
1				8	1	7		13	5

1-12 续表 3

行业小类	法人单位数(个)	内资	国有	集体	股份合作	联营
石油和天然气开采辅助活动	158	156	4	1		
石油和天然气开采辅助活动	158	156	4	1		
其他开采辅助活动	19	19	2			
其他开采辅助活动	19	19	2			
其他采矿业	116	116	1			
其他采矿业	116	116	1			
其他采矿业	116	116	1			
制造业	**12382**	**12266**	**236**	**122**	**50**	**16**
农副食品加工业	1385	1366	46	9	6	1
谷物磨制	191	191	11	4	1	
谷物磨制	191	191	11	4	1	
饲料加工	95	92	5	1		
饲料加工	95	92	5	1		
植物油加工	310	306	10		3	
食用植物油加工	295	291	10		3	
非食用植物油加工	15	15				
制糖业	18	18				
制糖业	18	18				
屠宰及肉类加工	183	181	5	1	1	
牲畜屠宰	94	94	3	1		
禽类屠宰	18	18	1			
肉制品及副产品加工	71	69	1		1	
水产品加工	13	13	1		1	
水产品冷冻加工	7	7	1			
鱼糜制品及水产品干腌制加工	3	3			1	
水产饲料制造	2	2				
鱼油提取及制品制造						
其他水产品加工	1	1				
蔬菜、水果和坚果加工	370	364	11	1		1
蔬菜加工	64	63	4			
水果和坚果加工	306	301	7	1		1
其他农副食品加工	205	201	3	2		
淀粉及淀粉制品制造	42	42		1		
豆制品制造	16	16		1		
蛋品加工	3	3				
其他未列明农副食品加工	144	140	3			
食品制造业	488	472	13	5		
焙烤食品制造	78	75	2			
糕点、面包制造	54	53	1			
饼干及其他焙烤食品制造	24	22	1			
糖果、巧克力及蜜饯制造	20	19				
糖果、巧克力制造	17	16				
蜜饯制作	3	3				
方便食品制造	44	41	1	1		
米、面制品制造	25	25	1	1		
速冻食品制造	2	2				
方便面及其他方便食品制造	17	14				

国有联营	集体联营	国有与集体联营	其他联营	有限责任公司	国有独资	其他有限责任公司	股份有限公司	私营	私营独资
				32	1	31	5	114	12
				32	1	31	5	114	12
				5		5		12	3
				5		5		12	3
				47	1	46		64	15
				47	1	46		64	15
				47	1	46		64	15
	6	**3**	**7**	**3512**	**62**	**3450**	**228**	**7291**	**1770**
	1			430	15	415	34	697	142
				53	5	48	4	102	36
				53	5	48	4	102	36
				39	2	37	2	41	7
				39	2	37	2	41	7
				121	3	118	9	150	18
				118	3	115	9	139	17
				3		3		11	1
				9	3	6	4	4	1
				9	3	6	4	4	1
				53	2	51	5	97	28
				31	2	29	2	48	15
				5		5	1	8	2
				17		17	2	41	11
				1		1		10	2
				1		1		5	
								2	1
								2	
								1	1
	1			96		96	8	182	27
				13		13	2	37	4
	1			83		83	6	145	23
				58		58	2	111	23
				16		16	1	21	7
				2		2		11	2
				2		2		1	
				38		38	1	78	14
				166	6	160	21	244	60
				20		20		52	13
				13		13		39	8
				7		7		13	5
				6		6		11	5
				4		4		10	5
				2		2		1	
				12	1	11		19	4
				5		5		12	3
				2		2			
				5	1	4		7	1

1-12 续表 4

行业小类	法人单位数(个)	内资	国有	集体	股份合作	联营
乳制品制造	61	59	2			
乳制品制造	61	59	2			
罐头食品制造	128	122	4			
肉、禽类罐头制造	5	5				
水产品罐头制造						
蔬菜、水果罐头制造	122	116	4			
其他罐头食品制造	1	1				
调味品、发酵制品制造	31	30	1	2		
味精制造	5	5	1			
酱油、食醋及类似制品制造	15	15		2		
其他调味品、发酵制品制造	11	10				
其他食品制造	126	126	3	2		
营养食品制造	28	28				
保健食品制造	18	18	1	1		
冷冻饮品及食用冰制造	12	12				
盐加工	12	12	1	1		
食品及饲料添加剂制造	28	28				
其他未列明食品制造	28	28	1			
酒、饮料和精制茶制造业	411	393	14	3	2	
酒的制造	245	240	8		1	
酒精制造	9	9	1			
白酒制造	107	107	2		1	
啤酒制造	17	12	1			
黄酒制造	1	1				
葡萄酒制造	95	95	4			
其他酒制造	16	16				
饮料制造	152	139	6	2	1	
碳酸饮料制造	14	12				
瓶(罐)装饮用水制造	67	65	5	2	1	
果菜汁及果菜汁饮料制造	46	43	1			
含乳饮料和植物蛋白饮料制造	7	6				
固体饮料制造						
茶饮料及其他饮料制造	18	13				
精制茶加工	14	14		1		
精制茶加工	14	14		1		
烟草制品业	1	1				
烟叶复烤						
烟叶复烤						
卷烟制造	1	1				
卷烟制造	1	1				
其他烟草制品制造						
其他烟草制品制造						
纺织业	348	339	6	5	2	
棉纺织及印染精加工	202	193	5	1	1	
棉纺纱加工	174	165	5	1	1	
棉织造加工	27	27				
棉印染精加工	1	1				
毛纺织及染整精加工	21	21				
毛条和毛纱线加工	10	10				
毛织造加工	10	10				
毛染整精加工	1	1				

国有联营	集体联营	国有与集体联营	其他联营	有限责任公司	国有独资	其他有限责任公司	股份有限公司	私营	私营独资
				28	3	25	2	25	4
				28	3	25	2	25	4
				40		40	11	62	8
				1		1	1	2	
				39		39	10	59	7
								1	1
				9		9	1	16	7
				2		2		2	
				2		2	1	9	5
				5		5		5	2
				51	2	49	7	59	19
				12		12	3	12	4
				5	1	4	2	9	3
				4		4		8	3
				7		7	1	2	2
				11	1	10	1	16	2
				12		12		12	5
				104	2	102	6	246	60
				70	2	68	4	149	34
				2		2		6	1
				35	1	34	2	64	23
				5		5		6	
								1	
				27	1	26	2	58	7
				1		1		14	3
				33		33	2	85	23
				1		1	1	10	4
				12		12		36	9
				14		14	1	26	6
				3		3		3	1
				3		3		10	3
				1		1		12	3
				1		1		12	3
				1	1				
				1	1				
				1	1				
				126	2	124	10	159	33
				85	1	84	6	84	14
				70	1	69	6	72	8
				15		15		11	6
								1	
				9	1	8	1	8	1
				3	1	2	1	5	1
				6		6		2	
								1	

1-12 续表 5

行业小类	法人单位数(个)	内资	国有	集体	股份合作	联营
麻纺织及染整精加工	11	11	1	1	1	
麻纤维纺前加工和纺纱	10	10	1	1	1	
麻织造加工	1	1				
麻染整精加工						
丝绢纺织及印染精加工	6	6				
缫丝加工						
绢纺和丝织加工	6	6				
丝印染精加工						
化纤织造及印染精加工	5	5				
化纤织造加工	5	5				
化纤织物染整精加工						
针织或钩针编织物及其制品制造	30	30		1		
针织或钩针编织物织造	16	16		1		
针织或钩针编织物印染精加工	3	3				
针织或钩针编织品制造	11	11				
家用纺织制成品制造	33	33				
床上用品制造	18	18				
毛巾类制品制造	3	3				
窗帘、布艺类产品制造	2	2				
其他家用纺织制成品制造	10	10				
非家用纺织制成品制造	40	40		2		
非织造布制造	3	3		1		
绳、索、缆制造	1	1				
纺织带和帘子布制造	3	3				
篷、帆布制造	19	19		1		
其他非家用纺织制成品制造	14	14				
纺织服装、服饰业	168	168	5	8		
机织服装制造	89	89	4	7		
机织服装制造	89	89	4	7		
针织或钩针编织服装制造	15	15				
针织或钩针编织服装制造	15	15				
服饰制造	64	64	1	1		
服饰制造	64	64	1	1		
皮革、毛皮、羽毛及其制品和制鞋业	50	50	1	1	2	
皮革鞣制加工	9	9			1	
皮革鞣制加工	9	9			1	
皮革制品制造	15	15				
皮革服装制造	8	8				
皮箱、包(袋)制造	1	1				
皮手套及皮装饰制品制造	1	1				
其他皮革制品制造	5	5				
毛皮鞣制及制品加工	12	12	1			
毛皮鞣制加工	6	6				
毛皮服装加工	3	3	1			
其他毛皮制品加工	3	3				
羽毛(绒)加工及制品制造	7	7		1		
羽毛(绒)加工	3	3				
羽毛(绒)制品加工	4	4		1		

国有联营	集体联营	国有与集体联营	其他联营	有限责任公司	国有独资	其他有限责任公司	股份有限公司	私营	私营独资
				5		5		3	1
				5		5		2	
								1	1
				4		4			
				4		4			
				2		2	1	2	
				2		2	1	2	
				7		7	1	14	2
				2		2		10	1
				2		2		1	
				3		3	1	3	1
				7		7	1	19	4
				2		2	1	15	2
				2		2		1	
								2	1
				3		3		1	1
				7		7		29	11
								2	1
								3	
				2		2		16	7
				5		5		8	3
				32	3	29		106	23
				22	3	19		52	9
				22	3	19		52	9
				3		3		8	4
				3		3		8	4
				7		7		46	10
				7		7		46	10
				10		10	1	34	11
				3		3	1	4	2
				3		3	1	4	2
								15	4
								8	1
								1	
								1	1
								5	2
				4		4		6	
				3		3		2	
								2	
				1		1		2	
								6	4
								3	1
								3	3

1-12 续表 6

行业小类	法人单位数(个)	内资				
			国有	集体	股份合作	联营
制鞋业	7	7			1	
纺织面料鞋制造						
皮鞋制造	5	5			1	
塑料鞋制造	1	1				
橡胶鞋制造						
其他制鞋业	1	1				
木材加工和木、竹、藤、棕、草制品业	225	225	5	1		1
木材加工	77	77	3			
锯材加工	32	32	2			
木片加工	16	16	1			
单板加工	5	5				
其他木材加工	24	24				
人造板制造	68	68		1		
胶合板制造	23	23				
纤维板制造	20	20				
刨花板制造	6	6		1		
其他人造板制造	19	19				
木制品制造	69	69	2			1
建筑用木料及木材组件加工	33	33	2			1
木门窗、楼梯制造	16	16				
地板制造	3	3				
木制容器制造	10	10				
软木制品及其他木制品制造	7	7				
竹、藤、棕、草等制品制造	11	11				
竹制品制造						
藤制品制造						
棕制品制造						
草及其他制品制造	11	11				
家具制造业	133	132	2	1		
木质家具制造	89	88	2			
木质家具制造	89	88	2			
竹、藤家具制造	1	1				
竹、藤家具制造	1	1				
金属家具制造	27	27		1		
金属家具制造	27	27		1		
塑料家具制造	5	5				
塑料家具制造	5	5				
其他家具制造	11	11				
其他家具制造	11	11				
造纸和纸制品业	231	225	2	2		
纸浆制造	4	4				
木竹浆制造	2	2				
非木竹浆制造	2	2				
造纸	66	65				
机制纸及纸板制造	46	45				
手工纸制造	1	1				
加工纸制造	19	19				
纸制品制造	161	156	2	2		
纸和纸板容器制造	108	105		2		
其他纸制品制造	53	51	2			

国有联营	集体联营	国有与集体联营	其他联营	有限责任公司	国有独资	其他有限责任公司	股份有限公司	私营	私营独资
				3		3		3	1
				2		2		2	1
								1	
				1		1			
	1			38		38	2	150	58
				11		11	1	53	25
				4		4	1	21	13
				3		3		8	2
								5	
				4		4		19	10
				18		18	1	45	16
				5		5	1	16	7
				8		8		11	4
								5	1
				5		5		13	4
	1			9		9		45	13
	1			4		4		18	5
				4		4		12	3
								3	1
								7	3
				1		1		5	1
								7	4
								7	4
				24	1	23	1	99	24
				13	1	12	1	68	17
				13	1	12	1	68	17
								1	
								1	
				6		6		19	5
				6		6		19	5
				3		3		2	1
				3		3		2	1
				2		2		9	1
				2		2		9	1
				59	1	58	5	151	39
				2		2		2	
								2	
				2		2			
				22		22	3	38	8
				15		15	3	27	6
								1	
				7		7		10	2
				35	1	34	2	111	31
				30	1	29	1	70	20
				5		5	1	41	11

1-12 续表 7

行业小类	法人单位数(个)					
		内资				
			国有	集体	股份合作	联营
印刷和记录媒介复制业	328	328	29	10	4	
印刷	276	276	26	8	3	
书、报刊印刷	122	122	21	4	1	
本册印制	46	46	3	3	1	
包装装潢及其他印刷	108	108	2	1	1	
装订及印刷相关服务	52	52	3	2	1	
装订及印刷相关服务	52	52	3	2	1	
记录媒介复制						
记录媒介复制						
文教、工美、体育和娱乐用品制造业	341	338	1	5	1	
文教办公用品制造	13	13	1	1		
文具制造	3	3				
笔的制造	2	2				
教学用模型及教具制造	3	3				
墨水、墨汁制造	1	1	1			
其他文教办公用品制造	4	4		1		
乐器制造	1	1				
中乐器制造						
西乐器制造						
电子乐器制造						
其他乐器及零件制造	1	1				
工艺美术品制造	319	316		4	1	
雕塑工艺品制造	20	20			1	
金属工艺品制造	9	9				
漆器工艺品制造						
花画工艺品制造	3	3				
天然植物纤维编织工艺品制造	2	2				
抽纱刺绣工艺品制造	156	156				
地毯、挂毯制造	99	96		4		
珠宝首饰及有关物品制造	10	10				
其他工艺美术品制造	20	20				
体育用品制造	6	6				
球类制造	1	1				
体育器材及配件制造	1	1				
训练健身器材制造	3	3				
运动防护用具制造						
其他体育用品制造	1	1				
玩具制造	1	1				
玩具制造	1	1				
游艺器材及娱乐用品制造	1	1				
露天游乐场所游乐设备制造	1	1				
游艺用品及室内游艺器材制造						
其他娱乐用品制造						
石油加工、炼焦和核燃料加工业	241	238		3	2	
精炼石油产品制造	124	123		3	1	
原油加工及石油制品制造	116	115		3	1	
人造原油制造	8	8				

国有联营	集体联营	国有与集体联营	其他联营	有限责任公司	国有独资	其他有限责任公司	股份有限公司	私营	私营独资
				49		49	6	222	71
				39		39	5	188	60
				19		19	2	72	28
				3		3	1	33	15
				17		17	2	83	17
				10		10	1	34	11
				10		10	1	34	11
				39		39		88	30
				1		1		10	3
								3	1
				1		1		1	
								3	1
								3	1
				1		1			
				1		1			
				36		36		71	26
				6		6		8	2
				4		4		4	1
								3	1
								1	
				6		6		11	3
				16		16		27	13
				1		1		8	3
				3		3		9	3
				1		1		5	1
								1	
								1	1
								3	
				1		1			
								1	
								1	
								1	
								1	
				86	2	84	15	128	12
				26	1	25	13	78	6
				24	1	23	13	72	2
				2		2		6	4

1-12 续表 8

行业小类	法人单位数(个)	内资				
			国有	集体	股份合作	联营
炼焦	116	114			1	
炼焦	116	114			1	
核燃料加工	1	1				
核燃料加工	1	1				
化学原料和化学制品制造业	870	860	16	7	7	2
基础化学原料制造	158	156	5	4		2
无机酸制造	20	20				
无机碱制造	9	9	1	1		
无机盐制造	36	36		2		2
有机化学原料制造	38	37	3	1		
其他基础化学原料制造	55	54	1			
肥料制造	302	296	7	1	4	
氮肥制造	24	23	1			
磷肥制造	3	3				
钾肥制造	18	18				
复混肥料制造	99	97	2	1	2	
有机肥料及微生物肥料制造	123	120	3		2	
其他肥料制造	35	35	1			
农药制造	13	13				
化学农药制造	8	8				
生物化学农药及微生物农药制造	5	5				
涂料、油墨、颜料及类似产品制造	80	80	1			
涂料制造	72	72	1			
油墨及类似产品制造	2	2				
颜料制造						
染料制造						
密封用填料及类似品制造	6	6				
合成材料制造	52	52			1	
初级形态塑料及合成树脂制造	25	25				
合成橡胶制造	7	7				
合成纤维单(聚合)体制造	5	5				
其他合成材料制造	15	15			1	
专用化学产品制造	199	197	1	2	2	
化学试剂和助剂制造	111	110	1	1	1	
专项化学用品制造	48	48		1		
林产化学产品制造	3	3				
信息化学品制造	2	1				
环境污染处理专用药剂材料制造	7	7				
动物胶制造	6	6				
其他专用化学产品制造	22	22			1	
炸药、火工及焰火产品制造	19	19	1			
炸药及火工产品制造	17	17				
焰火、鞭炮产品制造	2	2	1			
日用化学产品制造	47	47	1			
肥皂及合成洗涤剂制造	16	16				
化妆品制造	9	9				
口腔清洁用品制造	1	1				
香料、香精制造	15	15	1			
其他日用化学产品制造	6	6				

国有联营	集体联营	国有与集体联营	其他联营	有限责任公司	国有独资	其他有限责任公司	股份有限公司	私营	私营独资
				59	1	58	2	50	6
				59	1	58	2	50	6
				1		1			
				1		1			
	1		1	288	9	279	21	492	80
	1		1	51	3	48	7	84	19
				7		7	2	11	5
				4	1	3	1	2	1
	1		1	11	2	9	2	19	2
				14		14	1	18	3
				15		15	1	34	8
				100	2	98	6	163	31
				10	1	9		10	2
				2		2		1	
				7		7		10	1
				30		30	4	53	9
				42	1	41	1	67	13
				9		9	1	22	6
				9		9		2	
				6		6			
				3		3		2	
				22		22		55	7
				20		20		50	7
				2		2			
								5	
				22		22	4	24	3
				15		15	2	8	1
				1		1	1	4	
				3		3		2	1
				3		3	1	10	1
				50	1	49	2	136	16
				34	1	33		71	8
				8		8		39	3
				1		1		2	
				1		1			
							1	5	
				1		1	1	4	
				5		5		15	5
				11	3	8	2	5	
				11	3	8	2	4	
								1	
				23		23		23	4
				9		9		7	2
				3		3		6	1
								1	
				7		7		7	
				4		4		2	1

1-12 续表 9

行业小类	法人单位数(个)					
		内资	国有	集体	股份合作	联营
医药制造业	125	122	1			
化学药品原料药制造	13	13				
化学药品原料药制造	13	13				
化学药品制剂制造	7	6	1			
化学药品制剂制造	7	6	1			
中药饮片加工	28	28				
中药饮片加工	28	28				
中成药生产	36	34				
中成药生产	36	34				
兽用药品制造	6	6				
兽用药品制造	6	6				
生物药品制造	22	22				
生物药品制造	22	22				
卫生材料及医药用品制造	13	13				
卫生材料及医药用品制造	13	13				
化学纤维制造业	29	29		1		
纤维素纤维原料及纤维制造	24	24				
化纤浆粕制造	13	13				
人造纤维(纤维素纤维)制造	11	11				
合成纤维制造	5	5		1		
锦纶纤维制造	1	1		1		
涤纶纤维制造	1	1				
腈纶纤维制造						
维纶纤维制造	1	1				
丙纶纤维制造	1	1				
氨纶纤维制造	1	1				
其他合成纤维制造						
橡胶和塑料制品业	1180	1174	13	5	3	2
橡胶制品业	67	67	2			1
轮胎制造	7	7				
橡胶板、管、带制造	35	35	2			
橡胶零件制造	7	7				
再生橡胶制造	5	5				
日用及医用橡胶制品制造	1	1				
其他橡胶制品制造	12	12				1
塑料制品业	1113	1107	11	5	3	1
塑料薄膜制造	152	151	2	2	1	
塑料板、管、型材制造	503	501	3		2	1
塑料丝、绳及编织品制造	94	94	2	2		
泡沫塑料制造	82	81				
塑料人造革、合成革制造						
塑料包装箱及容器制造	63	62	2			
日用塑料制品制造	97	96	1	1		
塑料零件制造	7	7				
其他塑料制品制造	115	115	1			
非金属矿物制品业	2965	2961	42	28	13	8
水泥、石灰和石膏制造	258	258	8			1
水泥制造	181	181	8			1
石灰和石膏制造	77	77				

国有联营	集体联营	国有与集体联营	其他联营	有限责任公司	国有独资	其他有限责任公司	股份有限公司	私营	私营独资
				48	1	47	3	65	11
				8		8	1	4	1
				8		8	1	4	1
				3	1	2	1	1	
				3	1	2	1	1	
				7		7	1	19	
				7		7	1	19	
				20		20		13	4
				20		20		13	4
				1		1		5	3
				1		1		5	3
				8		8		14	1
				8		8		14	1
				1		1		9	2
				1		1		9	2
				15		15	1	12	2
				13		13	1	10	2
				8		8		5	
				5		5	1	5	2
				2		2		2	
				1		1			
								1	
				1		1			
								1	
	1		1	305	2	303	12	779	165
			1	18		18	1	43	10
				2		2		5	1
				11		11	1	20	6
				2		2		5	2
				3		3		2	
								1	
			1					10	1
	1			287	2	285	11	736	155
				49		49	6	82	21
	1			136	2	134	4	329	70
				23		23		63	5
				15		15		66	13
				17		17		41	13
				21		21		67	16
				1		1		6	4
				25		25	1	82	13
	2	2	4	910	9	901	40	1775	614
			1	126	3	123	7	111	20
			1	99	3	96	7	64	9
				27		27		47	11

1-12 续表 10

行业小类	法人单位数(个)	内资	国有	集体	股份合作	联营
石膏、水泥制品及类似制品制造	731	731	9	5	8	1
水泥制品制造	537	537	7	4	4	1
砼结构构件制造	54	54		1		
石棉水泥制品制造	5	5				
轻质建筑材料制造	90	90	2		1	
其他水泥类似制品制造	45	45			3	
砖瓦、石材等建筑材料制造	1709	1708	21	22	5	6
粘土砖瓦及建筑砌块制造	1025	1024	17	19	4	5
建筑陶瓷制品制造	30	30	1			
建筑用石加工	327	327	2	2		
防水建筑材料制造	54	54		1		
隔热和隔音材料制造	126	126				
其他建筑材料制造	147	147	1		1	1
玻璃制造	38	38				
平板玻璃制造	23	23				
其他玻璃制造	15	15				
玻璃制品制造	48	48	2			
技术玻璃制品制造	9	9				
光学玻璃制造	1	1				
玻璃仪器制造	1	1				
日用玻璃制品制造	7	7	1			
玻璃包装容器制造	11	11	1			
玻璃保温容器制造	3	3				
制镜及类似品加工	3	3				
其他玻璃制品制造	13	13				
玻璃纤维和玻璃纤维增强塑料制品制造	43	41	1			
玻璃纤维及制品制造	14	14				
玻璃纤维增强塑料制品制造	29	27	1			
陶瓷制品制造	17	17				
卫生陶瓷制品制造	3	3				
特种陶瓷制品制造	2	2				
日用陶瓷制品制造	6	6				
园林、陈设艺术及其他陶瓷制品制造	6	6				
耐火材料制品制造	52	52	1	1		
石棉制品制造	8	8				
云母制品制造	2	2	1			
耐火陶瓷制品及其他耐火材料制造	42	42		1		
石墨及其他非金属矿物制品制造	69	68				
石墨及碳素制品制造	24	24				
其他非金属矿物制品制造	45	44				
黑色金属冶炼和压延加工业	254	251	3	2	2	
炼铁	61	61	1			
炼铁	61	61	1			
炼钢	14	14				
炼钢	14	14				
黑色金属铸造	47	47			1	
黑色金属铸造	47	47			1	
钢压延加工	107	106	1	2	1	
钢压延加工	107	106	1	2	1	

国有联营	集体联营	国有与集体联营	其他联营	有限责任公司	国有独资	其他有限责任公司	股份有限公司	私营	私营独资
			1	276	5	271	12	395	85
			1	206	3	203	9	288	57
				22	1	21	1	28	7
				1		1		4	1
				34	1	33		49	11
				13		13	2	26	9
	2	2	2	420	1	419	16	1106	480
	2	1	2	216	1	215	9	660	413
				7		7	1	19	4
				107		107	2	204	21
				17		17		34	10
				25		25	4	95	13
		1		48		48		94	19
				14		14	1	22	6
				9		9		13	4
				5		5	1	9	2
				13		13		32	5
				5		5		4	2
								1	
								1	
				1		1		5	
				2		2		7	1
								3	
				1		1		2	
				4		4		9	2
				12		12		28	8
				4		4		10	5
				8		8		18	3
				7		7	1	9	1
				1		1		2	
				1		1		1	1
				3		3	1	2	
				2		2		4	
				14		14	2	34	7
				2		2		6	1
								1	1
				12		12	2	27	5
				28		28	1	38	2
				16		16		7	
				12		12	1	31	2
				94	2	92	4	142	33
				26		26		32	8
				26		26		32	8
				10		10		4	
				10		10		4	
				9		9		36	11
				9		9		36	11
				34	2	32	3	64	13
				34	2	32	3	64	13

1-12 续表 11

行业小类	法人单位数(个)	内资	国有	集体	股份合作	联营
铁合金冶炼	25	23	1			
铁合金冶炼	25	23	1			
有色金属冶炼和压延加工业	125	124	3	2		
常用有色金属冶炼	40	40				
铜冶炼	13	13				
铅锌冶炼	6	6				
镍钴冶炼	2	2				
锡冶炼						
锑冶炼						
铝冶炼	10	10				
镁冶炼	3	3				
其他常用有色金属冶炼	6	6				
贵金属冶炼	17	16	1	2		
金冶炼	16	15	1	2		
银冶炼						
其他贵金属冶炼	1	1				
稀有稀土金属冶炼	11	11	1			
钨钼冶炼						
稀土金属冶炼						
其他稀有金属冶炼	11	11	1			
有色金属合金制造	14	14				
有色金属合金制造	14	14				
有色金属铸造	7	7				
有色金属铸造	7	7				
有色金属压延加工	36	36	1			
铜压延加工	7	7				
铝压延加工	15	15				
贵金属压延加工						
稀有稀土金属压延加工						
其他有色金属压延加工	14	14	1			
金属制品业	942	940	13	10		1
结构性金属制品制造	608	607	6	4		1
金属结构制造	415	414		3		
金属门窗制造	193	193	6	1		1
金属工具制造	57	57	2	1		
切削工具制造	7	7				
手工具制造	3	3				
农用及园林用金属工具制造	23	23	1	1		
刀剪及类似日用金属工具制造	3	3				
其他金属工具制造	21	21	1			
集装箱及金属包装容器制造	48	47	2			
集装箱制造	1	1				
金属压力容器制造	19	19	2			
金属包装容器制造	28	27				
金属丝绳及其制品制造	20	20	2	1		
金属丝绳及其制品制造	20	20	2	1		
建筑、安全用金属制品制造	81	81				
建筑、家具用金属配件制造	18	18				
建筑装饰及水暖管道零件制造	34	34				
安全、消防用金属制品制造	16	16				
其他建筑、安全用金属制品制造	13	13				

国有联营	集体联营	国有与集体联营	其他联营	有限责任公司	国有独资	其他有限责任公司	股份有限公司	私营	私营独资
				15		15	1	6	1
				15		15	1	6	1
				54	1	53	4	58	3
				18		18	2	20	
				6		6		7	
				2		2		4	
				1		1	1		
				5		5	1	4	
								3	
				4		4		2	
				10	1	9		3	
				9	1	8		3	
				1		1			
				1		1		9	
				1		1		9	
				8		8	1	5	1
				8		8	1	5	1
				4		4		3	1
				4		4		3	1
				13		13	1	18	1
				3		3		4	1
				6		6	1	8	
				4		4		6	
			1	229		229	17	629	102
			1	148		148	9	413	60
				112		112	9	278	32
			1	36		36		135	28
				13		13	3	33	11
							1	6	3
				3		3			
				5		5		12	4
							1	1	1
				5		5	1	14	3
				8		8	2	34	6
								1	
				4		4	1	12	3
				4		4	1	21	3
				4		4	1	10	4
				4		4	1	10	4
				25		25		54	11
				3		3		15	3
				15		15		19	5
				6		6		9	1
				1		1		11	2

1-12 续表 12

行业小类	法人单位数（个）	内资				
			国有	集体	股份合作	联营
金属表面处理及热处理加工	26	26				
金属表面处理及热处理加工	26	26				
搪瓷制品制造						
生产专用搪瓷制品制造						
建筑装饰搪瓷制品制造						
搪瓷卫生洁具制造						
搪瓷日用品及其他搪瓷制品制造						
金属制日用品制造	21	21		1		
金属制厨房用器具制造	11	11				
金属制餐具和器皿制造						
金属制卫生器具制造						
其他金属制日用品制造	10	10		1		
其他金属制品制造	81	81	1	3		
锻件及粉末冶金制品制造	16	16	1			
交通及公共管理用金属标牌制造	19	19		1		
其他未列明金属制品制造	46	46		2		
通用设备制造业	380	379	8	5	1	1
锅炉及原动设备制造	71	71		1		
锅炉及辅助设备制造	66	66		1		
内燃机及配件制造	2	2				
汽轮机及辅机制造						
水轮机及辅机制造						
风能原动设备制造	1	1				
其他原动设备制造	2	2				
金属加工机械制造	75	75	2			
金属切削机床制造	9	9	1			
金属成形机床制造	1	1				
铸造机械制造	10	10				
金属切割及焊接设备制造	3	3				
机床附件制造						
其他金属加工机械制造	52	52	1			
物料搬运设备制造	35	35	1			
轻小型起重设备制造	2	2				
起重机制造	16	16				
生产专用车辆制造	3	3				
连续搬运设备制造	4	4	1			
电梯、自动扶梯及升降机制造	9	9				
其他物料搬运设备制造	1	1				
泵、阀门、压缩机及类似机械制造	16	16				
泵及真空设备制造	10	10				
气体压缩机械制造	3	3				
阀门和旋塞制造	2	2				
液压和气压动力机械及元件制造	1	1				
轴承、齿轮和传动部件制造	7	7	1			
轴承制造	3	3				
齿轮及齿轮减、变速箱制造	3	3				
其他传动部件制造	1	1	1			

国有联营	集体联营	国有与集体联营	其他联营	有限责任公司	国有独资	其他有限责任公司	股份有限公司	私营	私营独资
				6		6		20	2
				6		6		20	2
				4		4		15	2
				2		2		9	2
				2		2		6	
				21		21	2	50	6
				2		2		13	3
				6		6		12	1
				13		13	2	25	2
		1		90		90	6	259	53
				18		18	2	48	12
				15		15	2	46	12
				1		1		1	
				1		1			
				1		1		1	
				19		19	1	52	11
				3		3		5	1
								1	
				2		2		8	5
				1		1	1	1	
				13		13		37	5
				11		11	1	20	2
								2	1
				5		5	1	10	1
				1		1		2	
				1		1		2	
				4		4		3	
								1	
				2		2		14	3
				2		2		8	1
								3	2
								2	
								1	
				2		2		4	
				1		1		2	
				1		1		2	

1-12 续表 13

行业小类	法人单位数(个)	内资	国有	集体	股份合作	联营
烘炉、风机、衡器、包装等设备制造	43	42				
烘炉、熔炉及电炉制造	3	3				
风机、风扇制造	15	15				
气体、液体分离及纯净设备制造	4	3				
制冷、空调设备制造	5	5				
风动和电动工具制造	5	5				
喷枪及类似器具制造						
衡器制造	9	9				
包装专用设备制造	2	2				
文化、办公用机械制造	3	3				
电影机械制造						
幻灯及投影设备制造						
照相机及器材制造	1	1				
复印和胶印设备制造	2	2				
计算器及货币专用设备制造						
其他文化、办公用机械制造						
通用零部件制造	116	116	4	4	1	1
金属密封件制造	9	9	1			1
紧固件制造	7	7				
弹簧制造	3	3		2		
机械零部件加工	92	92	2	2	1	
其他通用零部件制造	5	5	1			
其他通用设备制造业	14	14				
其他通用设备制造业	14	14				
专用设备制造业	491	486	5	3	4	
采矿、冶金、建筑专用设备制造	146	144	3		1	
矿山机械制造	50	50	2			
石油钻采专用设备制造	30	28	1			
建筑工程用机械制造	21	21				
海洋工程专用设备制造						
建筑材料生产专用机械制造	43	43			1	
冶金专用设备制造	2	2				
化工、木材、非金属加工专用设备制造	50	48				
炼油、化工生产专用设备制造	14	14				
橡胶加工专用设备制造	1	1				
塑料加工专用设备制造	9	8				
木材加工机械制造	4	4				
模具制造	11	11				
其他非金属加工专用设备制造	11	10				
食品、饮料、烟草及饲料生产专用设备制造	15	15				
食品、酒、饮料及茶生产专用设备制造	3	3				
农副食品加工专用设备制造	9	9				
烟草生产专用设备制造						
饲料生产专用设备制造	3	3				
印刷、制药、日化及日用品生产专用设备制造	17	17		1		
制浆和造纸专用设备制造	1	1				
印刷专用设备制造	1	1				
日用化工专用设备制造	4	4				

国有联营	集体联营	国有与集体联营	其他联营	有限责任公司	国有独资	其他有限责任公司	股份有限公司	私营	私营独资
				13		13		28	6
				1		1		2	1
				2		2		12	
				1		1		2	
				1		1		4	2
				3		3		2	
				4		4		5	2
				1		1		1	1
				2		2		1	
				1		1			
				1		1		1	
		1		20		20	2	81	18
		1		1		1		4	1
				1		1	1	4	2
								1	
				18		18	1	68	14
								4	1
				3		3		11	1
				3		3		11	1
				141	3	138	8	308	63
				41	2	39		95	12
				15	2	13		33	2
				8		8		19	3
				6		6		13	1
				12		12		28	6
								2	
				11		11	3	33	7
				2		2	3	8	2
								1	
				3		3		5	
				2		2		2	
				1		1		10	2
				3		3		7	3
				5		5		9	3
				2		2		1	1
				2		2		6	1
				1		1		2	1
				3		3	1	12	3
								1	
								1	
				2		2		2	

1-12　续表 14

行业小类	法人单位数(个)	内资				
			国有	集体	股份合作	联营
制药专用设备制造	1	1				
照明器具生产专用设备制造	2	2				
玻璃、陶瓷和搪瓷制品生产专用设备制造	3	3				
其他日用品生产专用设备制造	5	5		1		
纺织、服装和皮革加工专用设备制造	4	4				
纺织专用设备制造	3	3				
皮革、毛皮及其制品加工专用设备制造						
缝制机械制造	1	1				
洗涤机械制造						
电子和电工机械专用设备制造	14	14				
电工机械专用设备制造	9	9				
电子工业专用设备制造	5	5				
农、林、牧、渔专用机械制造	177	176	1	1	2	
拖拉机制造	12	12				
机械化农业及园艺机具制造	88	88	1			
营林及木竹采伐机械制造						
畜牧机械制造	5	4			1	
渔业机械制造						
农林牧渔机械配件制造	22	22				
棉花加工机械制造	24	24		1		
其他农、林、牧、渔业机械制造	26	26			1	
医疗仪器设备及器械制造	9	9				
医疗诊断、监护及治疗设备制造	1	1				
口腔科用设备及器具制造						
医疗实验室及医用消毒设备和器具制造						
医疗、外科及兽医用器械制造	1	1				
机械治疗及病房护理设备制造	1	1				
假肢、人工器官及植(介)入器械制造	4	4				
其他医疗设备及器械制造	2	2				
环保、社会公共服务及其他专用设备制造	59	59	1	1	1	
环境保护专用设备制造	31	31			1	
地质勘查专用设备制造						
邮政专用机械及器材制造	1	1				
商业、饮食、服务专用设备制造						
社会公共安全设备及器材制造	1	1		1		
交通安全、管制及类似专用设备制造	5	5				
水资源专用机械制造	5	5				
其他专用设备制造	16	16	1			
汽车制造业	64	63	3	1	1	
汽车整车制造	4	3				
汽车整车制造	4	3				
改装汽车制造	37	37				
改装汽车制造	37	37				
低速载货汽车制造						
低速载货汽车制造						
电车制造	1	1				
电车制造	1	1				

国有联营	集体联营	国有与集体联营	其他联营	有限责任公司	国有独资	其他有限责任公司	股份有限公司	私营	私营独资
								1	
								2	1
							1	2	
				1		1		3	2
								4	2
								3	2
								1	
				5		5	1	7	
				5		5		3	
							1	4	
				61	1	60	3	102	28
				4		4		8	
				34		34	3	48	17
								3	
				2		2		19	5
				12		12		9	3
				9	1	8		15	3
				2		2		6	2
				1		1			
								1	
								1	
								3	2
				1		1		1	
				13		13		40	6
				9		9		21	5
								1	
				1		1		3	
								5	
				3		3		10	1
				21	2	19		33	10
				2	1	1		1	
				2	1	1		1	
				11		11		23	7
				11		11		23	7

1-12 续表 15

行业小类	法 人 单位数 （个）	内资	国有	集体	股份合作	联营
汽车车身、挂车制造	5	5				
汽车车身、挂车制造	5	5				
汽车零部件及配件制造	17	17	3	1	1	
汽车零部件及配件制造	17	17	3	1	1	
铁路、船舶、航空航天和其他运输设备制造业	15	15				
铁路运输设备制造	2	2				
铁路机车车辆及动车组制造						
窄轨机车车辆制造						
铁路机车车辆配件制造	1	1				
铁路专用设备及器材、配件制造						
其他铁路运输设备制造	1	1				
城市轨道交通设备制造	1	1				
城市轨道交通设备制造	1	1				
船舶及相关装置制造						
金属船舶制造						
非金属船舶制造						
娱乐船和运动船制造						
船用配套设备制造						
船舶改装与拆除						
航标器材及其他相关装置制造						
航空、航天器及设备制造	1	1				
飞机制造	1	1				
航天器制造						
航空、航天相关设备制造						
其他航空航天器制造						
摩托车制造	5	5				
摩托车整车制造	3	3				
摩托车零部件及配件制造	2	2				
自行车制造	6	6				
脚踏自行车及残疾人座车制造	3	3				
助动自行车制造	3	3				
非公路休闲车及零配件制造						
非公路休闲车及零配件制造						
潜水救捞及其他未列明运输设备制造						
潜水及水下救捞装备制造						
其他未列明运输设备制造						
电气机械和器材制造业	335	333	4	2		
电机制造	22	22	1			
发电机及发电机组制造	18	18	1			
电动机制造	3	3				
微电机及其他电机制造	1	1				
输配电及控制设备制造	165	164	3	1		
变压器、整流器和电感器制造	45	45	1			
电容器及其配套设备制造	5	5	1			
配电开关控制设备制造	85	85	1	1		
电力电子元器件制造	5	5				
光伏设备及元器件制造	8	7				
其他输配电及控制设备制造	17	17				

国有联营	集体联营	国有与集体联营	其他联营	有限责任公司	国有独资	其他有限责任公司	股份有限公司	私营	私营独资
				3		3		2	
				3		3		2	
				5	1	4		7	3
				5	1	4		7	3
				8		8	1	6	1
				1		1		1	
								1	
				1		1			
				1		1			
				1		1			
				1		1			
				1		1			
				3		3		2	
				2		2		1	
				1		1		1	
				2		2	1	3	1
				1		1		2	1
				1		1	1	1	
				80		80	8	237	36
				3		3		18	2
				3		3		14	2
								3	
								1	
				47		47	5	106	17
				9		9	3	32	5
				1		1		3	
				30		30	1	50	9
				1		1		4	
				4		4		3	1
				2		2	1	14	2

1-12 续表 16

行业小类	法人单位数（个）	内资	国有	集体	股份合作	联营
电线、电缆、光缆及电工器材制造	73	73		1		
电线、电缆制造	63	63		1		
光纤、光缆制造	3	3				
绝缘制品制造	6	6				
其他电工器材制造	1	1				
电池制造	3	3				
锂离子电池制造	1	1				
镍氢电池制造	1	1				
其他电池制造	1	1				
家用电力器具制造	11	11				
家用制冷电器具制造	2	2				
家用空气调节器制造						
家用通风电器具制造	1	1				
家用厨房电器具制造						
家用清洁卫生电器具制造	3	3				
家用美容、保健电器具制造	1	1				
家用电力器具专用配件制造						
其他家用电力器具制造	4	4				
非电力家用器具制造	13	13				
燃气、太阳能及类似能源家用器具制造	12	12				
其他非电力家用器具制造	1	1				
照明器具制造	36	35				
电光源制造	2	2				
照明灯具制造	29	28				
灯用电器附件及其他照明器具制造	5	5				
其他电气机械及器材制造	12	12				
电气信号设备装置制造	1	1				
其他未列明电气机械及器材制造	11	11				
计算机、通信和其他电子设备制造业	18	17				
计算机制造	1	1				
计算机整机制造						
计算机零部件制造						
计算机外围设备制造						
其他计算机制造	1	1				
通信设备制造	3	2				
通信系统设备制造	2	2				
通信终端设备制造	1					
广播电视设备制造	1	1				
广播电视节目制作及发射设备制造						
广播电视接收设备及器材制造	1	1				
应用电视设备及其他广播电视设备制造						
雷达及配套设备制造						
雷达及配套设备制造						
视听设备制造	2	2				
电视机制造	1	1				
音响设备制造	1	1				
影视录放设备制造						
电子器件制造	4	4				
电子真空器件制造						

国有联营	集体联营	国有与集体联营	其他联营	有限责任公司	国有独资	其他有限责任公司	股份有限公司	私营	私营独资
				13		13	2	57	11
				10		10	2	50	10
								3	
				3		3		3	1
								1	
				1		1		2	
								1	
				1		1			
								1	
				2		2	1	8	1
								2	
								1	
				2		2		1	
								1	1
							1	3	
				4		4		9	2
				4		4		8	2
								1	
				9		9		26	3
				1		1		1	
				8		8		20	2
								5	1
				1		1		11	
								1	
				1		1		10	
				8		8		9	1
				1		1			
				1		1			
				1		1		1	
				1		1		1	
								1	
								1	
				2		2			
				1		1			
				1		1			
				2		2		2	

1-12 续表 17

行业小类	法人单位数(个)	内资	国有	集体	股份合作	联营
半导体分立器件制造	1	1				
集成电路制造						
光电子器件及其他电子器件制造	3	3				
电子元件制造	2	2				
电子元件及组件制造	2	2				
印制电路板制造						
其他电子设备制造	5	5				
其他电子设备制造	5	5				
仪器仪表制造业	27	26				
通用仪器仪表制造	14	14				
工业自动控制系统装置制造	7	7				
电工仪器仪表制造	5	5				
绘图、计算及测量仪器制造						
实验分析仪器制造						
试验机制造	1	1				
供应用仪表及其他通用仪器制造	1	1				
专用仪器仪表制造	12	11				
环境监测专用仪器仪表制造	1	1				
运输设备及生产用计数仪表制造	2	2				
导航、气象及海洋专用仪器制造						
农林牧渔专用仪器仪表制造						
地质勘探和地震专用仪器制造	1					
教学专用仪器制造	1	1				
核子及核辐射测量仪器制造						
电子测量仪器制造	3	3				
其他专用仪器制造	4	4				
钟表与计时仪器制造						
钟表与计时仪器制造						
光学仪器及眼镜制造						
光学仪器制造						
眼镜制造						
其他仪器仪表制造业	1	1				
其他仪器仪表制造业	1	1				
其他制造业	45	45				
日用杂品制造	5	5				
鬃毛加工、制刷及清扫工具制造						
其他日用杂品制造	5	5				
煤制品制造	9	9				
煤制品制造	9	9				
核辐射加工						
核辐射加工						
其他未列明制造业	31	31				
其他未列明制造业	31	31				
废弃资源综合利用业	60	59		1		
金属废料和碎屑加工处理	28	28		1		
金属废料和碎屑加工处理	28	28		1		
非金属废料和碎屑加工处理	32	31				
非金属废料和碎屑加工处理	32	31				

国有联营	集体联营	国有与集体联营	其他联营	有限责任公司	国有独资	其他有限责任公司	股份有限公司	私营	私营独资
				1		1			
				1		1		2	
				1		1		1	
				1		1		1	
				1		1		4	1
				1		1		4	1
				7		7	1	18	4
				4		4		10	2
				3		3		4	2
								5	
				1		1			
								1	
				2		2	1	8	2
				1		1			
				1		1		1	
								1	1
								3	1
							1	3	
				1		1			
				1		1			
				8		8		35	3
				1		1		4	1
				1		1		4	1
				4		4		5	
				4		4		5	
				3		3		26	2
				3		3		26	2
				18		18		34	8
				8		8		15	2
				8		8		15	2
				10		10		19	6
				10		10		19	6

1-12 续表 18

行业小类	法人单位数(个)					
		内资				
			国有	集体	股份合作	联营
金属制品、机械和设备修理业	107	107	1	2		
金属制品修理						
金属制品修理						
通用设备修理	25	25				
通用设备修理	25	25				
专用设备修理	32	32				
专用设备修理	32	32				
铁路、船舶、航空航天等运输设备修理	5	5	1	1		
铁路运输设备修理	2	2	1	1		
船舶修理						
航空航天器修理						
其他运输设备修理	3	3				
电气设备修理	13	13				
电气设备修理	13	13				
仪器仪表修理	4	4				
仪器仪表修理	4	4				
其他机械和设备修理业	28	28		1		
其他机械和设备修理业	28	28		1		
电力、热力、燃气及水生产和供应业	**1114**	**1104**	**228**	**9**	**5**	**7**
电力、热力生产和供应业	829	823	132	8	3	7
电力生产	531	525	66	7	3	6
火力发电	84	82	14			
水力发电	177	175	34	7	3	4
核力发电						
风力发电	130	128	10			
太阳能发电	123	123	8			2
其他电力生产	17	17				
电力供应	52	52	22			1
电力供应	52	52	22			1
热力生产和供应	246	246	44	1		
热力生产和供应	246	246	44	1		
燃气生产和供应业	110	108	9		1	
燃气生产和供应业	110	108	9		1	
燃气生产和供应业	110	108	9		1	
水的生产和供应业	175	173	87	1	1	
自来水生产和供应	133	133	76		1	
自来水生产和供应	133	133	76		1	
污水处理及其再生利用	34	32	9	1		
污水处理及其再生利用	34	32	9	1		
其他水的处理、利用与分配	8	8	2			
其他水的处理、利用与分配	8	8	2			
建筑业	**2935**	**2929**	**108**	**31**	**5**	**7**
房屋建筑业	882	882	40	7	2	2
房屋建筑业	882	882	40	7	2	2
房屋建筑业	882	882	40	7	2	2
土木工程建筑业	601	600	44	15	1	
铁路、道路、隧道和桥梁工程建筑	210	210	19	3		
铁路工程建筑	23	23	3	1		

国有联营	集体联营	国有与集体联营	其他联营	有限责任公司	国有独资	其他有限责任公司	股份有限公司	私营	私营独资
				24		24	1	76	18
				2		2		21	4
				2		2		21	4
				10		10	1	21	4
				10		10	1	21	4
				1		1		2	1
				1		1		2	1
				5		5		8	
				5		5		8	
				1		1		3	
				1		1		3	
				5		5		21	9
				5		5		21	9
4	**1**	**1**	**1**	**504**	**67**	**437**	**26**	**285**	**71**
4	1	1	1	405	49	356	24	215	51
3	1	1	1	282	36	246	21	123	29
				46	12	34	3	17	5
2	1		1	74	7	67	6	39	12
				90	9	81	4	23	2
1		1		65	8	57	7	36	9
				7		7	1	8	1
1				21	4	17		6	2
1				21	4	17		6	2
				102	9	93	3	86	20
				102	9	93	3	86	20
				48	1	47	1	44	11
				48	1	47	1	44	11
				48	1	47	1	44	11
				51	17	34	1	26	9
				41	16	25		11	4
				41	16	25		11	4
				8	1	7	1	11	2
				8	1	7	1	11	2
				2		2		4	3
				2		2		4	3
1	**4**		**2**	**996**	**45**	**951**	**39**	**1675**	**168**
	2			406	16	390	11	392	25
	2			406	16	390	11	392	25
	2			406	16	390	11	392	25
				208	23	185	12	302	28
				74	15	59	5	103	5
				12	3	9		7	1

1-12 续表 19

行业小类	法人单位数(个)	内资	国有	集体	股份合作	联营
公路工程建筑	73	73	4	2		
市政道路工程建筑	84	84	8			
其他道路、隧道和桥梁工程建筑	30	30	4			
水利和内河港口工程建筑	116	116	15	1		
水源及供水设施工程建筑	102	102	13	1		
河湖治理及防洪设施工程建筑	13	13	2			
港口及航运设施工程建筑	1	1				
海洋工程建筑						
海洋工程建筑						
工矿工程建筑	39	39	2	1		
工矿工程建筑	39	39	2	1		
架线和管道工程建筑	100	100	2	5	1	
架线及设备工程建筑	70	70	1	5	1	
管道工程建筑	30	30	1			
其他土木工程建筑	136	135	6	5		
其他土木工程建筑	136	135	6	5		
建筑安装业	522	519	9	5	2	2
电气安装	177	176	4	3	2	1
电气安装	177	176	4	3	2	1
管道和设备安装	133	133	4	1		1
管道和设备安装	133	133	4	1		1
其他建筑安装业	212	210	1	1		
其他建筑安装业	212	210	1	1		
建筑装饰和其他建筑业	930	928	15	4		3
建筑装饰业	640	638	5	2		1
建筑装饰业	640	638	5	2		1
工程准备活动	113	113	5			1
建筑物拆除活动	65	65	1			1
其他工程准备活动	48	48	4			
提供施工设备服务	39	39	1			1
提供施工设备服务	39	39	1			1
其他未列明建筑业	138	138	4	2		
其他未列明建筑业	138	138	4	2		
批发和零售业	**31535**	**31457**	**565**	**245**	**68**	**63**
批发业	21993	21948	397	177	44	44
农、林、牧产品批发	1686	1682	127	34	3	10
谷物、豆及薯类批发	182	181	37			
种子批发	512	511	45	8	1	5
饲料批发	44	44	1			
棉、麻批发	419	417	20	19		1
林业产品批发	77	77	3	1		1
牲畜批发	131	131	4	1		1
其他农牧产品批发	321	321	17	5	2	2
食品、饮料及烟草制品批发	1962	1955	72	17	7	5
米、面制品及食用油批发	193	193	28	1	2	
糕点、糖果及糖批发	89	87	1			
果品、蔬菜批发	552	551	11	4	2	1
肉、禽、蛋、奶及水产品批发	98	98	1			2

国有联营	集体联营	国有与集体联营	其他联营	有限责任公司	国有独资	其他有限责任公司	股份有限公司	私营	私营独资
				25	5	20	3	33	2
				32	4	28	1	43	2
				5	3	2	1	20	
				46	1	45	2	48	6
				38		38	1	45	6
				8	1	7	1	2	
								1	
				18	1	17	1	17	2
				18	1	17	1	17	2
				41	5	36	2	47	3
				28	3	25	1	33	1
				13	2	11	1	14	2
				29	1	28	2	87	12
				29	1	28	2	87	12
	2			146	2	144	8	337	40
	1			54	1	53	3	107	9
	1			54	1	53	3	107	9
	1			39	1	38	1	85	8
	1			39	1	38	1	85	8
				53		53	4	145	23
				53		53	4	145	23
1			2	236	4	232	8	644	75
1				150	1	149	3	465	52
1				150	1	149	3	465	52
			1	44	2	42	1	61	15
			1	26		26	1	35	9
				18	2	16		26	6
			1	13		13	2	20	2
			1	13		13	2	20	2
				29	1	28	2	98	6
				29	1	28	2	98	6
14	**34**	**3**	**12**	**5468**	**111**	**5357**	**262**	**23100**	**3118**
8	25	3	8	3790	98	3692	176	16110	1870
1	7	1	1	385	33	352	20	810	122
				49	17	32		48	9
1	3	1		109	4	105	9	287	45
				11		11		27	5
	1			134	5	129	9	214	25
	1			12	1	11	1	46	9
	1			9	3	6		31	6
	1		1	61	3	58	1	157	23
2	1		2	309	21	288	19	1234	158
				35	9	26	1	114	23
				3		3	2	75	14
			1	96	2	94	6	207	18
1			1	14		14	1	64	8

1-12 续表 20

行业小类	法人单位数(个)	内资	国有	集体	股份合作	联营
盐及调味品批发	69	69	10	7		
营养和保健品批发	92	92	1			
酒、饮料及茶叶批发	472	470	3	1	2	1
烟草制品批发	41	41	14	1	1	
其他食品批发	356	354	3	3		1
纺织、服装及家庭用品批发	1416	1412	11	3	3	
纺织品、针织品及原料批发	282	282	7	1		
服装批发	332	330	1	1	2	
鞋帽批发	43	42				
化妆品及卫生用品批发	128	128		1	1	
厨房、卫生间用具及日用杂货批发	246	245	3			
灯具、装饰物品批发	47	47				
家用电器批发	160	160				
其他家庭用品批发	178	178				
文化、体育用品及器材批发	451	450	5		1	
文具用品批发	200	200				
体育用品及器材批发	57	57	1			
图书批发	56	55	3			
报刊批发	3	3				
音像制品及电子出版物批发	9	9			1	
首饰、工艺品及收藏品批发	66	66				
其他文化用品批发	60	60	1			
医药及医疗器材批发	534	534	6		2	1
西药批发	102	102	5			
中药批发	44	44				
医疗用品及器材批发	388	388	1		2	1
矿产品、建材及化工产品批发	7529	7520	118	106	10	20
煤炭及制品批发	356	355	5	1	1	1
石油及制品批发	620	617	19	2	1	
非金属矿及制品批发	180	179	2			
金属及金属矿批发	1867	1867	8	1	1	
建材批发	1738	1735	16	2	1	1
化肥批发	1513	1512	46	86	3	14
农药批发	522	522	16	13	1	2
农用薄膜批发	88	88	1	1		
其他化工产品批发	645	645	5		2	2
机械设备、五金产品及电子产品批发	6951	6941	39	9	17	7
农业机械批发	818	818	12	1	3	1
汽车批发	185	184	1			
汽车零配件批发	401	400	3		4	
摩托车及零配件批发	28	28				
五金产品批发	1350	1349	5	2	3	3
电气设备批发	376	376		2	1	
计算机、软件及辅助设备批发	346	346			1	
通讯及广播电视设备批发	141	141	2			
其他机械设备及电子产品批发	3306	3299	16	4	5	3
贸易经纪与代理	777	770	7	1		1
贸易代理	627	620	7	1		1
拍卖	50	50				
其他贸易经纪与代理	100	100				

国有联营	集体联营	国有与集体联营	其他联营	有限责任公司	国有独资	其他有限责任公司	股份有限公司	私营	私营独资
				27	5	22	1	20	5
				9		9		79	3
1				47		47	6	398	46
				12	5	7		13	1
	1			66		66	2	264	40
				194	2	192	6	1166	116
				48	1	47	3	217	20
				41		41	1	278	28
				4		4		37	6
				25		25		100	11
				25	1	24		208	8
				6		6		41	8
				22		22	1	135	18
				23		23	1	150	17
				65	1	64	2	366	51
				16		16		181	20
				9	1	8		47	10
				21		21		31	4
							1	2	
				1		1		7	
				8		8		51	9
				10		10	1	47	8
1				129	4	125	4	384	30
				39	4	35	2	55	3
				11		11	1	30	2
1				79		79	1	299	25
3	12	2	3	1415	25	1390	74	5431	634
1				96	1	95	7	237	30
				116	3	113	24	438	46
				49		49	1	124	13
				393	7	386	5	1450	76
	1			341	1	340	9	1330	150
2	8	2	2	224	8	216	15	937	215
	1		1	90	2	88	5	325	55
				13		13	1	65	10
	2			93	3	90	7	525	39
1	4		2	1020	5	1015	37	5680	633
			1	209		209	3	533	92
				18		18		159	10
				37		37	2	351	45
				2		2		25	5
	3			188		188	5	1126	120
				52		52	1	316	31
				49	1	48	2	289	23
				11		11	2	122	14
1	1		1	454	4	450	22	2759	293
	1			115	2	113	10	560	69
	1			95	2	93	9	455	61
				12		12	1	37	3
				8		8		68	5

1-12 续表 21

行业小类	法人单位数（个）	内资				
			国有	集体	股份合作	联营
其他批发业	687	684	12	7	1	
再生物资回收与批发	267	267	3	1	1	
其他未列明批发业	420	417	9	6		
零售业	9542	9509	168	68	24	19
综合零售	988	981	27	34	5	4
百货零售	612	608	21	19	5	2
超级市场零售	90	89				
其他综合零售	286	284	6	15		2
食品、饮料及烟草制品专门零售	845	840	20	4	3	2
粮油零售	74	74	13	1		1
糕点、面包零售	28	26				1
果品、蔬菜零售	170	170	1	1	1	
肉、禽、蛋、奶及水产品零售	73	73		1		
营养和保健品零售	53	51	1		1	
酒、饮料及茶叶零售	281	280	2	1	1	
烟草制品零售	36	36	2			
其他食品零售	130	130	1			
纺织、服装及日用品专门零售	719	713	3	5	2	
纺织品及针织品零售	140	138		2		
服装零售	252	250	3	1	1	
鞋帽零售	19	19				
化妆品及卫生用品零售	104	102				
钟表、眼镜零售	26	26		1		
箱、包零售	6	6				
厨房用具及日用杂品零售	47	47			1	
自行车零售	4	4				
其他日用品零售	121	121		1		
文化、体育用品及器材专门零售	509	508	36	1	4	
文具用品零售	156	155	5			
体育用品及器材零售	45	45				
图书、报刊零售	51	51	26	1		
音像制品及电子出版物零售	10	10				
珠宝首饰零售	103	103	2		2	
工艺美术品及收藏品零售	56	56	1			
乐器零售	24	24				
照相器材零售	14	14	1			
其他文化用品零售	50	50	1		2	
医药及医疗器材专门零售	495	494	14	6	2	4
药品零售	227	227	13	5	1	4
医疗用品及器材零售	268	267	1	1	1	
汽车、摩托车、燃料及零配件专门零售	2129	2121	39	11	5	3
汽车零售	898	893	4	2		
汽车零配件零售	631	630	3	2	3	
摩托车及零配件零售	117	117	1		1	
机动车燃料零售	483	481	31	7	1	3

国有联营	集体联营	国有与集体联营	其他联营	有限责任公司	国有独资	其他有限责任公司	股份有限公司	私营	私营独资
				158	5	153	4	479	57
				75	1	74		174	26
				83	4	79	4	305	31
6	9		4	1678	13	1665	86	6990	1248
	4			233	1	232	12	597	110
	2			152	1	151	9	358	62
				24		24	2	63	9
	2			57		57	1	176	39
1	1			135	3	132	6	555	102
1				7	1	6	1	39	8
	1			4		4		19	7
				29		29	2	86	17
				14		14		35	8
				6		6		40	2
				39	1	38	3	219	40
				8	1	7		25	2
				28		28		92	18
				102	1	101	4	573	95
				25		25		108	15
				25		25	1	210	36
				4		4		14	1
				14		14	1	83	17
				4	1	3		21	
								5	
				6		6	1	38	11
				1		1		3	
				23		23	1	91	15
				54	1	53	3	385	71
				15		15	1	130	19
				5		5		38	9
				3		3		19	7
				2		2		8	1
				13		13	1	79	12
				8	1	7	1	38	8
								24	11
								12	2
				8		8		37	2
3	1			90	2	88	7	341	58
3	1			44	1	43	5	137	38
				46	1	45	2	204	20
1	1		1	471	2	469	26	1483	312
				232		232	7	625	71
				103		103	4	498	88
				20		20	1	87	20
1	1		1	116	2	114	14	273	133

1-12 续表 22

行业小类	法人单位数(个)	内资	国有	集体	股份合作	联营
家用电器及电子产品专门零售	1901	1900	7	1	2	4
家用视听设备零售	87	87				1
日用家电设备零售	307	307	4		1	
计算机、软件及辅助设备零售	868	867			1	2
通信设备零售	196	196	1	1		
其他电子产品零售	443	443	2			1
五金、家具及室内装饰材料专门零售	1338	1337	7	1	1	2
五金零售	731	731	3	1	1	1
灯具零售	38	38				
家具零售	162	162	2			1
涂料零售	15	15				
卫生洁具零售	25	25				
木质装饰材料零售	44	44				
陶瓷、石材装饰材料零售	107	106				
其他室内装饰材料零售	216	216	2			
货摊、无店铺及其他零售业	618	615	15	5		
货摊食品零售	3	3				
货摊纺织、服装及鞋零售	12	11				
货摊日用品零售	5	5				
互联网零售	13	13				
邮购及电视、电话零售	3	3				
旧货零售	4	4				
生活用燃料零售	140	140	6	1		
其他未列明零售业	438	436	9	4		
交通运输、仓储和邮政业	**4256**	**4245**	**356**	**25**	**15**	**16**
铁路运输业	6	6	1			
铁路旅客运输	1	1				
铁路旅客运输	1	1				
铁路货物运输	5	5	1			
铁路货物运输	5	5	1			
铁路运输辅助活动						
客运火车站						
货运火车站						
其他铁路运输辅助活动						
道路运输业	2429	2425	231	8	8	8
城市公共交通运输	201	200	20	1	2	1
公共电汽车客运	48	47	7		1	
城市轨道交通	4	4	1			
出租车客运	114	114	3	1	1	1
其他城市公共交通运输	35	35	9			
公路旅客运输	212	212	24	1		3
公路旅客运输	212	212	24	1		3
道路货物运输	1717	1714	28	2	6	2
道路货物运输	1717	1714	28	2	6	2
道路运输辅助活动	299	299	159	4		2
客运汽车站	64	64	40	1		1
公路管理与养护	148	148	108	1		
其他道路运输辅助活动	87	87	11	2		1

国有联营	集体联营	国有与集体联营	其他联营	有限责任公司	国有独资	其他有限责任公司	股份有限公司	私营	私营独资
1	1		2	281	1	280	9	1544	256
			1	19		19		62	12
				60		60	1	232	31
1			1	97		97	5	742	143
				35	1	34	1	155	29
	1			70		70	2	353	41
	1		1	179		179	13	1098	164
			1	99		99	9	599	101
				2		2		35	3
	1			19		19	1	134	14
				5		5		9	
				1		1		23	8
				6		6		38	1
				7		7	2	93	16
				40		40	1	167	21
				133	2	131	6	414	80
				1		1		2	
								10	1
				2		2		2	
				3		3		9	1
				1		1		2	
				2		2		2	1
				40	2	38	1	80	19
				84		84	5	307	58
7	**6**	**1**	**2**	**1099**	**22**	**1077**	**57**	**2490**	**378**
				4		4		1	
				1		1			
				1		1			
				3		3		1	
				3		3		1	
3	4		1	656	12	644	29	1387	202
1				70	5	65	3	94	18
				23	3	20	1	13	3
								1	1
1				36	1	35	2	66	10
				11	1	10		14	4
1	2			91	3	88	10	72	13
1	2			91	3	88	10	72	13
1	1			456	2	454	15	1151	156
1	1			456	2	454	15	1151	156
	1		1	39	2	37	1	70	15
	1			9	1	8		9	4
				11	1	10		17	1
			1	19		19	1	44	10

1-12 续表 23

行业小类	法人单位数(个)	内资				
			国有	集体	股份合作	联营
水上运输业	2	2				
水上旅客运输	1	1				
海洋旅客运输						
内河旅客运输	1	1				
客运轮渡运输						
水上货物运输						
远洋货物运输						
沿海货物运输						
内河货物运输						
水上运输辅助活动	1	1				
客运港口	1	1				
货运港口						
其他水上运输辅助活动						
航空运输业	49	48	6		1	
航空客货运输	18	17	3			
航空旅客运输	2	2	1			
航空货物运输	16	15	2			
通用航空服务	18	18			1	
通用航空服务	18	18			1	
航空运输辅助活动	13	13	3			
机场	2	2				
空中交通管理	2	2	2			
其他航空运输辅助活动	9	9	1			
管道运输业	16	14				1
管道运输业	16	14				1
管道运输业	16	14				1
装卸搬运和运输代理业	1126	1122	20	9	4	3
装卸搬运	145	143	4	4	1	
装卸搬运	145	143	4	4	1	
运输代理业	981	979	16	5	3	3
货物运输代理	726	724	8	3	2	2
旅客票务代理	106	106	3	1	1	
其他运输代理业	149	149	5	1		1
仓储业	410	410	69	8	2	3
谷物、棉花等农产品仓储	183	183	51	4	1	3
谷物仓储	66	66	44		1	1
棉花仓储	21	21	2	1		1
其他农产品仓储	96	96	5	3		1
其他仓储业	227	227	18	4	1	
其他仓储业	227	227	18	4	1	
邮政业	218	218	29			1
邮政基本服务	35	35	27			
邮政基本服务	35	35	27			
快递服务	183	183	2			1
快递服务	183	183	2			1
住宿和餐饮业	**1200**	**1187**	**171**	**24**	**2**	**4**
住宿业	797	791	147	18	1	3
旅游饭店	364	360	75	10		1
旅游饭店	364	360	75	10		1

国有联营	集体联营	国有与集体联营	其他联营	有限责任公司	国有独资	其他有限责任公司	股份有限公司	私营	私营独资
				1		1			
				1		1			
				1		1			
				16	1	15		22	1
				4		4		10	1
								1	
				4		4		9	1
				9		9		7	
				9		9		7	
				3	1	2		5	
				1	1				
				2		2		5	
1				6		6	2	4	
1				6		6	2	4	
1				6		6	2	4	
	1	1	1	259	1	258	13	786	109
				17		17	1	113	24
				17		17	1	113	24
	1	1	1	242	1	241	12	673	85
		1	1	163	1	162	9	523	64
				28		28		68	13
	1			51		51	3	82	8
3				98	8	90	7	181	36
3				32	3	29	3	58	12
1				9	3	6	1	6	1
1				7		7	1	8	2
1				16		16	1	44	9
				66	5	61	4	123	24
				66	5	61	4	123	24
	1			59		59	6	109	30
							1	3	1
							1	3	1
	1			59		59	5	106	29
	1			59		59	5	106	29
2	**1**	**1**		**284**	**17**	**267**	**20**	**607**	**169**
2	1			209	13	196	12	367	106
1				113	7	106	9	141	30
1				113	7	106	9	141	30

1-12 续表 24

行业小类	法人单位数(个)					
		内资				
			国有	集体	股份合作	联营
一般旅馆	345	343	58	6	1	1
一般旅馆	345	343	58	6	1	1
其他住宿业	88	88	14	2		1
其他住宿业	88	88	14	2		1
餐饮业	403	396	24	6	1	1
正餐服务	289	286	20	3	1	1
正餐服务	289	286	20	3	1	1
快餐服务	40	37	1	1		
快餐服务	40	37	1	1		
饮料及冷饮服务	8	8				
茶馆服务	1	1				
咖啡馆服务	3	3				
酒吧服务	1	1				
其他饮料及冷饮服务	3	3				
其他餐饮业	66	65	3	2		
小吃服务	16	16	1	1		
餐饮配送服务	15	14	1	1		
其他未列明餐饮业	35	35	1			
信息传输、软件和信息技术服务业	**1490**	**1471**	**149**	**6**	**9**	**9**
电信、广播电视和卫星传输服务	260	244	106	1	2	6
电信	136	120	17		2	3
固定电信服务	49	48	8			2
移动电信服务	58	43	5		1	1
其他电信服务	29	29	4		1	
广播电视传输服务	116	116	82	1		3
有线广播电视传输服务	81	81	53	1		2
无线广播电视传输服务	35	35	29			1
卫星传输服务	8	8	7			
卫星传输服务	8	8	7			
互联网和相关服务	202	202	9		2	2
互联网接入及相关服务	37	37	1			
互联网接入及相关服务	37	37	1			
互联网信息服务	110	110	8		1	2
互联网信息服务	110	110	8		1	2
其他互联网服务	55	55			1	
其他互联网服务	55	55			1	
软件和信息技术服务业	1028	1025	34	5	5	1
软件开发	380	379	7	1	1	
软件开发	380	379	7	1	1	
信息系统集成服务	135	134	6		1	
信息系统集成服务	135	134	6		1	
信息技术咨询服务	362	362	13	4	1	1
信息技术咨询服务	362	362	13	4	1	1
数据处理和存储服务	20	20	1			
数据处理和存储服务	20	20	1			
集成电路设计	4	4				
集成电路设计	4	4				
其他信息技术服务业	127	126	7		2	
数字内容服务	19	19	1			
呼叫中心	5	5				
其他未列明信息技术服务业	103	102	6		2	

国有联营	集体联营	国有与集体联营	其他联营	有限责任公司	国有独资	其他有限责任公司	股份有限公司	私营	私营独资
1				78	6	72	2	182	64
1				78	6	72	2	182	64
	1			18		18	1	44	12
	1			18		18	1	44	12
		1		75	4	71	8	240	63
		1		54	4	50	4	176	43
		1		54	4	50	4	176	43
				5		5	2	27	9
				5		5	2	27	9
				3		3	1	3	1
								1	1
				1		1	1	1	
								1	
				2		2			
				13		13	1	34	10
				4		4		6	4
				5		5		6	3
				4		4	1	22	3
1	**2**		**6**	**274**	**13**	**261**	**50**	**904**	**145**
1	2		3	42	10	32	30	30	3
1			2	28	6	22	25	26	2
1			1	11	2	9	16	6	2
			1	12	3	9	7	6	
				5	1	4	2	14	
	2		1	13	4	9	5	4	1
	2			12	4	8	5	4	1
			1	1		1			
				1		1			
				1		1			
			2	29		29	5	139	66
				4		4	1	29	7
				4		4	1	29	7
			2	15		15	3	73	38
			2	15		15	3	73	38
				10		10	1	37	21
				10		10	1	37	21
			1	203	3	200	15	735	76
				78	1	77	5	282	21
				78	1	77	5	282	21
				28		28	2	94	9
				28		28	2	94	9
			1	68	1	67	2	260	35
			1	68	1	67	2	260	35
				4	1	3	1	14	1
				4	1	3	1	14	1
				1		1		3	
				1		1		3	
				24		24	5	82	10
				3		3		12	2
				1		1		4	
				20		20	5	66	8

1-12 续表 25

行业小类	法人单位数(个)	内资	国有	集体	股份合作	联营
金融业	**684**	**675**	**115**	**1**	**94**	**2**
货币金融服务	404	402	80		87	2
中央银行服务	15	15	15			
中央银行服务	15	15	15			
货币银行服务	240	239	56		83	2
货币银行服务	240	239	56		83	2
非货币银行服务	148	147	8		4	
金融租赁服务	1	1				
财务公司	1	1				
典当	146	145	8		4	
其他非货币银行服务						
银行监管服务	1	1	1			
银行监管服务	1	1	1			
资本市场服务	5	5	2			
证券市场服务						
证券市场管理服务						
证券经纪交易服务						
基金管理服务						
期货市场服务	2	2	1			
期货市场管理服务						
其他期货市场服务	2	2	1			
证券期货监管服务	3	3	1			
证券期货监管服务	3	3	1			
资本投资服务						
资本投资服务						
其他资本市场服务						
其他资本市场服务						
保险业	256	249	28		6	
人身保险	97	91	11		3	
人寿保险	95	89	10		3	
健康和意外保险	2	2	1			
财产保险	139	138	16		3	
财产保险	139	138	16		3	
再保险						
再保险						
养老金	2	2				
养老金	2	2				
保险经纪与代理服务	17	17				
保险经纪与代理服务	17	17				
保险监管服务	1	1	1			
保险监管服务	1	1	1			
其他保险活动						
风险和损失评估						
其他未列明保险活动						

国有联营	集体联营	国有与集体联营	其他联营	有限责任公司	国有独资	其他有限责任公司	股份有限公司	私营	私营独资
1		**1**		**79**	**4**	**75**	**263**	**113**	**8**
1		1		60	2	58	78	95	7
1		1		18		18	78	2	
1		1		18		18	78	2	
				42	2	40		93	7
				1	1				
				1		1			
				40	1	39		93	7
				15	1	14	183	14	
				6		6	69	2	
				6		6	68	2	
							1		
				4		4	112		
				4		4	112		
							2		
							2		
				5	1	4		12	
				5	1	4		12	

1-12 续表 26

行业小类	法人单位数（个）	内资	国有	集体	股份合作	联营
其他金融业	19	19	5	1	1	
金融信托与管理服务	2	2	2			
金融信托与管理服务	2	2	2			
控股公司服务						
控股公司服务						
非金融机构支付服务	3	3	2			
非金融机构支付服务	3	3	2			
金融信息服务	11	11	1	1	1	
金融信息服务	11	11	1	1	1	
其他未列明金融业	3	3				
其他未列明金融业	3	3				
房地产业	**4983**	**4974**	**207**	**38**	**17**	**9**
房地产业	4983	4974	207	38	17	9
房地产开发经营	2286	2279	23	4	5	1
房地产开发经营	2286	2279	23	4	5	1
物业管理	1509	1508	93	16	6	2
物业管理	1509	1508	93	16	6	2
房地产中介服务	768	767	23		2	1
房地产中介服务	768	767	23		2	1
自有房地产经营活动	274	274	33	15	3	5
自有房地产经营活动	274	274	33	15	3	5
其他房地产业	146	146	35	3	1	
其他房地产业	146	146	35	3	1	
租赁和商务服务业	**8847**	**8820**	**931**	**72**	**33**	**30**
租赁业	642	640	6	4	3	1
机械设备租赁	616	614	4	4	3	1
汽车租赁	197	195		1	2	
农业机械租赁	35	35				
建筑工程机械与设备租赁	269	269	1	2	1	1
计算机及通讯设备租赁	7	7				
其他机械与设备租赁	108	108	3	1		
文化及日用品出租	26	26	2			
娱乐及体育设备出租	11	11				
图书出租	3	3	2			
音像制品出租	1	1				
其他文化及日用品出租	11	11				
商务服务业	8205	8180	925	68	30	29
企业管理服务	2062	2058	432	23	11	7
企业总部管理	174	171	47	4		
投资与资产管理	1425	1424	136	6	11	5
单位后勤管理服务	109	109	73	2		
其他企业管理服务	354	354	176	11		2
法律服务	456	456	88	4		5
律师及相关法律服务	392	392	58	3		4
公证服务	36	36	22	1		
其他法律服务	28	28	8			1
咨询与调查	1390	1376	66	8	7	3
会计、审计及税务服务	413	412	28		4	1
市场调查	15	15	6			
社会经济咨询	415	412	13	3		
其他专业咨询	547	537	19	5	3	2

国有联营	集体联营	国有与集体联营	其他联营	有限责任公司	国有独资	其他有限责任公司	股份有限公司	私营	私营独资
				4	1	3	2	4	1
				1		1			
				1		1			
				2		2		4	1
				2		2		4	1
				1	1		2		
				1	1		2		
3	**5**		**1**	**1674**	**57**	**1617**	**50**	**2869**	**299**
3	5		1	1674	57	1617	50	2869	299
1				845	28	817	23	1361	57
1				845	28	817	23	1361	57
1			1	542	17	525	16	785	136
1			1	542	17	525	16	785	136
1				171	1	170	4	535	86
1				171	1	170	4	535	86
	5			73	5	68	5	133	18
	5			73	5	68	5	133	18
				43	6	37	2	55	2
				43	6	37	2	55	2
10	**11**	**3**	**6**	**1961**	**149**	**1812**	**114**	**5052**	**673**
		1		161	2	159	11	418	80
		1		158	2	156	10	398	77
				43		43	3	143	27
				8		8	2	8	2
		1		76	1	75	1	174	34
				1		1		6	1
				30	1	29	4	67	13
				3		3	1	20	3
				2		2	1	8	2
								1	1
								1	
				1		1		10	
10	11	2	6	1800	147	1653	103	4634	593
3	2	1	1	482	112	370	41	930	77
				43	10	33	8	59	8
3	1		1	407	102	305	30	794	60
				9		9	2	18	2
	1	1		23		23	1	59	7
2	1		2	17	1	16	4	196	48
2	1		1	10		10	4	188	45
				5		5		1	1
			1	2	1	1		7	2
1	1		1	287	3	284	11	945	94
			1	97		97	3	263	34
				5		5		4	
				89	2	87	1	293	27
1	1			96	1	95	7	385	33

1-12 续表 27

行业小类	法人单位数(个)	内资	国有	集体	股份合作	联营
广告业	1389	1387	23	4	2	2
广告业	1389	1387	23	4	2	2
知识产权服务	31	31	3		1	
知识产权服务	31	31	3		1	
人力资源服务	859	859	88	6	3	2
公共就业服务	32	32	19			
职业中介服务	96	96	26			1
劳务派遣服务	649	649	20	6	3	1
其他人力资源服务	82	82	23			
旅行社及相关服务	567	564	63	1	2	
旅行社服务	303	302	33	1	1	
旅游管理服务	229	227	30		1	
其他旅行社相关服务	35	35				
安全保护服务	184	184	30	9		2
安全服务	96	96	21	9		
安全系统监控服务	48	48	6			
其他安全保护服务	40	40	3			2
其他商务服务业	1267	1265	132	13	4	8
市场管理	326	325	56	6	2	4
会议及展览服务	96	96	6			
包装服务	43	43				
办公服务	83	83	13	2	1	1
信用服务	7	7	2			
担保服务	242	242	20		1	1
其他未列明商务服务业	470	469	35	5		2
科学研究和技术服务业	**4948**	**4937**	**1950**	**31**	**9**	**13**
研究和试验发展	280	279	136	2		
自然科学研究和试验发展	32	32	16			
自然科学研究和试验发展	32	32	16			
工程和技术研究和试验发展	72	72	18	1		
工程和技术研究和试验发展	72	72	18	1		
农业科学研究和试验发展	109	108	68	1		
农业科学研究和试验发展	109	108	68	1		
医学研究和试验发展	29	29	6			
医学研究和试验发展	29	29	6			
社会人文科学研究	38	38	28			
社会人文科学研究	38	38	28			
专业技术服务业	3514	3508	1250	23	7	12
气象服务	185	185	161	1		
气象服务	185	185	161	1		
地震服务	38	37	34			
地震服务	38	37	34			
海洋服务	1	1	1			
海洋服务	1	1	1			
测绘服务	144	144	23	1		1
测绘服务	144	144	23	1		1

国有联营	集体联营	国有与集体联营	其他联营	有限责任公司	国有独资	其他有限责任公司	股份有限公司	私营	私营独资
	1		1	269	2	267	8	1040	155
	1		1	269	2	267	8	1040	155
				8		8		19	
				8		8		19	
2				204	5	199	5	445	65
				5		5		4	1
1				23		23		33	8
1				163	5	158	5	367	49
				13		13		41	7
				169	8	161	15	280	42
				86		86	4	164	22
				71	8	63	10	96	14
				12		12	1	20	6
	2			51	3	48	3	79	15
				36	3	33	2	24	6
				6		6	1	33	4
	2			9		9		22	5
2	4	1	1	313	13	300	16	700	97
	2	1	1	84	2	82	4	145	33
				14		14		68	8
				13		13		28	6
1				15	1	14	1	46	9
								5	
	1			98	8	90	9	104	12
1	1			89	2	87	2	304	29
	6	**2**	**5**	**780**	**29**	**751**	**49**	**1825**	**229**
				36		36	2	76	12
				4		4		10	1
				4		4		10	1
				18		18		33	4
				18		18		33	4
				12		12		15	4
				12		12		15	4
				2		2	2	15	3
				2		2	2	15	3
								3	
								3	
	6	2	4	631	26	605	39	1392	171
				7	1	6	1	3	
				7	1	6	1	3	
			1	28		28	2	84	12
			1	28		28	2	84	12

1-12 续表 28

行业小类	法人单位数(个)	内资	国有	集体	股份合作	联营
质检技术服务	597	597	208	10	5	2
质检技术服务	597	597	208	10	5	2
环境与生态监测	119	119	69			1
环境保护监测	107	107	62			
生态监测	12	12	7			1
地质勘查	333	330	75			1
能源矿产地质勘查	85	83	15			1
固体矿产地质勘查	89	89	15			
水、二氧化碳等矿产地质勘查	7	6	1			
基础地质勘查	23	23	14			
地质勘查技术服务	129	129	30			
工程技术	1061	1061	237	5	1	5
工程管理服务	600	600	105	2	1	2
工程勘察设计	353	353	61	2		3
规划管理	108	108	71	1		
其他专业技术服务业	1036	1034	442	6	1	2
专业化设计服务	242	242	11	1	1	1
摄影扩印服务	39	38				
兽医服务	421	421	404	1		
其他未列明专业技术服务业	334	333	27	4		1
科技推广和应用服务业	1154	1150	564	6	2	1
技术推广服务	978	975	519	1	1	1
农业技术推广服务	675	674	470		1	1
生物技术推广服务	63	62	8			
新材料技术推广服务	22	22	3			
节能技术推广服务	80	80	7			
其他技术推广服务	138	137	31	1		
科技中介服务	80	79	21	4	1	
科技中介服务	80	79	21	4	1	
其他科技推广和应用服务业	96	96	24	1		
其他科技推广和应用服务业	96	96	24	1		
水利、环境和公共设施管理业	**1130**	**1128**	**669**	**16**	**2**	**1**
水利管理业	454	454	326	10		1
防洪除涝设施管理	25	25	20			
防洪除涝设施管理	25	25	20			
水资源管理	198	198	130	1		
水资源管理	198	198	130	1		
天然水收集与分配	90	90	73	8		
天然水收集与分配	90	90	73	8		
水文服务	13	13	10			
水文服务	13	13	10			
其他水利管理业	128	128	93	1		1
其他水利管理业	128	128	93	1		1
生态保护和环境治理业	180	180	143			
生态保护	144	144	135			
自然保护区管理	96	96	93			
野生动物保护	20	20	18			
野生植物保护	12	12	9			
其他自然保护	16	16	15			

国有联营	集体联营	国有与集体联营	其他联营	有限责任公司	国有独资	其他有限责任公司	股份有限公司	私营	私营独资
	2			143	6	137	6	187	40
	2			143	6	137	6	187	40
			1	8		8	2	32	4
				7		7	1	32	4
			1	1		1	1		
		1		93	5	88	4	145	21
		1		27		27	1	38	4
				29	4	25	2	41	10
				1		1		2	
				3		3		5	2
				33	1	32	1	59	5
	3		2	232	13	219	16	527	40
	1		1	149	7	142	9	304	27
	2		1	74	4	70	6	204	10
				9	2	7	1	19	3
	1	1		120	1	119	8	414	54
	1			46	1	45		176	15
				7		7	1	29	6
								2	1
		1		67		67	7	207	32
			1	113	3	110	8	357	46
			1	90	3	87	6	274	36
			1	37	2	35	4	93	19
				11	1	10		39	5
				3		3		16	
				18		18	1	54	7
				21		21	1	72	5
				9		9		35	4
				9		9		35	4
				14		14	2	48	6
				14		14	2	48	6
1				**116**	**14**	**102**	**8**	**202**	**33**
1				19	3	16	3	24	6
								1	
								1	
				6		6	1	7	
				6		6	1	7	
				3	2	1		1	
				3	2	1		1	
				1	1		1	1	
				1	1		1	1	
1				9		9	1	14	6
1				9		9	1	14	6
				12		12		17	3
				1		1		1	
				1		1			
								1	

1-12 续表 29

行业小类	法 人 单位数 (个)	内资	国有	集体	股份合作	联营
环境治理业	36	36	8			
水污染治理	16	16	3			
大气污染治理	3	3	2			
固体废物治理	8	8	1			
危险废物治理	1	1				
放射性废物治理						
其他污染治理	8	8	2			
公共设施管理业	496	494	200	6	2	
市政设施管理	69	69	38		1	
市政设施管理	69	69	38		1	
环境卫生管理	86	86	55	1		
环境卫生管理	86	86	55	1		
城乡市容管理	29	29	13	1		
城乡市容管理	29	29	13	1		
绿化管理	224	223	56	1		
绿化管理	224	223	56	1		
公园和游览景区管理	88	87	38	3	1	
公园管理	20	20	17			
游览景区管理	68	67	21	3	1	
居民服务、修理和其他服务业	**1925**	**1924**	**142**	**21**	**7**	**5**
居民服务业	516	515	93	12	2	2
家庭服务	96	96	1		1	
家庭服务	96	96	1		1	
托儿所服务	55	55	10			
托儿所服务	55	55	10			
洗染服务	14	14				
洗染服务	14	14				
理发及美容服务	26	25				
理发及美容服务	26	25				
洗浴服务	16	16		1		
洗浴服务	16	16		1		
保健服务	17	17				
保健服务	17	17				
婚姻服务	47	47	6			
婚姻服务	47	47	6			
殡葬服务	74	74	40	3		
殡葬服务	74	74	40	3		
其他居民服务业	171	171	36	8	1	2
其他居民服务业	171	171	36	8	1	2
机动车、电子产品和日用产品修理业	1005	1005	27	4	4	2
汽车、摩托车修理与维护	758	758	23	2	3	2
汽车修理与维护	753	753	22	2	3	2
摩托车修理与维护	5	5	1			
计算机和办公设备维修	144	144		1		
计算机和辅助设备修理	79	79		1		
通讯设备修理	29	29				
其他办公设备维修	36	36				

国有联营	集体联营	国有与集体联营	其他联营	有限责任公司	国有独资	其他有限责任公司	股份有限公司	私营	私营独资
				11		11		16	3
				6		6		7	
								1	
				2		2		4	2
								1	1
				3		3		3	
				85	11	74	5	161	24
				10		10		14	2
				10		10		14	2
				9	3	6		13	2
				9	3	6		13	2
				3	1	2	1	8	
				3	1	2	1	8	
				47	3	44	2	105	15
				47	3	44	2	105	15
				16	4	12	2	21	5
								1	
				16	4	12	2	20	5
2	**2**		**1**	**348**	**3**	**345**	**18**	**1166**	**276**
1	1			60		60	3	214	66
				24		24	1	63	16
				24		24	1	63	16
								27	18
								27	18
				3		3		11	4
				3		3		11	4
				3		3		21	7
				3		3		21	7
				4		4		10	4
				4		4		10	4
				1		1		12	2
				1		1		12	2
				3		3		32	1
				3		3		32	1
				10		10	1	13	4
				10		10	1	13	4
1	1			12		12	1	25	10
1	1			12		12	1	25	10
	1		1	189	1	188	10	716	173
	1		1	145	1	144	6	532	137
	1		1	144	1	143	6	530	136
				1		1		2	1
				28		28	1	108	18
				15		15		59	10
				6		6		22	4
				7		7	1	27	4

1-12 续表 30

行业小类	法人单位数(个)	内资	国有	集体	股份合作	联营
家用电器修理	67	67	2	1		
家用电子产品修理	27	27	1	1		
日用电器修理	40	40	1			
其他日用产品修理业	36	36	2		1	
自行车修理						
鞋和皮革修理	1	1				
家具和相关物品修理	2	2				
其他未列明日用产品修理业	33	33	2		1	
其他服务业	404	404	22	5	1	1
清洁服务	105	105	4	1		
建筑物清洁服务	23	23				
其他清洁服务	82	82	4	1		
其他未列明服务业	299	299	18	4	1	1
其他未列明服务业	299	299	18	4	1	1
教育	**6310**	**6308**	**4069**	**26**	**16**	**19**
教育	6310	6308	4069	26	16	19
学前教育	1305	1304	614	7	3	6
学前教育	1305	1304	614	7	3	6
初等教育	1848	1848	1596	3		5
普通小学教育	1837	1837	1586	3		5
成人小学教育	11	11	10			
中等教育	1426	1426	1260	5	2	1
普通初中教育	1030	1030	927	1	1	1
职业初中教育	16	16	12	1		
成人初中教育	3	3	1			
普通高中教育	212	212	189	1		
成人高中教育	14	14	10			
中等职业学校教育	151	151	121	2	1	
高等教育	109	109	94	1	2	
普通高等教育	45	45	36		1	
成人高等教育	64	64	58	1	1	
特殊教育	41	41	25			
特殊教育	41	41	25			
技能培训、教育辅助及其他教育	1581	1580	480	10	9	7
职业技能培训	826	825	209	6	8	5
体校及体育培训	64	64	32			
文化艺术培训	229	229	14		1	1
教育辅助服务	134	134	73	1		
其他未列明教育	328	328	152	3		1
卫生和社会工作	**3206**	**3205**	**2149**	**50**	**4**	**17**
卫生	2730	2729	1865	41	4	11
医院	709	708	396	6	4	3
综合医院	488	487	305	4	2	2
中医医院	46	46	25		1	
中西医结合医院	16	16	1			
民族医院	54	54	43			
专科医院	96	96	16	1	1	1
疗养院	9	9	6	1		

国有联营	集体联营	国 有 与 集体联营	其他联营	有限责任公　　司	国有独资	其他有限责任公司	股份有限公　　司	私营	私营独资
				9		9	1	52	10
				3		3		21	4
				6		6	1	31	6
				7		7	2	24	8
								1	1
				1		1		1	
				6		6	2	22	7
1				99	2	97	5	236	37
				30	1	29		60	8
				9		9		10	2
				21	1	20		50	6
1				69	1	68	5	176	29
1				69	1	68	5	176	29
3	**6**	**2**	**8**	**100**	**2**	**98**	**10**	**674**	**374**
3	6	2	8	100	2	98	10	674	374
1	4		1	5		5		182	137
1	4		1	5		5		182	137
1	1	1	2					17	10
1	1	1	2					17	10
1				5		5		17	6
1								4	3
				1		1		1	
								1	
				2		2		3	
								1	
				2		2		7	3
								1	1
								1	1
								6	3
								6	3
	1	1	5	90	2	88	10	451	217
	1	1	3	62	2	60	8	283	122
				2		2		3	1
			1	10		10		86	55
				6		6		23	12
			1	10		10	2	56	27
5	**3**		**9**	**41**	**1**	**40**	**3**	**327**	**190**
4	3		4	37		37	3	286	169
	2		1	32		32	3	197	113
	1		1	16		16	2	119	71
				3		3		13	9
				3		3		9	4
								6	5
	1			10		10	1	50	24

1-12 续表 31

行业小类	法人单位数(个)	内资	国有	集体	股份合作	联营
社区医疗与卫生院	1327	1327	885	30		5
社区卫生服务中心(站)	328	328	101	7		3
街道卫生院	6	6	5			
乡镇卫生院	993	993	779	23		2
门诊部(所)	71	71	9	1		3
门诊部(所)	71	71	9	1		3
计划生育技术服务活动	296	296	271	3		
计划生育技术服务活动	296	296	271	3		
妇幼保健院(所、站)	96	96	90			
妇幼保健院(所、站)	96	96	90			
专科疾病防治院(所、站)	9	9	7			
专科疾病防治院(所、站)	9	9	7			
疾病预防控制中心	170	170	167	1		
疾病预防控制中心	170	170	167	1		
其他卫生活动	52	52	40			
其他卫生活动	52	52	40			
社会工作	476	476	284	9		6
提供住宿社会工作	317	317	174	4		5
干部休养所	54	54	46			1
护理机构服务	10	10	2	2		
精神康复服务	8	8	7			
老年人、残疾人养护服务	193	193	75	2		4
孤残儿童收养和庇护服务	33	33	29			
其他提供住宿社会救助	19	19	15			
不提供住宿社会工作	159	159	110	5		1
社会看护与帮助服务	61	61	32	3		1
其他不提供住宿社会工作	98	98	78	2		
文化、体育和娱乐业	**2925**	**2923**	**880**	**14**	**7**	**7**
新闻和出版业	118	118	91			
新闻业	18	18	15			
新闻业	18	18	15			
出版业	100	100	76			
图书出版	12	12	10			
报纸出版	50	50	43			
期刊出版	22	22	18			
音像制品出版	3	3	1			
电子出版物出版	3	3				
其他出版业	10	10	4			
广播、电视、电影和影视录音制作业	372	372	256	6	1	2
广播	131	131	117			
广播	131	131	117			
电视	79	79	67	2		2
电视	79	79	67	2		2
电影和影视节目制作	45	45	11			
电影和影视节目制作	45	45	11			
电影和影视节目发行	10	10	6			
电影和影视节目发行	10	10	6			

国有联营	集体联营	国有与集体联营	其他联营	有限责任公司	国有独资	其他有限责任公司	股份有限公司	私营	私营独资
3	1		1	1		1		41	26
1	1		1	1		1		41	26
2									
1			2	4		4		38	27
1			2	4		4		38	27
								1	
								1	
								2	1
								2	1
								7	2
								7	2
1			5	4	1	3		41	21
1			4	2		2		37	21
			1						
								2	2
1			3	2		2		35	19
			1	2	1	1		4	
			1	1		1		2	
				1	1			2	
3	**2**		**2**	**123**	**7**	**116**	**8**	**1523**	**1231**
				9	1	8		12	1
								1	
								1	
				9	1	8		11	1
				1	1			1	
				3		3		3	1
				2		2		1	
								2	
				1		1		2	
				2		2		2	
2				38	3	35	5	48	4
				2		2	1	4	
				2		2	1	4	
2				3		3	2	2	
2				3		3	2	2	
				14		14	1	18	1
				14		14	1	18	1
				2	1	1		2	
				2	1	1		2	

1-12 续表 32

行业小类	法人单位数(个)	内资	国有	集体	股份合作	联营
电影放映	93	93	53	4	1	
电影放映	93	93	53	4	1	
录音制作	14	14	2			
录音制作	14	14	2			
文化艺术业	618	618	465	5		2
文艺创作与表演	120	120	75			1
文艺创作与表演	120	120	75			1
艺术表演场馆	18	18	9			
艺术表演场馆	18	18	9			
图书馆与档案馆	132	132	126			
图书馆	66	66	61			
档案馆	66	66	65			
文物及非物质文化遗产保护	54	54	44	2		
文物及非物质文化遗产保护	54	54	44	2		
博物馆	32	32	22			
博物馆	32	32	22			
烈士陵园、纪念馆	8	8	7			
烈士陵园、纪念馆	8	8	7			
群众文化活动	203	203	174	3		1
群众文化活动	203	203	174	3		1
其他文化艺术业	51	51	8			
其他文化艺术业	51	51	8			
体育	124	124	41	2		
体育组织	56	56	21	1		
体育组织	56	56	21	1		
体育场馆	15	15	11			
体育场馆	15	15	11			
休闲健身活动	40	40	6	1		
休闲健身活动	40	40	6	1		
其他体育	13	13	3			
其他体育	13	13	3			
娱乐业	1693	1691	27	1	6	3
室内娱乐活动	1606	1605	14	1	6	3
歌舞厅娱乐活动	26	25	1	1	2	
电子游艺厅娱乐活动	9	9			1	
网吧活动	1552	1552	8		3	3
其他室内娱乐活动	19	19	5			
游乐园	13	13				
游乐园	13	13				
彩票活动	11	11	9			
彩票活动	11	11	9			
文化、娱乐、体育经纪代理	32	31	1			
文化娱乐经纪人	17	16				
体育经纪人						
其他文化艺术经纪代理	15	15	1			
其他娱乐业	31	31	3			
其他娱乐业	31	31	3			

国有联营	集体联营	国有与集体联营	其他联营	有限责任公司	国有独资	其他有限责任公司	股份有限公司	私营	私营独资
				14	2	12	1	13	1
				14	2	12	1	13	1
				3		3		9	2
				3		3		9	2
1	1			23	2	21	1	66	9
1				8		8		26	3
1				8		8		26	3
				3		3		4	1
				3		3		4	1
								1	
								1	
				1		1		2	
				1		1		2	
				2		2		3	
				2		2		3	
	1			2	1	1		6	1
	1			2	1	1		6	1
				7	1	6	1	24	4
				7	1	6	1	24	4
				9	1	8	1	24	10
				1		1		6	2
				1		1		6	2
								1	1
								1	1
				7		7		15	6
				7		7		15	6
				1	1		1	2	1
				1	1		1	2	1
	1		2	44		44	1	1373	1207
	1		2	33		33	1	1320	1192
				3		3		17	10
				1		1		5	4
	1		2	29		29	1	1286	1175
								12	3
				1		1		10	4
				1		1		10	4
				3		3		26	6
				1		1		14	3
				2		2		12	3
				7		7		17	5
				7		7		17	5

1-12 续表 33

行业小类	法人单位数(个)	内资	国有	集体	股份合作	联营
公共管理、社会保障和社会组织	**38519**	**38518**	**14283**	**183**	**7**	**58**
中国共产党机关	1022	1022	1019			
中国共产党机关	1022	1022	1019			
中国共产党机关	1022	1022	1019			
国家机构	11350	11350	11009	9	1	3
国家权力机构	186	186	183			
国家权力机构	186	186	183			
国家行政机构	10650	10650	10320	9	1	3
综合事务管理机构	3996	3996	3892	4		1
对外事务管理机构	78	78	74			
公共安全管理机构	463	463	454	1	1	
社会事务管理机构	2178	2178	2095	2		2
经济事务管理机构	2695	2695	2597	1		
行政监督检查机构	1240	1240	1208	1		
人民法院和人民检察院	302	302	301			
人民法院	157	157	157			
人民检察院	145	145	144			
其他国家机构	212	212	205			
其他国家机构	212	212	205			
人民政协、民主党派	125	125	124			
人民政协	106	106	106			
人民政协	106	106	106			
民主党派	19	19	18			
民主党派	19	19	18			
社会保障	222	222	212			
社会保障	222	222	212			
社会保障	222	222	212			
群众团体、社会团体和其他成员组织	14970	14969	1919	174	6	55
群众团体	961	960	623	11	1	4
工会	473	472	232	10	1	1
妇联	97	97	91	1		
共青团	105	105	101			
其他群众团体	286	286	199			3
社会团体	4351	4351	1123	107	5	22
专业性团体	1268	1268	544	27	1	10
行业性团体	1907	1907	309	38	2	10
其他社会团体	1176	1176	270	42	2	2
基金会	26	26	10			
基金会	26	26	10			
宗教组织	9632	9632	163	56		29
宗教组织	9632	9632	163	56		29
基层群众自治组织	10830	10830				
社区自治组织	2039	2039				
社区自治组织	2039	2039				
村民自治组织	8791	8791				
村民自治组织	8791	8791				
国际组织						
国际组织						
国际组织						
国际组织						

国有联营	集体联营	国有与集体联营	其他联营	有限责任公司	国有独资	其他有限责任公司	股份有限公司	私营	私营独资
5	**35**	**1**	**17**	**25**	**1**	**24**	**3**	**48**	**18**
2			1						
2			1						
1									
1			1						
				2	1	1		1	
				2	1	1		1	
				2	1	1		1	
3	35	1	16	23		23	3	47	18
1	1		2	12		12	3	23	5
1				11		11	3	20	3
								1	1
								1	1
	1		2	1		1		1	
2	13		7	11		11		24	13
1	5		4	5		5		6	4
	7		3	4		4		13	6
1	1			2		2		5	3
	21	1	7						
	21	1	7						

1-12 续表 34

行业小类	私营合伙	私营有限责任公司	私营股份有限公司	其他	港、澳、台商投资	港澳台商合资经营
总 计	**1377**	**39996**	**808**	**33752**	**122**	**56**
农、林、牧、渔业	**20**	**293**	**14**	**3086**	**1**	
农业		2		3		
谷物种植		1				
稻谷种植						
小麦种植		1				
玉米种植						
其他谷物种植						
豆类、油料和薯类种植						
豆类种植						
油料种植						
薯类种植						
棉、麻、糖、烟草种植						
棉花种植						
麻类种植						
糖料种植						
烟草种植						
蔬菜、食用菌及园艺作物种植				1		
蔬菜种植				1		
食用菌种植						
花卉种植						
其他园艺作物种植						
水果种植		1		2		
仁果类和核果类水果种植						
葡萄种植				2		
柑橘类种植						
香蕉等亚热带水果种植						
其他水果种植		1				
坚果、含油果、香料和饮料作物种植						
坚果种植						
含油果种植						
香料作物种植						
茶及其他饮料作物种植						
中药材种植						
中药材种植						
其他农业						
其他农业						
林业				1		
林木育种和育苗				1		
林木育种				1		
林木育苗						
造林和更新						
造林和更新						
森林经营和管护						
森林经营和管护						
木材和竹材采运						
木材采运						
竹材采运						

港澳台商合作经营	港澳台商独资	港澳台商投资股份有限公司	其他港澳台商投资	外商投资企业	中外合资经营	中外合作经营	外资企业	外商投资股份有限公司	其他外商投资
4	42	15	5	214	88	10	83	10	23
	1			1		1			

1-12 续表 35

行业小类	私营合伙	私营有限责任公司	私营股份有限公司	其他	港、澳、台商投资	港澳台商合资经营
林产品采集						
木竹材林产品采集						
非木竹材林产品采集						
畜牧业		1		2		
牲畜饲养		1		1		
牛的饲养				1		
马的饲养						
猪的饲养		1				
羊的饲养						
骆驼饲养						
其他牲畜饲养						
家禽饲养				1		
鸡的饲养				1		
鸭的饲养						
鹅的饲养						
其他家禽饲养						
狩猎和捕捉动物						
狩猎和捕捉动物						
其他畜牧业						
其他畜牧业						
渔业						
水产养殖						
海水养殖						
内陆养殖						
水产捕捞						
海水捕捞						
内陆捕捞						
农、林、牧、渔服务业	20	290	14	3080	1	
农业服务业	15	266	11	1963	1	
农业机械服务	2	12	2	374		
灌溉服务		14		52		
农产品初加工服务	12	183	7	496	1	
其他农业服务	1	57	2	1041		
林业服务业		12	1	108		
林业有害生物防治服务		2		6		
森林防火服务		1				
林产品初级加工服务		2	1	26		
其他林业服务		7		76		
畜牧服务业	4	12	2	995		
畜牧服务业	4	12	2	995		
渔业服务业	1			14		
渔业服务业	1			14		
采矿业	**44**	**785**	**24**	**93**	**8**	**3**
煤炭开采和洗选业	9	87	6	15	2	1
烟煤和无烟煤开采洗选	8	85	6	14	2	1
烟煤和无烟煤开采洗选	8	85	6	14	2	1
褐煤开采洗选						
褐煤开采洗选						

港澳台商合作经营	港澳台商独资	港澳台商投资股份有限公司	其他港澳台商投资	外商投资企业	中外合资经营	中外合作经营	外资企业	外商投资股份有限公司	其他外商投资
				1		1			
				1		1			
				1		1			
	1								
	1								
	1								
1	**2**	**2**		**8**	**5**	**1**	**2**		
	1			3	3				
	1			3	3				
	1			3	3				

1-12 续表 36

行业小类	私营合伙	私营有限责任公司	私营股份有限公司	其他	港、澳、台商投资	港澳台商合资经营
其他煤炭采选	1	2		1		
其他煤炭采选	1	2		1		
石油和天然气开采业		4				
石油开采		3				
石油开采		3				
天然气开采		1				
天然气开采		1				
黑色金属矿采选业	10	187	5	8	1	1
铁矿采选	10	174	5	7	1	1
铁矿采选	10	174	5	7	1	1
锰矿、铬矿采选		10				
锰矿、铬矿采选		10				
其他黑色金属矿采选		3		1		
其他黑色金属矿采选		3		1		
有色金属矿采选业	2	103	2	9	4	
常用有色金属矿采选	1	63	2	4	2	
铜矿采选		43	1	3	2	
铅锌矿采选		10				
镍钴矿采选		6				
锡矿采选						
锑矿采选						
铝矿采选						
镁矿采选	1	1				
其他常用有色金属矿采选		3	1	1		
贵金属矿采选	1	35		1	1	
金矿采选	1	33		1	1	
银矿采选		2				
其他贵金属矿采选						
稀有稀土金属矿采选		5		4	1	
钨钼矿采选		4				
稀土金属矿采选					1	
放射性金属矿采选						
其他稀有金属矿采选		1		4		
非金属矿采选业	20	242	8	56		
土砂石开采	19	187	6	50		
石灰石、石膏开采	3	44	2	11		
建筑装饰用石开采	2	31		5		
耐火土石开采	1	4		2		
粘土及其他土砂石开采	13	108	4	32		
化学矿开采		7				
化学矿开采		7				
采盐		2				
采盐		2				
石棉及其他非金属矿采选	1	46	2	6		
石棉、云母矿采选		6				
石墨、滑石采选		4				
宝石、玉石采选		22	2	4		
其他未列明非金属矿采选	1	14		2		
开采辅助活动	3	114	2	1	1	1
煤炭开采和洗选辅助活动		8		1		
煤炭开采和洗选辅助活动		8		1		

港澳台商合作经营	港澳台商独资	港澳台商投资股份有限公司	其他港澳台商投资	外商投资企业	中外合资经营	中外合作经营	外资企业	外商投资股份有限公司	其他外商投资
				1		1			
				1		1			
				1		1			
1	1	2		2	2				
1	1			2	2				
1	1			1	1				
				1	1				
		1							
		1							
		1							
		1							
				1			1		
				1			1		
				1			1		
				1			1		

1-12 续表 37

行业小类	私营合伙	私营有限责任公司	私营股份有限公司	其他	港、澳、台商投资	港澳台商合资经营
石油和天然气开采辅助活动	3	98	1		1	1
石油和天然气开采辅助活动	3	98	1		1	1
其他开采辅助活动		8	1			
其他开采辅助活动		8	1			
其他采矿业		48	1	4		
其他采矿业		48	1	4		
其他采矿业		48	1	4		
制造业	**225**	**5132**	**164**	**811**	**45**	**26**
农副食品加工业	18	517	20	143	5	2
谷物磨制	4	62		16		
谷物磨制	4	62		16		
饲料加工		32	2	4		
饲料加工		32	2	4		
植物油加工	3	123	6	13		
食用植物油加工	3	113	6	12		
非食用植物油加工		10		1		
制糖业		3		1		
制糖业		3		1		
屠宰及肉类加工	5	62	2	19		
牲畜屠宰	4	28	1	9		
禽类屠宰		6		3		
肉制品及副产品加工	1	28	1	7		
水产品加工		8				
水产品冷冻加工		5				
鱼糜制品及水产品干腌制加工		1				
水产饲料制造		2				
鱼油提取及制品制造						
其他水产品加工						
蔬菜、水果和坚果加工	3	149	3	65	4	2
蔬菜加工	1	32		7	1	
水果和坚果加工	2	117	3	58	3	2
其他农副食品加工	3	78	7	25	1	
淀粉及淀粉制品制造	1	9	4	3		
豆制品制造		9		2		
蛋品加工		1				
其他未列明农副食品加工	2	59	3	20	1	
食品制造业	4	169	11	23	7	6
焙烤食品制造	1	37	1	1		
糕点、面包制造	1	29	1			
饼干及其他焙烤食品制造		8		1		
糖果、巧克力及蜜饯制造		5	1	2		
糖果、巧克力制造		4	1	2		
蜜饯制作		1				
方便食品制造		15		8	1	
米、面制品制造		9		6		
速冻食品制造						
方便面及其他方便食品制造		6		2	1	

港澳台商合作经营	港澳台商独资	港澳台商投资股份有限公司	其他港澳台商投资	外商投资企业	中外合资经营	中外合作经营	外资企业	外商投资股份有限公司	其他外商投资
				1			1		
				1			1		
1	**15**	**3**		**71**	**41**	**1**	**21**	**5**	**3**
1	2			14	9	1	4		
				3		1	2		
				3		1	2		
				4	4				
				4	4				
				2	2				
				2	2				
1	1			2	1		1		
1									
	1			2	1		1		
	1			3	2		1		
	1			3	2		1		
	1			9	5		3	1	
				3	1		2		
				1	1				
				2			2		
				1	1				
				1	1				
	1			2	2				
	1			2	2				

1-12 续表 38

行业小类	私营合伙	私营有限责任公司	私营股份有限公司	其他	港、澳、台商投资	港澳台商合资经营
乳制品制造	1	18	2	2		
乳制品制造	1	18	2	2		
罐头食品制造	1	46	7	5	6	6
肉、禽类罐头制造		2		1		
水产品罐头制造						
蔬菜、水果罐头制造	1	44	7	4	6	6
其他罐头食品制造						
调味品、发酵制品制造	1	8		1		
味精制造		2				
酱油、食醋及类似制品制造		4		1		
其他调味品、发酵制品制造	1	2				
其他食品制造		40		4		
营养食品制造		8		1		
保健食品制造		6				
冷冻饮品及食用冰制造		5				
盐加工						
食品及饲料添加剂制造		14				
其他未列明食品制造		7		3		
酒、饮料和精制茶制造业	9	171	6	18	4	3
酒的制造	5	106	4	8		
酒精制造		5				
白酒制造	2	38	1	3		
啤酒制造		5	1			
黄酒制造		1				
葡萄酒制造	3	46	2	4		
其他酒制造		11		1		
饮料制造	4	57	1	10	4	3
碳酸饮料制造		6			2	2
瓶(罐)装饮用水制造	2	25		9	1	
果菜汁及果菜汁饮料制造	1	19		1	1	1
含乳饮料和植物蛋白饮料制造	1	1				
固体饮料制造						
茶饮料及其他饮料制造		6	1			
精制茶加工		8	1			
精制茶加工		8	1			
烟草制品业						
烟叶复烤						
烟叶复烤						
卷烟制造						
卷烟制造						
其他烟草制品制造						
其他烟草制品制造						
纺织业	2	119	5	31	7	2
棉纺织及印染精加工	2	67	1	11	7	2
棉纺纱加工	2	61	1	10	7	2
棉织造加工		5		1		
棉印染精加工		1				
毛纺织及染整精加工		7		3		
毛条和毛纱线加工		4		1		
毛织造加工		2		2		
毛染整精加工		1				

港澳台商合作经营	港澳台商独资	港澳台商投资股份有限公司	其他港澳台商投资	外商投资企业	中外合资经营	中外合作经营	外资企业	外商投资股份有限公司	其他外商投资
				2			1	1	
				2			1	1	
				1	1				
				1	1				
	1			14	8		3	3	
				5	2		1	2	
				5	2		1	2	
	1			9	6		2	1	
	1			1			1		
				2			1	1	
				1	1				
				5	5				
	5			2	1		1		
	5			2	1		1		
	5			2	1		1		

1-12 续表 39

行业小类	私营合伙	私营有限责任公司	私营股份有限公司	其他	港、澳、台商投资	港澳台商合资经营
麻纺织及染整精加工		1	1			
麻纤维纺前加工和纺纱		1	1			
麻织造加工						
麻染整精加工						
丝绢纺织及印染精加工				2		
缫丝加工						
绢纺和丝织加工				2		
丝印染精加工						
化纤织造及印染精加工		2				
化纤织造加工		2				
化纤织物染整精加工						
针织或钩针编织物及其制品制造		11	1	7		
针织或钩针编织物织造		8	1	3		
针织或钩针编织物印染精加工		1				
针织或钩针编织品制造		2		4		
家用纺织制成品制造		14	1	6		
床上用品制造		12	1			
毛巾类制品制造		1				
窗帘、布艺类产品制造		1				
其他家用纺织制成品制造				6		
非家用纺织制成品制造		17	1	2		
非织造布制造		1				
绳、索、缆制造				1		
纺织带和帘子布制造		3				
篷、帆布制造		9				
其他非家用纺织制成品制造		4	1	1		
纺织服装、服饰业	3	80		17		
机织服装制造	2	41		4		
机织服装制造	2	41		4		
针织或钩针编织服装制造		4		4		
针织或钩针编织服装制造		4		4		
服饰制造	1	35		9		
服饰制造	1	35		9		
皮革、毛皮、羽毛及其制品和制鞋业	2	20	1	1		
皮革鞣制加工		2				
皮革鞣制加工		2				
皮革制品制造	2	9				
皮革服装制造		7				
皮箱、包(袋)制造		1				
皮手套及皮装饰制品制造						
其他皮革制品制造	2	1				
毛皮鞣制及制品加工		5	1	1		
毛皮鞣制加工		1	1	1		
毛皮服装加工		2				
其他毛皮制品加工		2				
羽毛(绒)加工及制品制造		2				
羽毛(绒)加工		2				
羽毛(绒)制品加工						

港澳台商合作经营	港澳台商独资	港澳台商投资股份有限公司	其他港澳台商投资	外商投资企业	中外合资经营	中外合作经营	外资企业	外商投资股份有限公司	其他外商投资

1-12 续表 40

行业小类	私营合伙	私营有限责任公司	私营股份有限公司	其他	港、澳、台商投资	港澳台商合资经营
制鞋业		2				
纺织面料鞋制造						
皮鞋制造		1				
塑料鞋制造		1				
橡胶鞋制造						
其他制鞋业						
木材加工和木、竹、藤、棕、草制品业	3	84	5	28		
木材加工	2	25	1	9		
锯材加工	1	7		4		
木片加工		5	1	4		
单板加工		5				
其他木材加工	1	8		1		
人造板制造		26	3	3		
胶合板制造		8	1	1		
纤维板制造		6	1	1		
刨花板制造		4				
其他人造板制造		8	1	1		
木制品制造	1	30	1	12		
建筑用木料及木材组件加工		13		8		
木门窗、楼梯制造		9				
地板制造	1	1				
木制容器制造		3	1	3		
软木制品及其他木制品制造		4		1		
竹、藤、棕、草等制品制造		3		4		
竹制品制造						
藤制品制造						
棕制品制造						
草及其他制品制造		3		4		
家具制造业	5	69	1	5		
木质家具制造	5	45	1	4		
木质家具制造	5	45	1	4		
竹、藤家具制造		1				
竹、藤家具制造		1				
金属家具制造		14		1		
金属家具制造		14		1		
塑料家具制造		1				
塑料家具制造		1				
其他家具制造		8				
其他家具制造		8				
造纸和纸制品业	2	107	3	6	4	3
纸浆制造		2				
木竹浆制造		2				
非木竹浆制造						
造纸		28	2	2	1	1
机制纸及纸板制造		20	1		1	1
手工纸制造		1				
加工纸制造		7	1	2		
纸制品制造	2	77	1	4	3	2
纸和纸板容器制造	2	47	1	2	1	
其他纸制品制造		30		2	2	2

港澳台商合作经营	港澳台商独资	港澳台商投资股份有限公司	其他港澳台商投资	外商投资企业	中外合资经营	中外合作经营	外资企业	外商投资股份有限公司	其他外商投资
				1			1		
				1			1		
				1			1		
		1		2	1		1		
		1		2	1		1		
		1		2	1		1		

1-12 续表 41

行业小类						
					港、澳、台商投资	港澳台商合资经营
	私营合伙	私营有限责任公司	私营股份有限公司	其他		
印刷和记录媒介复制业	5	142	4	8		
印刷	3	122	3	7		
书、报刊印刷	2	41	1	3		
本册印制	1	16	1	2		
包装装潢及其他印刷		65	1	2		
装订及印刷相关服务	2	20	1	1		
装订及印刷相关服务	2	20	1	1		
记录媒介复制						
记录媒介复制						
文教、工美、体育和娱乐用品制造业	4	51	3	204	1	
文教办公用品制造		7				
文具制造		2				
笔的制造		1				
教学用模型及教具制造		2				
墨水、墨汁制造						
其他文教办公用品制造		2				
乐器制造						
中乐器制造						
西乐器制造						
电子乐器制造						
其他乐器及零件制造						
工艺美术品制造	4	39	2	204	1	
雕塑工艺品制造		6		5		
金属工艺品制造		2	1	1		
漆器工艺品制造						
花画工艺品制造		2				
天然植物纤维编织工艺品制造		1		1		
抽纱刺绣工艺品制造	1	7		139		
地毯、挂毯制造	3	11		49	1	
珠宝首饰及有关物品制造		5		1		
其他工艺美术品制造		5	1	8		
体育用品制造		3	1			
球类制造		1				
体育器材及配件制造						
训练健身器材制造		2	1			
运动防护用具制造						
其他体育用品制造						
玩具制造		1				
玩具制造		1				
游艺器材及娱乐用品制造		1				
露天游乐场所游乐设备制造		1				
游艺用品及室内游艺器材制造						
其他娱乐用品制造						
石油加工、炼焦和核燃料加工业	3	108	5	4	1	1
精炼石油产品制造	3	65	4	2		
原油加工及石油制品制造	3	63	4	2		
人造原油制造		2				

港澳台商合作经营	港澳台商独资	港澳台商投资股份有限公司	其他港澳台商投资	外商投资企业	中外合资经营	中外合作经营	外资企业	外商投资股份有限公司	其他外商投资
	1			2	1			1	
	1			2	1			1	
	1			2	1			1	
				2	2				
				1	1				
				1	1				

1-12 续表 42

行业小类	私营合伙	私营有限责任公司	私营股份有限公司	其他	港、澳、台商投资	港澳台商合资经营
炼焦		43	1	2	1	1
炼焦		43	1	2	1	1
核燃料加工						
核燃料加工						
化学原料和化学制品制造业	14	383	15	27	6	4
基础化学原料制造	4	58	3	3	2	1
无机酸制造	1	5				
无机碱制造		1				
无机盐制造		16	1			
有机化学原料制造	1	14			1	1
其他基础化学原料制造	2	22	2	3	1	
肥料制造	7	117	8	15	3	3
氮肥制造	1	7		2		
磷肥制造		1				
钾肥制造	1	7	1	1		
复混肥料制造	2	40	2	5		
有机肥料及微生物肥料制造	3	48	3	5	3	3
其他肥料制造		14	2	2		
农药制造		2		2		
化学农药制造				2		
生物化学农药及微生物农药制造		2				
涂料、油墨、颜料及类似产品制造	1	46	1	2		
涂料制造	1	41	1	1		
油墨及类似产品制造						
颜料制造						
染料制造						
密封用填料及类似品制造		5		1		
合成材料制造		20	1	1		
初级形态塑料及合成树脂制造		6	1			
合成橡胶制造		4		1		
合成纤维单(聚合)体制造		1				
其他合成材料制造		9				
专用化学产品制造	2	117	1	4	1	
化学试剂和助剂制造	2	61		2	1	
专项化学用品制造		36				
林产化学产品制造		1	1			
信息化学品制造						
环境污染处理专用药剂材料制造		5		1		
动物胶制造		4				
其他专用化学产品制造		10		1		
炸药、火工及焰火产品制造		5				
炸药及火工产品制造		4				
焰火、鞭炮产品制造		1				
日用化学产品制造		18	1			
肥皂及合成洗涤剂制造		5				
化妆品制造		5				
口腔清洁用品制造		1				
香料、香精制造		6	1			
其他日用化学产品制造		1				

港澳台商合作经营	港澳台商独资	港澳台商投资股份有限公司	其他港澳台商投资	外商投资企业	中外合资经营	中外合作经营	外资企业	外商投资股份有限公司	其他外商投资
				1	1				
				1	1				
	2			4	1		3		
	1								
	1								
				3	1		2		
				1			1		
				2	1		1		
	1			1			1		
	1								
				1			1		

1-12 续表 43

行业小类	私营合伙	私营有限责任公司	私营股份有限公司	其他	港、澳、台商投资	港澳台商合资经营
医药制造业	2	48	4	5	1	
化学药品原料药制造		3				
化学药品原料药制造		3				
化学药品制剂制造		1				
化学药品制剂制造		1				
中药饮片加工	1	17	1	1		
中药饮片加工	1	17	1	1		
中成药生产		9		1	1	
中成药生产		9		1	1	
兽用药品制造		2				
兽用药品制造		2				
生物药品制造	1	10	2			
生物药品制造	1	10	2			
卫生材料及医药用品制造		6	1	3		
卫生材料及医药用品制造		6	1	3		
化学纤维制造业		10				
纤维素纤维原料及纤维制造		8				
化纤浆粕制造		5				
人造纤维(纤维素纤维)制造		3				
合成纤维制造		2				
锦纶纤维制造						
涤纶纤维制造						
腈纶纤维制造						
维纶纤维制造		1				
丙纶纤维制造						
氨纶纤维制造		1				
其他合成纤维制造						
橡胶和塑料制品业	29	570	15	55	4	2
橡胶制品业	2	31		2		
轮胎制造	1	3				
橡胶板、管、带制造		14		1		
橡胶零件制造		3				
再生橡胶制造		2				
日用及医用橡胶制品制造		1				
其他橡胶制品制造	1	8		1		
塑料制品业	27	539	15	53	4	2
塑料薄膜制造	4	53	4	9		
塑料板、管、型材制造	10	245	4	26	2	1
塑料丝、绳及编织品制造	4	53	1	4		
泡沫塑料制造	2	50	1			
塑料人造革、合成革制造						
塑料包装箱及容器制造	1	26	1	2	1	1
日用塑料制品制造	1	49	1	6	1	
塑料零件制造		2				
其他塑料制品制造	5	61	3	6		
非金属矿物制品业	76	1059	26	145	1	1
水泥、石灰和石膏制造	1	86	4	5		
水泥制造	1	52	2	2		
石灰和石膏制造		34	2	3		

港澳台商合作经营	港澳台商独资	港澳台商投资股份有限公司	其他港澳台商投资	外商投资企业	中外合资经营	中外合作经营	外资企业	外商投资股份有限公司	其他外商投资
	1			2	2				
				1	1				
				1	1				
	1			1	1				
	1			1	1				
		2		2	2				
		2		2	2				
				1	1				
		1							
				1	1				
		1							
				3	1		1		1

1-12 续表 44

行业小类	私营合伙	私营有限责任公司	私营股份有限公司	其他	港、澳、台商投资	港澳台商合资经营
石膏、水泥制品及类似制品制造	9	290	11	25		
水泥制品制造	3	222	6	18		
砼结构构件制造	2	19		2		
石棉水泥制品制造		2	1			
轻质建筑材料制造	2	33	3	4		
其他水泥类似制品制造	2	14	1	1		
砖瓦、石材等建筑材料制造	61	557	8	112		
粘土砖瓦及建筑砌块制造	53	192	2	94		
建筑陶瓷制品制造		14	1	2		
建筑用石加工	1	180	2	10		
防水建筑材料制造	1	22	1	2		
隔热和隔音材料制造	2	79	1	2		
其他建筑材料制造	4	70	1	2		
玻璃制造		16		1		
平板玻璃制造		9		1		
其他玻璃制造		7				
玻璃制品制造		27		1		
技术玻璃制品制造		2				
光学玻璃制造		1				
玻璃仪器制造		1				
日用玻璃制品制造		5				
玻璃包装容器制造		6		1		
玻璃保温容器制造		3				
制镜及类似品加工		2				
其他玻璃制品制造		7				
玻璃纤维和玻璃纤维增强塑料制品制造	1	17	2			
玻璃纤维及制品制造		4	1			
玻璃纤维增强塑料制品制造	1	13	1			
陶瓷制品制造	1	6	1			
卫生陶瓷制品制造	1	1				
特种陶瓷制品制造						
日用陶瓷制品制造		2				
园林、陈设艺术及其他陶瓷制品制造		3	1			
耐火材料制品制造	3	24				
石棉制品制造	1	4				
云母制品制造						
耐火陶瓷制品及其他耐火材料制造	2	20				
石墨及其他非金属矿物制品制造		36		1	1	1
石墨及碳素制品制造		7		1		
其他非金属矿物制品制造		29			1	1
黑色金属冶炼和压延加工业	2	106	1	4	1	
炼铁	1	22	1	2		
炼铁	1	22	1	2		
炼钢		4				
炼钢		4				
黑色金属铸造		25		1		
黑色金属铸造		25		1		
钢压延加工	1	50		1		
钢压延加工	1	50		1		

				外商投资企业					
港澳台商合作经营	港澳台商独资	港澳台商投资股份有限公司	其他港澳台商投资		中外合资经营	中外合作经营	外资企业	外商投资股份有限公司	其他外商投资
				1			1		
				1			1		
				2	1				1
				2	1				1
	1			2			1		1
				1					1
				1					1

1-12 续表 45

行业小类	私营合伙	私营有限责任公司	私营股份有限公司	其他	港、澳、台商投资	港澳台商合资经营
铁合金冶炼		5			1	
铁合金冶炼		5			1	
有色金属冶炼和压延加工业	1	50	4	3	1	1
常用有色金属冶炼	1	17	2			
铜冶炼	1	6				
铅锌冶炼		2	2			
镍钴冶炼						
锡冶炼						
锑冶炼						
铝冶炼		4				
镁冶炼		3				
其他常用有色金属冶炼		2				
贵金属冶炼		3			1	1
金冶炼		3			1	1
银冶炼						
其他贵金属冶炼						
稀有稀土金属冶炼		7	2			
钨钼冶炼						
稀土金属冶炼						
其他稀有金属冶炼		7	2			
有色金属合金制造		4				
有色金属合金制造		4				
有色金属铸造		2				
有色金属铸造		2				
有色金属压延加工		17		3		
铜压延加工		3				
铝压延加工		8				
贵金属压延加工						
稀有稀土金属压延加工						
其他有色金属压延加工		6		3		
金属制品业	10	503	14	41		
结构性金属制品制造	6	338	9	26		
金属结构制造	2	239	5	12		
金属门窗制造	4	99	4	14		
金属工具制造	1	21		5		
切削工具制造		3				
手工具制造						
农用及园林用金属工具制造	1	7		4		
刀剪及类似日用金属工具制造				1		
其他金属工具制造		11				
集装箱及金属包装容器制造	1	26	1	1		
集装箱制造		1				
金属压力容器制造	1	8				
金属包装容器制造		17	1	1		
金属丝绳及其制品制造		6		2		
金属丝绳及其制品制造		6		2		
建筑、安全用金属制品制造		42	1	2		
建筑、家具用金属配件制造		12				
建筑装饰及水暖管道零件制造		13	1			
安全、消防用金属制品制造		8		1		
其他建筑、安全用金属制品制造		9		1		

港澳台商合作经营	港澳台商独资	港澳台商投资股份有限公司	其他港澳台商投资	外商投资企业	中外合资经营	中外合作经营	外资企业	外商投资股份有限公司	其他外商投资
	1			1			1		
	1			1			1		
				2	1		1		
				1			1		
				1			1		
				1	1				
				1	1				

1-12 续表 46

行业小类	私营合伙	私营有限责任公司	私营股份有限公司	其他	港、澳、台商投资	港澳台商合资经营
金属表面处理及热处理加工		18				
金属表面处理及热处理加工		18				
搪瓷制品制造						
生产专用搪瓷制品制造						
建筑装饰搪瓷制品制造						
搪瓷卫生洁具制造						
搪瓷日用品及其他搪瓷制品制造						
金属制日用品制造		13		1		
金属制厨房用器具制造		7				
金属制餐具和器皿制造						
金属制卫生器具制造						
其他金属制日用品制造		6		1		
其他金属制品制造	2	39	3	4		
锻件及粉末冶金制品制造	1	7	2			
交通及公共管理用金属标牌制造		10	1			
其他未列明金属制品制造	1	22		4		
通用设备制造业	9	195	2	9		
锅炉及原动设备制造	3	33		2		
锅炉及辅助设备制造	3	31		2		
内燃机及配件制造		1				
汽轮机及辅机制造						
水轮机及辅机制造						
风能原动设备制造						
其他原动设备制造		1				
金属加工机械制造	1	40		1		
金属切削机床制造		4				
金属成形机床制造		1				
铸造机械制造		3				
金属切割及焊接设备制造		1				
机床附件制造						
其他金属加工机械制造	1	31		1		
物料搬运设备制造	1	17		2		
轻小型起重设备制造		1				
起重机制造		9				
生产专用车辆制造		2				
连续搬运设备制造		2				
电梯、自动扶梯及升降机制造	1	2		2		
其他物料搬运设备制造		1				
泵、阀门、压缩机及类似机械制造		11				
泵及真空设备制造		7				
气体压缩机械制造		1				
阀门和旋塞制造		2				
液压和气压动力机械及元件制造		1				
轴承、齿轮和传动部件制造		4				
轴承制造		2				
齿轮及齿轮减、变速箱制造		2				
其他传动部件制造						

港澳台商合作经营	港澳台商独资	港澳台商投资股份有限公司	其他港澳台商投资	外商投资企业	中外合资经营	中外合作经营	外资企业	外商投资股份有限公司	其他外商投资
				1			1		

1-12 续表 47

行业小类	私营合伙	私营有限责任公司	私营股份有限公司	其他	港、澳、台商投资	港澳台商合资经营
烘炉、风机、衡器、包装等设备制造	1	21		1		
烘炉、熔炉及电炉制造		1				
风机、风扇制造	1	11		1		
气体、液体分离及纯净设备制造		2				
制冷、空调设备制造		2				
风动和电动工具制造		2				
喷枪及类似器具制造						
衡器制造		3				
包装专用设备制造						
文化、办公用机械制造	1					
电影机械制造						
幻灯及投影设备制造						
照相机及器材制造						
复印和胶印设备制造	1					
计算器及货币专用设备制造						
其他文化、办公用机械制造						
通用零部件制造	2	59	2	3		
金属密封件制造		3		2		
紧固件制造		2		1		
弹簧制造	1					
机械零部件加工	1	51	2			
其他通用零部件制造		3				
其他通用设备制造业		10				
其他通用设备制造业		10				
专用设备制造业	9	229	7	17	1	1
采矿、冶金、建筑专用设备制造	2	80	1	4	1	1
矿山机械制造		30	1			
石油钻采专用设备制造		16			1	1
建筑工程用机械制造	1	11		2		
海洋工程专用设备制造						
建筑材料生产专用机械制造		22		2		
冶金专用设备制造	1	1				
化工、木材、非金属加工专用设备制造		26		1		
炼油、化工生产专用设备制造		6		1		
橡胶加工专用设备制造		1				
塑料加工专用设备制造		5				
木材加工机械制造		2				
模具制造		8				
其他非金属加工专用设备制造		4				
食品、饮料、烟草及饲料生产专用设备制造	1	4	1	1		
食品、酒、饮料及茶生产专用设备制造						
农副食品加工专用设备制造		4	1	1		
烟草生产专用设备制造						
饲料生产专用设备制造	1					
印刷、制药、日化及日用品生产专用设备制造	1	8				
制浆和造纸专用设备制造		1				
印刷专用设备制造		1				
日用化工专用设备制造		2				

港澳台商合作经营	港澳台商独资	港澳台商投资股份有限公司	其他港澳台商投资	外商投资企业	中外合资经营	中外合作经营	外资企业	外商投资股份有限公司	其他外商投资
				1			1		
				1			1		
				4	3		1		
				1	1				
				1	1				
				2	1		1		
				1			1		
				1	1				

1-12 续表 48

行业小类	私营合伙	私营有限责任公司	私营股份有限公司	其他	港、澳、台商投资	港澳台商合资经营
制药专用设备制造		1				
照明器具生产专用设备制造		1				
玻璃、陶瓷和搪瓷制品生产专用设备制造	1	1				
其他日用品生产专用设备制造		1				
纺织、服装和皮革加工专用设备制造		1	1			
纺织专用设备制造			1			
皮革、毛皮及其制品加工专用设备制造						
缝制机械制造		1				
洗涤机械制造						
电子和电工机械专用设备制造	1	6		1		
电工机械专用设备制造	1	2		1		
电子工业专用设备制造		4				
农、林、牧、渔专用机械制造	1	69	4	6		
拖拉机制造		7	1			
机械化农业及园艺机具制造		31		2		
营林及木竹采伐机械制造						
畜牧机械制造		3				
渔业机械制造						
农林牧渔机械配件制造		12	2	1		
棉花加工机械制造	1	4	1	2		
其他农、林、牧、渔业机械制造		12		1		
医疗仪器设备及器械制造	1	3		1		
医疗诊断、监护及治疗设备制造						
口腔科用设备及器具制造						
医疗实验室及医用消毒设备和器具制造						
医疗、外科及兽医用器械制造		1				
机械治疗及病房护理设备制造		1				
假肢、人工器官及植(介)入器械制造		1		1		
其他医疗设备及器械制造	1					
环保、社会公共服务及其他专用设备制造	2	32		3		
环境保护专用设备制造	1	15				
地质勘查专用设备制造						
邮政专用机械及器材制造		1				
商业、饮食、服务专用设备制造						
社会公共安全设备及器材制造						
交通安全、管制及类似专用设备制造		3		1		
水资源专用机械制造		5				
其他专用设备制造	1	8		2		
汽车制造业	1	21	1	4		
汽车整车制造		1				
汽车整车制造		1				
改装汽车制造	1	14	1	3		
改装汽车制造	1	14	1	3		
低速载货汽车制造						
低速载货汽车制造						
电车制造				1		
电车制造				1		

港澳台商合作经营	港澳台商独资	港澳台商投资股份有限公司	其他港澳台商投资	外商投资企业	中外合资经营	中外合作经营	外资企业	外商投资股份有限公司	其他外商投资
				1	1				
				1	1				
				1	1				
				1	1				
				1	1				

1-12 续表 49

行业小类	私营合伙	私营有限责任公司	私营股份有限公司	其他	港、澳、台商投资	港澳台商合资经营
汽车车身、挂车制造		2				
汽车车身、挂车制造		2				
汽车零部件及配件制造		4				
汽车零部件及配件制造		4				
铁路、船舶、航空航天和其他运输设备制造业		5				
铁路运输设备制造		1				
铁路机车车辆及动车组制造						
窄轨机车车辆制造						
铁路机车车辆配件制造		1				
铁路专用设备及器材、配件制造						
其他铁路运输设备制造						
城市轨道交通设备制造						
城市轨道交通设备制造						
船舶及相关装置制造						
金属船舶制造						
非金属船舶制造						
娱乐船和运动船制造						
船用配套设备制造						
船舶改装与拆除						
航标器材及其他相关装置制造						
航空、航天器及设备制造						
飞机制造						
航天器制造						
航空、航天相关设备制造						
其他航空航天器制造						
摩托车制造		2				
摩托车整车制造		1				
摩托车零部件及配件制造		1				
自行车制造		2				
脚踏自行车及残疾人座车制造		1				
助动自行车制造		1				
非公路休闲车及零配件制造						
非公路休闲车及零配件制造						
潜水救捞及其他未列明运输设备制造						
潜水及水下救捞装备制造						
其他未列明运输设备制造						
电气机械和器材制造业	6	187	8	2		
电机制造		15	1			
发电机及发电机组制造		11	1			
电动机制造		3				
微电机及其他电机制造		1				
输配电及控制设备制造	4	81	4	2		
变压器、整流器和电感器制造	2	24	1			
电容器及其配套设备制造		3				
配电开关控制设备制造	2	37	2	2		
电力电子元器件制造		4				
光伏设备及元器件制造		2				
其他输配电及控制设备制造		11	1			

港澳台商合作经营	港澳台商独资	港澳台商投资股份有限公司	其他港澳台商投资	外商投资企业	中外合资经营	中外合作经营	外资企业	外商投资股份有限公司	其他外商投资
				2	1				1
				1	1				
				1	1				

1-12 续表 50

行业小类	私营合伙	私营有限责任公司	私营股份有限公司	其他	港、澳、台商投资	港澳台商合资经营
电线、电缆、光缆及电工器材制造		46				
电线、电缆制造		40				
光纤、光缆制造		3				
绝缘制品制造		2				
其他电工器材制造		1				
电池制造	1	1				
锂离子电池制造	1					
镍氢电池制造						
其他电池制造		1				
家用电力器具制造		7				
家用制冷电器具制造		2				
家用空气调节器制造						
家用通风电器具制造		1				
家用厨房电器具制造						
家用清洁卫生电器具制造		1				
家用美容、保健电器具制造						
家用电力器具专用配件制造						
其他家用电力器具制造		3				
非电力家用器具制造		5	2			
燃气、太阳能及类似能源家用器具制造		5	1			
其他非电力家用器具制造			1			
照明器具制造	1	22				
电光源制造		1				
照明灯具制造		18				
灯用电器附件及其他照明器具制造	1	3				
其他电气机械及器材制造		10	1			
电气信号设备装置制造		1				
其他未列明电气机械及器材制造		9	1			
计算机、通信和其他电子设备制造业		8				
计算机制造						
计算机整机制造						
计算机零部件制造						
计算机外围设备制造						
其他计算机制造						
通信设备制造		1				
通信系统设备制造		1				
通信终端设备制造						
广播电视设备制造		1				
广播电视节目制作及发射设备制造						
广播电视接收设备及器材制造		1				
应用电视设备及其他广播电视设备制造						
雷达及配套设备制造						
雷达及配套设备制造						
视听设备制造						
电视机制造						
音响设备制造						
影视录放设备制造						
电子器件制造		2				
电子真空器件制造						

港澳台商合作经营	港澳台商独资	港澳台商投资股份有限公司	其他港澳台商投资	外商投资企业	中外合资经营	中外合作经营	外资企业	外商投资股份有限公司	其他外商投资
				1					1
				1					1
				1	1				
				1	1				
				1	1				

1-12 续表 51

行业小类	私营合伙	私营有限责任公司	私营股份有限公司	其他	港、澳、台商投资	港澳台商合资经营
半导体分立器件制造						
集成电路制造						
光电子器件及其他电子器件制造		2				
电子元件制造		1				
电子元件及组件制造		1				
印制电路板制造						
其他电子设备制造		3				
其他电子设备制造		3				
仪器仪表制造业	4	10			1	
通用仪器仪表制造		8				
工业自动控制系统装置制造		2				
电工仪器仪表制造		5				
绘图、计算及测量仪器制造						
实验分析仪器制造						
试验机制造						
供应用仪表及其他通用仪器制造		1				
专用仪器仪表制造	4	2			1	
环境监测专用仪器仪表制造						
运输设备及生产用计数仪表制造	1					
导航、气象及海洋专用仪器制造						
农林牧渔专用仪器仪表制造						
地质勘探和地震专用仪器制造					1	
教学专用仪器制造						
核子及核辐射测量仪器制造						
电子测量仪器制造	2					
其他专用仪器制造	1	2				
钟表与计时仪器制造						
钟表与计时仪器制造						
光学仪器及眼镜制造						
光学仪器制造						
眼镜制造						
其他仪器仪表制造业						
其他仪器仪表制造业						
其他制造业	1	29	2	2		
日用杂品制造		3				
鬃毛加工、制刷及清扫工具制造						
其他日用杂品制造		3				
煤制品制造		5				
煤制品制造		5				
核辐射加工						
核辐射加工						
其他未列明制造业	1	21	2	2		
其他未列明制造业	1	21	2	2		
废弃资源综合利用业		26		6		
金属废料和碎屑加工处理		13		4		
金属废料和碎屑加工处理		13		4		
非金属废料和碎屑加工处理		13		2		
非金属废料和碎屑加工处理		13		2		

港澳台商合作经营	港澳台商独资	港澳台商投资股份有限公司	其他港澳台商投资	外商投资企业	中外合资经营	中外合作经营	外资企业	外商投资股份有限公司	其他外商投资
	1								
	1								
	1								
				1	1				
				1	1				
				1	1				

1-12 续表 52

行业小类	私营合伙	私营有限责任公司	私营股份有限公司	其他	港、澳、台商投资	港澳台商合资经营
金属制品、机械和设备修理业	1	56	1	3		
金属制品修理						
金属制品修理						
通用设备修理	1	16		2		
通用设备修理	1	16		2		
专用设备修理		17				
专用设备修理		17				
铁路、船舶、航空航天等运输设备修理		1				
铁路运输设备修理						
船舶修理						
航空航天器修理						
其他运输设备修理		1				
电气设备修理		8				
电气设备修理		8				
仪器仪表修理		3				
仪器仪表修理		3				
其他机械和设备修理业		11	1	1		
其他机械和设备修理业		11	1	1		
电力、热力、燃气及水生产和供应业	**4**	**203**	**7**	**40**	**3**	**1**
电力、热力生产和供应业	1	156	7	29	3	1
电力生产		91	3	17	3	1
火力发电		12		2	1	
水力发电		25	2	8	1	
核力发电						
风力发电		21		1	1	1
太阳能发电		26	1	5		
其他电力生产		7		1		
电力供应	1	3		2		
电力供应	1	3		2		
热力生产和供应		62	4	10		
热力生产和供应		62	4	10		
燃气生产和供应业	2	31		5		
燃气生产和供应业	2	31		5		
燃气生产和供应业	2	31		5		
水的生产和供应业	1	16		6		
自来水生产和供应		7		4		
自来水生产和供应		7		4		
污水处理及其再生利用	1	8		2		
污水处理及其再生利用	1	8		2		
其他水的处理、利用与分配		1				
其他水的处理、利用与分配		1				
建筑业	**9**	**1476**	**22**	**68**	**4**	**3**
房屋建筑业		361	6	22		
房屋建筑业		361	6	22		
房屋建筑业		361	6	22		
土木工程建筑业	3	263	8	18		
铁路、道路、隧道和桥梁工程建筑	2	92	4	6		
铁路工程建筑		6				

港澳台商合作经营	港澳台商独资	港澳台商投资股份有限公司	其他港澳台商投资	外商投资企业	中外合资经营	中外合作经营	外资企业	外商投资股份有限公司	其他外商投资
		2		**7**	**3**	**1**	**2**	**1**	
		2		3	2		1		
		2		3	2		1		
		1		1	1				
		1		1			1		
				1	1				
				2	1			1	
				2	1			1	
				2	1			1	
				2		1	1		
				2		1	1		
				2		1	1		
	1			**2**	**2**				
				1	1				

1-12 续表 53

行业小类	私营合伙	私营有限责任公司	私营股份有限公司	其他	港、澳、台商投资	港澳台商合资经营
公路工程建筑	1	30		6		
市政道路工程建筑		38	3			
其他道路、隧道和桥梁工程建筑	1	18	1			
水利和内河港口工程建筑		40	2	4		
水源及供水设施工程建筑		37	2	4		
河湖治理及防洪设施工程建筑		2				
港口及航运设施工程建筑		1				
海洋工程建筑						
海洋工程建筑						
工矿工程建筑		15				
工矿工程建筑		15				
架线和管道工程建筑		44		2		
架线及设备工程建筑		32		1		
管道工程建筑		12		1		
其他土木工程建筑	1	72	2	6		
其他土木工程建筑	1	72	2	6		
建筑安装业	2	292	3	10	2	1
电气安装	2	95	1	2	1	
电气安装	2	95	1	2	1	
管道和设备安装		77		2		
管道和设备安装		77		2		
其他建筑安装业		120	2	6	1	1
其他建筑安装业		120	2	6	1	1
建筑装饰和其他建筑业	4	560	5	18	2	2
建筑装饰业	4	404	5	12	2	2
建筑装饰业	4	404	5	12	2	2
工程准备活动		46		1		
建筑物拆除活动		26		1		
其他工程准备活动		20				
提供施工设备服务		18		2		
提供施工设备服务		18		2		
其他未列明建筑业		92		3		
其他未列明建筑业		92		3		
批发和零售业	**295**	**19430**	**257**	**1686**	**22**	**6**
批发业	181	13888	171	1210	12	5
农、林、牧产品批发	7	668	13	293	2	
谷物、豆及薯类批发	1	38		47		
种子批发	4	236	2	47		
饲料批发		21	1	5		
棉、麻批发		184	5	20	2	
林业产品批发		36	1	13		
牲畜批发	2	23		85		
其他农牧产品批发		130	4	76		
食品、饮料及烟草制品批发	24	1039	13	292	2	2
米、面制品及食用油批发		90	1	12		
糕点、糖果及糖批发	2	59		6		
果品、蔬菜批发	5	181	3	224	1	1
肉、禽、蛋、奶及水产品批发		54	2	16		

	港澳台商合作经营	港澳台商独资	港澳台商投资股份有限公司	其他港澳台商投资	外商投资企业	中外合资经营	中外合作经营	外资企业	外商投资股份有限公司	其他外商投资
					1	1				
					1	1				
		1			1	1				
		1								
		1								
					1	1				
					1	1				
		14	**1**	**1**	**56**	**16**	**4**	**26**	**2**	**8**
		7			33	9	3	17		4
		2			2	1	1			
					1		1			
					1	1				
		2								
					5			4		1
					2			2		

1-12 续表 54

行业小类	私营合伙	私营有限责任公司	私营股份有限公司	其他	港、澳、台商投资	港澳台商合资经营
盐及调味品批发	1	14		4		
营养和保健品批发	1	74	1	3		
酒、饮料及茶叶批发	10	339	3	12	1	1
烟草制品批发		11	1			
其他食品批发	5	217	2	15		
纺织、服装及家庭用品批发	16	1023	11	29	1	1
纺织品、针织品及原料批发	5	190	2	6		
服装批发	3	243	4	6	1	1
鞋帽批发	1	29	1	1		
化妆品及卫生用品批发		88	1	1		
厨房、卫生间用具及日用杂货批发	3	194	3	9		
灯具、装饰物品批发		33				
家用电器批发	3	114		2		
其他家庭用品批发	1	132		4		
文化、体育用品及器材批发	6	304	5	11		
文具用品批发	4	155	2	3		
体育用品及器材批发	1	36				
图书批发		27				
报刊批发		1	1			
音像制品及电子出版物批发		7				
首饰、工艺品及收藏品批发		42		7		
其他文化用品批发	1	36	2	1		
医药及医疗器材批发	7	343	4	8		
西药批发	1	51		1		
中药批发		27	1	2		
医疗用品及器材批发	6	265	3	5		
矿产品、建材及化工产品批发	66	4675	56	346	3	1
煤炭及制品批发	6	198	3	7		
石油及制品批发	8	379	5	17		
非金属矿及制品批发		109	2	3		
金属及金属矿批发	19	1345	10	9		
建材批发	13	1147	20	35	2	
化肥批发	12	703	7	187	1	1
农药批发	1	268	1	70		
农用薄膜批发		54	1	7		
其他化工产品批发	7	472	7	11		
机械设备、五金产品及电子产品批发	42	4950	55	132	4	1
农业机械批发	4	433	4	56		
汽车批发	1	146	2	6	1	
汽车零配件批发	4	299	3	3		
摩托车及零配件批发		20		1		
五金产品批发	8	989	9	17		
电气设备批发	2	283		4		
计算机、软件及辅助设备批发	2	259	5	5		
通讯及广播电视设备批发	3	103	2	4		
其他机械设备及电子产品批发	18	2418	30	36	3	1
贸易经纪与代理	8	477	6	76		
贸易代理	8	383	3	52		
拍卖		33	1			
其他贸易经纪与代理		61	2	24		

港澳台商合作经营	港澳台商独资	港澳台商投资股份有限公司	其他港澳台商投资	外商投资企业	中外合资经营	中外合作经营	外资企业	外商投资股份有限公司	其他外商投资
				1			1		
				2			1		1
				3	1		2		
				1			1		
				1			1		
				1	1				
				1					1
				1					1
	2			6	3	1	2		
				1		1			
				3	2		1		
				1			1		
	2			1	1				
	3			6	3	1	1		1
	1								
				1		1			
				1					1
	2			4	3		1		
				7	1		6		
				7	1		6		

1-12 续表 55

行业小类	私营合伙	私营有限责任公司	私营股份有限公司	其他	港、澳、台商投资	港澳台商合资经营
其他批发业	5	409	8	23		
再生物资回收与批发	3	142	3	13		
其他未列明批发业	2	267	5	10		
零售业	114	5542	86	476	10	1
综合零售	4	475	8	69	1	
百货零售	2	290	4	42	1	
超级市场零售	1	52	1			
其他综合零售	1	133	3	27		
食品、饮料及烟草制品专门零售	14	429	10	115	2	
粮油零售	1	29	1	12		
糕点、面包零售	1	11		2	1	
果品、蔬菜零售	4	63	2	50		
肉、禽、蛋、奶及水产品零售	2	23	2	23		
营养和保健品零售		36	2	3	1	
酒、饮料及茶叶零售	6	171	2	15		
烟草制品零售		23		1		
其他食品零售		73	1	9		
纺织、服装及日用品专门零售	6	463	9	24	2	1
纺织品及针织品零售	1	92		3	1	1
服装零售	1	168	5	9	1	
鞋帽零售	1	12		1		
化妆品及卫生用品零售	1	63	2	4		
钟表、眼镜零售	1	20				
箱、包零售		5		1		
厨房用具及日用杂品零售		27		1		
自行车零售		3				
其他日用品零售	1	73	2	5		
文化、体育用品及器材专门零售	11	296	7	25		
文具用品零售	1	109	1	4		
体育用品及器材零售	3	26		2		
图书、报刊零售	1	11		2		
音像制品及电子出版物零售		6	1			
珠宝首饰零售	2	63	2	6		
工艺美术品及收藏品零售	1	27	2	8		
乐器零售		12	1			
照相器材零售		10		1		
其他文化用品零售	3	32		2		
医药及医疗器材专门零售	8	268	7	30		
药品零售	5	93	1	18		
医疗用品及器材零售	3	175	6	12		
汽车、摩托车、燃料及零配件专门零售	38	1121	12	83	5	
汽车零售	5	545	4	23	3	
汽车零配件零售	5	400	5	17	1	
摩托车及零配件零售		66	1	7		
机动车燃料零售	28	110	2	36	1	

港澳台商合作经营	港澳台商独资	港澳台商投资股份有限公司	其他港澳台商投资	外商投资企业	中外合资经营	中外合作经营	外资企业	外商投资股份有限公司	其他外商投资
				3			2		1
				3			2		1
	7	1	1	23	7	1	9	2	4
	1			6	1	1	3		1
	1			3	1		2		
				1			1		
				2		1			1
	2			3			2	1	
	1			1				1	
	1			1			1		
				1			1		
	1			4	2		1		1
				1					1
	1			1	1				
				2	1		1		
				1	1				
				1	1				
				1					1
				1					1
	3	1	1	3	2			1	
	2		1	2	2				
	1								
		1		1				1	

1-12 续表 56

行业小类	私营合伙	私营有限责任公司	私营股份有限公司	其他	港、澳、台商投资	港澳台商合资经营
家用电器及电子产品专门零售	17	1256	15	52		
家用视听设备零售	1	48	1	5		
日用家电设备零售	4	195	2	9		
计算机、软件及辅助设备零售	9	585	5	20		
通信设备零售	1	124	1	3		
其他电子产品零售	2	304	6	15		
五金、家具及室内装饰材料专门零售	11	912	11	36		
五金零售	6	485	7	18		
灯具零售		31	1	1		
家具零售	1	119		5		
涂料零售		9		1		
卫生洁具零售		15		1		
木质装饰材料零售		37				
陶瓷、石材装饰材料零售	2	75		4		
其他室内装饰材料零售	2	141	3	6		
货摊、无店铺及其他零售业	5	322	7	42		
货摊食品零售		2				
货摊纺织、服装及鞋零售		8	1	1		
货摊日用品零售		2		1		
互联网零售		8		1		
邮购及电视、电话零售		2				
旧货零售		1				
生活用燃料零售	3	57	1	12		
其他未列明零售业	2	242	5	27		
交通运输、仓储和邮政业	**39**	**2033**	**40**	**187**	**3**	**2**
铁路运输业		1				
铁路旅客运输						
铁路旅客运输						
铁路货物运输		1				
铁路货物运输		1				
铁路运输辅助活动						
客运火车站						
货运火车站						
其他铁路运输辅助活动						
道路运输业	20	1144	21	98	1	1
城市公共交通运输	3	70	3	9	1	1
公共电汽车客运		10		2	1	1
城市轨道交通				2		
出租车客运	3	50	3	4		
其他城市公共交通运输		10		1		
公路旅客运输	1	56	2	11		
公路旅客运输	1	56	2	11		
道路货物运输	12	968	15	54		
道路货物运输	12	968	15	54		
道路运输辅助活动	4	50	1	24		
客运汽车站		4	1	4		
公路管理与养护	1	15		11		
其他道路运输辅助活动	3	31		9		

港澳台商合作经营	港澳台商独资	港澳台商投资股份有限公司	其他港澳台商投资	外商投资企业	中外合资经营	中外合作经营	外资企业	外商投资股份有限公司	其他外商投资
				1			1		
				1			1		
				1					1
				1					1
				3	1		2		
				1			1		
				2	1		1		
	1			**8**	**1**		**5**		**2**
				3			2		1
				3			2		1
				3			2		1

1-12 续表 57

行业小类	私营合伙	私营有限责任公司	私营股份有限公司	其他	港、澳、台商投资	港澳台商合资经营
水上运输业				1		
水上旅客运输						
海洋旅客运输						
内河旅客运输						
客运轮渡运输						
水上货物运输						
远洋货物运输						
沿海货物运输						
内河货物运输						
水上运输辅助活动				1		
客运港口				1		
货运港口						
其他水上运输辅助活动						
航空运输业	1	20		3		
航空客货运输	1	8				
航空旅客运输		1				
航空货物运输	1	7				
通用航空服务		7		1		
通用航空服务		7		1		
航空运输辅助活动		5		2		
机场				1		
空中交通管理						
其他航空运输辅助活动		5		1		
管道运输业		4		1	1	
管道运输业		4		1	1	
管道运输业		4		1	1	
装卸搬运和运输代理业	12	651	14	28	1	1
装卸搬运		87	2	3	1	1
装卸搬运		87	2	3	1	1
运输代理业	12	564	12	25		
货物运输代理	11	436	12	14		
旅客票务代理	1	54		5		
其他运输代理业		74		6		
仓储业	3	138	4	42		
谷物、棉花等农产品仓储	1	44	1	31		
谷物仓储		5		4		
棉花仓储		6		1		
其他农产品仓储	1	33	1	26		
其他仓储业	2	94	3	11		
其他仓储业	2	94	3	11		
邮政业	3	75	1	14		
邮政基本服务		2		4		
邮政基本服务		2		4		
快递服务	3	73	1	10		
快递服务	3	73	1	10		
住宿和餐饮业	**33**	**388**	**17**	**75**	**2**	**1**
住宿业	22	227	12	34	2	1
旅游饭店	5	99	7	11	2	1
旅游饭店	5	99	7	11	2	1

港澳台商合作经营	港澳台商独　资	港澳台商投资股份有限公司	其他港澳台商投资	外商投资企　业	中外合资经　营	中外合作经　营	外资企业	外商投资股份有限公　司	其他外商投　资
				1			1		
				1			1		
				1			1		
	1			1	1				
	1			1	1				
	1			1	1				
				3			2		1
				1			1		
				1			1		
				2			1		1
				2			1		1
			1	**11**	**1**		**9**		**1**
			1	4	1		2		1
			1	2			1		1
			1	2			1		1

1-12 续表 58

行业小类	私营合伙	私营有限责任公司	私营股份有限公司	其他	港、澳、台商投资	港澳台商合资经营
一般旅馆	12	104	2	15		
一般旅馆	12	104	2	15		
其他住宿业	5	24	3	8		
其他住宿业	5	24	3	8		
餐饮业	11	161	5	41		
正餐服务	7	122	4	27		
正餐服务	7	122	4	27		
快餐服务	2	16		1		
快餐服务	2	16		1		
饮料及冷饮服务		2		1		
茶馆服务						
咖啡馆服务		1				
酒吧服务		1				
其他饮料及冷饮服务				1		
其他餐饮业	2	21	1	12		
小吃服务	1	1		4		
餐饮配送服务		3		1		
其他未列明餐饮业	1	17	1	7		
信息传输、软件和信息技术服务业	**19**	**724**	**16**	**70**	**12**	**3**
电信、广播电视和卫星传输服务		27		27	10	3
电信		24		19	10	3
固定电信服务		4		5		
移动电信服务		6		11	10	3
其他电信服务		14		3		
广播电视传输服务		3		8		
有线广播电视传输服务		3		4		
无线广播电视传输服务				4		
卫星传输服务						
卫星传输服务						
互联网和相关服务	5	68		16		
互联网接入及相关服务	1	21		2		
互联网接入及相关服务	1	21		2		
互联网信息服务	2	33		8		
互联网信息服务	2	33		8		
其他互联网服务	2	14		6		
其他互联网服务	2	14		6		
软件和信息技术服务业	14	629	16	27	2	
软件开发	3	253	5	5		
软件开发	3	253	5	5		
信息系统集成服务	1	84		3	1	
信息系统集成服务	1	84		3	1	
信息技术咨询服务	7	209	9	13		
信息技术咨询服务	7	209	9	13		
数据处理和存储服务		13				
数据处理和存储服务		13				
集成电路设计		3				
集成电路设计		3				
其他信息技术服务业	3	67	2	6	1	
数字内容服务	1	8	1	3		
呼叫中心		4				
其他未列明信息技术服务业	2	55	1	3	1	

港澳台商合作经营	港澳台商独资	港澳台商投资股份有限公司	其他港澳台商投资	外商投资企业	中外合资经营	中外合作经营	外资企业	外商投资股份有限公司	其他外商投资
				2	1		1		
				2	1		1		
				7			7		
				3			3		
				3			3		
				3			3		
				3			3		
				1			1		
				1			1		
1	**1**	**4**	**3**	**7**	**1**		**4**		**2**
	1	3	3	6	1		3		2
	1	3	3	6	1		3		2
				1	1				
	1	3	3	5			3		2
1		1		1			1		
				1			1		
				1			1		
		1							
		1							
1									
1									

1-12 续表 59

行业小类	私营合伙	私营有限责任公司	私营股份有限公司	其他	港、澳、台商投资	港澳台商合资经营
金融业	**3**	**98**	**4**	**8**	**2**	**1**
货币金融服务	3	83	2		2	1
中央银行服务						
中央银行服务						
货币银行服务		1	1		1	
货币银行服务		1	1		1	
非货币银行服务	3	82	1		1	1
金融租赁服务						
财务公司						
典当	3	82	1		1	1
其他非货币银行服务						
银行监管服务						
银行监管服务						
资本市场服务				3		
证券市场服务						
证券市场管理服务						
证券经纪交易服务						
基金管理服务						
期货市场服务				1		
期货市场管理服务						
其他期货市场服务				1		
证券期货监管服务				2		
证券期货监管服务				2		
资本投资服务						
资本投资服务						
其他资本市场服务						
其他资本市场服务						
保险业		12	2	3		
人身保险			2			
人寿保险			2			
健康和意外保险						
财产保险				3		
财产保险				3		
再保险						
再保险						
养老金						
养老金						
保险经纪与代理服务		12				
保险经纪与代理服务		12				
保险监管服务						
保险监管服务						
其他保险活动						
风险和损失评估						
其他未列明保险活动						

	港澳台商合作经营	港澳台商独资	港澳台商投资股份有限公司	其他港澳台商投资	外商投资企业	中外合资经营	中外合作经营	外资企业	外商投资股份有限公司	其他外商投资
			1		**7**	**5**			**1**	**1**
			1							
			1							
			1							
					7	5			1	1
					6	5			1	
					6	5			1	
					1					1
					1					1

1-12 续表 60

行业小类	私营合伙	私营有限责任公司	私营股份有限公司	其他	港、澳、台商投资	港澳台商合资经营
其他金融业		3		2		
金融信托与管理服务						
金融信托与管理服务						
控股公司服务						
控股公司服务						
非金融机构支付服务						
非金融机构支付服务						
金融信息服务		3		2		
金融信息服务		3		2		
其他未列明金融业						
其他未列明金融业						
房地产业	**38**	**2465**	**67**	**110**	**5**	**3**
房地产业	38	2465	67	110	5	3
房地产开发经营	3	1261	40	17	4	3
房地产开发经营	3	1261	40	17	4	3
物业管理	16	618	15	48	1	
物业管理	16	618	15	48	1	
房地产中介服务	15	425	9	31		
房地产中介服务	15	425	9	31		
自有房地产经营活动	3	110	2	7		
自有房地产经营活动	3	110	2	7		
其他房地产业	1	51	1	7		
其他房地产业	1	51	1	7		
租赁和商务服务业	**407**	**3885**	**87**	**627**	**5**	**3**
租赁业	4	326	8	36	1	
机械设备租赁	4	310	7	36	1	
汽车租赁	2	112	2	3	1	
农业机械租赁		6		17		
建筑工程机械与设备租赁		138	2	13		
计算机及通讯设备租赁		4	1			
其他机械与设备租赁	2	50	2	3		
文化及日用品出租		16	1			
娱乐及体育设备出租		6				
图书出租						
音像制品出租		1				
其他文化及日用品出租		9	1			
商务服务业	403	3559	79	591	4	3
企业管理服务	209	624	20	132		
企业总部管理	2	47	2	10		
投资与资产管理	205	513	16	35		
单位后勤管理服务	1	15		5		
其他企业管理服务	1	49	2	82		
法律服务	121	27		142		
律师及相关法律服务	118	25		125		
公证服务				7		
其他法律服务	3	2		10		
咨询与调查	29	811	11	49	1	
会计、审计及税务服务	20	207	2	16		
市场调查		4				
社会经济咨询	6	256	4	13		
其他专业咨询	3	344	5	20	1	

港澳台商合作经营	港澳台商独资	港澳台商投资股份有限公司	其他港澳台商投资	外商投资企业	中外合资经营	中外合作经营	外资企业	外商投资股份有限公司	其他外商投资
	2			**4**	**3**		**1**		
	2			4	3		1		
	1			3	2		1		
	1			3	2		1		
	1								
	1								
				1	1				
				1	1				
1	**1**			**22**	**7**	**2**	**8**	**1**	**4**
	1			1	1				
	1			1	1				
	1			1	1				
1				21	6	2	8	1	4
				4	3				1
				3	3				
				1					1
1				13	2	2	7		2
				1			1		
				3	1				2
1				9	1	2	6		

1-12 续表 61

行业小类	私营合伙	私营有限责任公司	私营股份有限公司	其他	港、澳、台商投资	港澳台商合资经营
广告业	13	855	17	39	1	1
广告业	13	855	17	39	1	1
知识产权服务	1	18				
知识产权服务	1	18				
人力资源服务	11	365	4	106		
公共就业服务		3		4		
职业中介服务	1	23	1	13		
劳务派遣服务	8	307	3	84		
其他人力资源服务	2	32		5		
旅行社及相关服务	7	222	9	34	1	1
旅行社服务	5	130	7	13		
旅游管理服务	2	79	1	19	1	1
其他旅行社相关服务		13	1	2		
安全保护服务	1	59	4	10		
安全服务	1	16	1	4		
安全系统监控服务		27	2	2		
其他安全保护服务		16	1	4		
其他商务服务业	11	578	14	79	1	1
市场管理	4	104	4	24	1	1
会议及展览服务	1	57	2	8		
包装服务		22		2		
办公服务		36	1	4		
信用服务		5				
担保服务		89	3	9		
其他未列明商务服务业	6	265	4	32		
科学研究和技术服务业	**25**	**1532**	**39**	**280**	**6**	**1**
研究和试验发展	2	58	4	27	1	
自然科学研究和试验发展		8	1	2		
自然科学研究和试验发展		8	1	2		
工程和技术研究和试验发展		28	1	2		
工程和技术研究和试验发展		28	1	2		
农业科学研究和试验发展		11		12	1	
农业科学研究和试验发展		11		12	1	
医学研究和试验发展	2	8	2	4		
医学研究和试验发展	2	8	2	4		
社会人文科学研究		3		7		
社会人文科学研究		3		7		
专业技术服务业	15	1177	29	154	3	
气象服务		3		12		
气象服务		3		12		
地震服务				3		
地震服务				3		
海洋服务						
海洋服务						
测绘服务		68	4	5		
测绘服务		68	4	5		

港澳台商合作经营	港澳台商独资	港澳台商投资股份有限公司	其他港澳台商投资	外商投资企业	中外合资经营	中外合作经营	外资企业	外商投资股份有限公司	其他外商投资
				1	1				
				1	1				
				2				1	1
				1					1
				1				1	
				1			1		
				1			1		
	3	**2**		**5**	**2**		**3**		
	1								
	1								
	1								
	1	2		3	1		2		
				1	1				
				1	1				

1-12 续表 62

行业小类	私营合伙	私营有限责任公司	私营股份有限公司	其他	港、澳、台商投资	港澳台商合资经营
质检技术服务	2	144	1	36		
质检技术服务	2	144	1	36		
环境与生态监测		27	1	7		
环境保护监测		27	1	5		
生态监测				2		
地质勘查		117	7	12	2	
能源矿产地质勘查		32	2	1	1	
固体矿产地质勘查		30	1	2		
水、二氧化碳等矿产地质勘查		1	1	2	1	
基础地质勘查		3		1		
地质勘查技术服务		51	3	6		
工程技术	7	467	13	38		
工程管理服务	5	266	6	28		
工程勘察设计	2	186	6	3		
规划管理		15	1	7		
其他专业技术服务业	6	351	3	41	1	
专业化设计服务	5	154	2	6		
摄影扩印服务		23		1	1	
兽医服务		1		14		
其他未列明专业技术服务业	1	173	1	20		
科技推广和应用服务业	8	297	6	99	2	1
技术推广服务	4	229	5	83	1	1
农业技术推广服务	1	72	1	68		
生物技术推广服务	1	33		4	1	1
新材料技术推广服务		16				
节能技术推广服务		44	3			
其他技术推广服务	2	64	1	11		
科技中介服务	1	29	1	9	1	
科技中介服务	1	29	1	9	1	
其他科技推广和应用服务业	3	39		7		
其他科技推广和应用服务业	3	39		7		
水利、环境和公共设施管理业	**2**	**159**	**8**	**114**	**1**	
水利管理业		17	1	71		
防洪除涝设施管理		1		4		
防洪除涝设施管理		1		4		
水资源管理		6	1	53		
水资源管理		6	1	53		
天然水收集与分配		1		5		
天然水收集与分配		1		5		
水文服务		1				
水文服务		1				
其他水利管理业		8		9		
其他水利管理业		8		9		
生态保护和环境治理业		14		8		
生态保护		1		7		
自然保护区管理				3		
野生动物保护				1		
野生植物保护				3		
其他自然保护		1				

港澳台商合作经营	港澳台商独资	港澳台商投资股份有限公司	其他港澳台商投资	外商投资企业	中外合资经营	中外合作经营	外资企业	外商投资股份有限公司	其他外商投资
	1	1		1			1		
	1			1			1		
		1							
		1		1			1		
		1							
				1			1		
	1			2	1		1		
				2	1		1		
				1	1				
				1			1		
	1								
	1								
	1			**1**	**1**				

1-12 续表 63

行业小类	私营合伙	私营有限责任公司	私营股份有限公司	其他	港、澳、台商投资	港澳台商合资经营
环境治理业		13		1		
水污染治理		7				
大气污染治理		1				
固体废物治理		2		1		
危险废物治理						
放射性废物治理						
其他污染治理		3				
公共设施管理业	2	128	7	35	1	
市政设施管理		11	1	6		
市政设施管理		11	1	6		
环境卫生管理		11		8		
环境卫生管理		11		8		
城乡市容管理	1	7		3		
城乡市容管理	1	7		3		
绿化管理	1	85	4	12		
绿化管理	1	85	4	12		
公园和游览景区管理		14	2	6	1	
公园管理		1		2		
游览景区管理		13	2	4	1	
居民服务、修理和其他服务业	**22**	**854**	**14**	**217**		
居民服务业	9	137	2	129		
家庭服务	3	44		6		
家庭服务	3	44		6		
托儿所服务	3	6		18		
托儿所服务	3	6		18		
洗染服务		7				
洗染服务		7				
理发及美容服务		14		1		
理发及美容服务		14		1		
洗浴服务		6		1		
洗浴服务		6		1		
保健服务	1	9		4		
保健服务	1	9		4		
婚姻服务	2	29		6		
婚姻服务	2	29		6		
殡葬服务		9		7		
殡葬服务		9		7		
其他居民服务业		13	2	86		
其他居民服务业		13	2	86		
机动车、电子产品和日用产品修理业	12	524	7	53		
汽车、摩托车修理与维护	8	381	6	45		
汽车修理与维护	8	380	6	44		
摩托车修理与维护		1		1		
计算机和办公设备维修	3	86	1	6		
计算机和辅助设备修理	2	46	1	4		
通讯设备修理		18		1		
其他办公设备维修	1	22		1		

港澳台商合作经营	港澳台商独资	港澳台商投资股份有限公司	其他港澳台商投资	外商投资企业	中外合资经营	中外合作经营	外资企业	外商投资股份有限公司	其他外商投资
	1			1	1				
				1	1				
				1	1				
	1								
	1								
				1			1		
				1			1		
				1			1		
				1			1		

1-12 续表 64

行业小类	私营合伙	私营有限责任公司	私营股份有限公司	其他	港、澳、台商投资	港澳台商合资经营
家用电器修理	1	41		2		
家用电子产品修理		17		1		
日用电器修理	1	24		1		
其他日用产品修理业		16				
自行车修理						
鞋和皮革修理						
家具和相关物品修理		1				
其他未列明日用产品修理业		15				
其他服务业	1	193	5	35		
清洁服务	1	49	2	10		
建筑物清洁服务		8		4		
其他清洁服务	1	41	2	6		
其他未列明服务业		144	3	25		
其他未列明服务业		144	3	25		
教育	**92**	**200**	**8**	**1394**	**1**	**1**
教育	92	200	8	1394	1	1
学前教育	20	25		487		
学前教育	20	25		487		
初等教育	4	3		227		
普通小学教育	4	3		226		
成人小学教育				1		
中等教育	7	4		136		
普通初中教育		1		96		
职业初中教育	1			1		
成人初中教育	1			1		
普通高中教育	2	1		17		
成人高中教育		1		3		
中等职业学校教育	3	1		18		
高等教育				11		
普通高等教育				8		
成人高等教育				3		
特殊教育	1	2		10		
特殊教育	1	2		10		
技能培训、教育辅助及其他教育	60	166	8	523	1	1
职业技能培训	36	118	7	244	1	1
体校及体育培训	1	1		27		
文化艺术培训	14	16	1	117		
教育辅助服务	3	8		31		
其他未列明教育	6	23		104		
卫生和社会工作	**38**	**92**	**7**	**614**		
卫生	28	83	6	482		
医院	16	63	5	67		
综合医院	12	32	4	37		
中医医院	1	3		4		
中西医结合医院		5		3		
民族医院		1		5		
专科医院	3	22	1	16		
疗养院				2		

港澳台商合作经营	港澳台商独资	港澳台商投资股份有限公司	其他港澳台商投资	外商投资企业	中外合资经营	中外合作经营	外资企业	外商投资股份有限公司	其他外商投资
				1					**1**
				1					1
				1					1
				1					1
				1					**1**
				1					1
				1					1
				1					1

1-12 续表 65

行业小类	私营合伙	私营有限责任公司	私营股份有限公司	其他	港、澳、台商投资	港澳台商合资经营
社区医疗与卫生院	9	5	1	365		
社区卫生服务中心(站)	9	5	1	175		
街道卫生院				1		
乡镇卫生院				189		
门诊部(所)	3	8		16		
门诊部(所)	3	8		16		
计划生育技术服务活动				22		
计划生育技术服务活动				22		
妇幼保健院(所、站)		1		5		
妇幼保健院(所、站)		1		5		
专科疾病防治院(所、站)		1				
专科疾病防治院(所、站)		1				
疾病预防控制中心				2		
疾病预防控制中心				2		
其他卫生活动		5		5		
其他卫生活动		5		5		
社会工作	10	9	1	132		
提供住宿社会工作	8	7	1	95		
干部休养所				7		
护理机构服务				4		
精神康复服务				1		
老年人、残疾人养护服务	8	7	1	75		
孤残儿童收养和庇护服务				4		
其他提供住宿社会救助				4		
不提供住宿社会工作	2	2		37		
社会看护与帮助服务	2			22		
其他不提供住宿社会工作		2		15		
文化、体育和娱乐业	**52**	**228**	**12**	**361**	**1**	**1**
新闻和出版业		10	1	6		
新闻业		1		2		
新闻业		1		2		
出版业		9	1	4		
图书出版		1				
报纸出版		2		1		
期刊出版		1		1		
音像制品出版		1	1			
电子出版物出版		2				
其他出版业		2		2		
广播、电视、电影和影视录音制作业		43	1	16		
广播		4		7		
广播		4		7		
电视		2		1		
电视		2		1		
电影和影视节目制作		17		1		
电影和影视节目制作		17		1		
电影和影视节目发行		2				
电影和影视节目发行		2				

港澳台商合作经营	港澳台商独资	港澳台商投资股份有限公司	其他港澳台商投资	外商投资企业	中外合资经营	中外合作经营	外资企业	外商投资股份有限公司	其他外商投资
				1			1		

1-12　续表 66

行业小类	私营合伙	私营有限责任公司	私营股份有限公司	其他	港、澳、台商投资	港澳台商合资经营
电影放映		11	1	7		
电影放映		11	1	7		
录音制作		7				
录音制作		7				
文化艺术业	1	55	1	56		
文艺创作与表演		23		10		
文艺创作与表演		23		10		
艺术表演场馆		3		2		
艺术表演场馆		3		2		
图书馆与档案馆	1			5		
图书馆	1			4		
档案馆				1		
文物及非物质文化遗产保护		2		5		
文物及非物质文化遗产保护		2		5		
博物馆		3		5		
博物馆		3		5		
烈士陵园、纪念馆				1		
烈士陵园、纪念馆				1		
群众文化活动		5		17		
群众文化活动		5		17		
其他文化艺术业		19	1	11		
其他文化艺术业		19	1	11		
体育	1	11	2	47		
体育组织	1	2	1	27		
体育组织	1	2	1	27		
体育场馆				3		
体育场馆				3		
休闲健身活动		8	1	11		
休闲健身活动		8	1	11		
其他体育		1		6		
其他体育		1		6		
娱乐业	50	109	7	236	1	1
室内娱乐活动	46	76	6	227	1	1
歌舞厅娱乐活动		6	1	1	1	1
电子游艺厅娱乐活动		1		2		
网吧活动	45	61	5	222		
其他室内娱乐活动	1	8		2		
游乐园	1	5		2		
游乐园	1	5		2		
彩票活动				2		
彩票活动				2		
文化、娱乐、体育经纪代理	1	19		1		
文化娱乐经纪人	1	10		1		
体育经纪人						
其他文化艺术经纪代理		9				
其他娱乐业	2	9	1	4		
其他娱乐业	2	9	1	4		

港澳台商合作经营	港澳台商独资	港澳台商投资股份有限公司	其他港澳台商投资	外商投资企业	中外合资经营	中外合作经营	外资企业	外商投资股份有限公司	其他外商投资
				1			1		
				1			1		
				1			1		

1-12 续表 67

行业小类	私营合伙	私营有限责任公司	私营股份有限公司	其他	港、澳、台商投资	港澳台商合资经营
公共管理、社会保障和社会组织	**10**	**19**	**1**	**23911**	**1**	**1**
中国共产党机关				3		
中国共产党机关				3		
中国共产党机关				3		
国家机构				328		
国家权力机构				3		
国家权力机构				3		
国家行政机构				317		
综合事务管理机构				99		
对外事务管理机构				4		
公共安全管理机构				7		
社会事务管理机构				79		
经济事务管理机构				97		
行政监督检查机构				31		
人民法院和人民检察院				1		
人民法院						
人民检察院				1		
其他国家机构				7		
其他国家机构				7		
人民政协、民主党派				1		
人民政协						
人民政协						
民主党派				1		
民主党派				1		
社会保障		1		7		
社会保障		1		7		
社会保障		1		7		
群众团体、社会团体和其他成员组织	10	18	1	12742	1	1
群众团体	1	16	1	283	1	1
工会	1	15	1	194	1	1
妇联				4		
共青团				3		
其他群众团体		1		82		
社会团体	9	2		3059		
专业性团体	1	1		675		
行业性团体	6	1		1531		
其他社会团体	2			853		
基金会				16		
基金会				16		
宗教组织				9384		
宗教组织				9384		
基层群众自治组织				10830		
社区自治组织				2039		
社区自治组织				2039		
村民自治组织				8791		
村民自治组织				8791		
国际组织						
国际组织						
国际组织						
国际组织						

港澳台商合作经营	港澳台商独资	港澳台商投资股份有限公司	其他港澳台商投资	外商投资企业	中外合资经营	中外合作经营	外资企业	外商投资股份有限公司	其他外商投资

1-13 按行业、登记注册类型

行业小类	从业人员数(人)	内资				
			国有	集体	股份合作	联营
总　计	**4410735**	**4374502**	**1918807**	**32916**	**16396**	**5831**
农、林、牧、渔业	**538252**	**537762**	**464588**	**4959**	**125**	**447**
农业	433126	433126	428705	3646		
谷物种植	84155	84155	84020			
豆类、油料和薯类种植	13036	13036	13036			
棉、麻、糖、烟草种植	286761	286761	286168			
蔬菜、食用菌及园艺作物种植	21045	21045	21035			
水果种植	23874	23874	20191	3646		
坚果、含油果、香料和饮料作物种植	2417	2417	2417			
中药材种植						
其他农业	1838	1838	1838			
林业	910	910	905			
林木育种和育苗	5	5				
造林和更新	318	318	318			
森林经营和管护	460	460	460			
木材和竹材采运	127	127	127			
林产品采集						
畜牧业	8604	8186	7006			45
牲畜饲养	7872	7872	6726			45
家禽饲养	426	8				
狩猎和捕捉动物						
其他畜牧业	306	306	280			
渔业	93	93				
水产养殖	36	36				
水产捕捞	57	57				
农、林、牧、渔服务业	95519	95447	27972	1313	125	402
农业服务业	59035	58963	9658	1298	121	283
林业服务业	7195	7195	4355	5	4	87
畜牧服务业	29144	29144	13922	10		32
渔业服务业	145	145	37			
采矿业	**250523**	**248332**	**20086**	**506**	**190**	**77**
煤炭开采和洗选业	76669	75539	4009	208	9	
烟煤和无烟煤开采洗选	76378	75248	4009	208	4	
褐煤开采洗选						
其他煤炭采选	291	291			5	
石油和天然气开采业	75136	74976	437			
石油开采	74483	74483	437			
天然气开采	653	493				
黑色金属矿采选业	20519	20469	183	113	103	44
铁矿采选	19098	19048	161	9	103	41
锰矿、铬矿采选	950	950		104		3
其他黑色金属矿采选	471	471	22			
有色金属矿采选业	14157	13587	115	13	78	
常用有色金属矿采选	10374	9841	26	3	78	
贵金属矿采选	2903	2867	57	10		
稀有稀土金属矿采选	880	879	32			
非金属矿采选业	11911	11795	854	93		16
土砂石开采	8665	8665	103	74		16
化学矿开采	265	265	153			
采盐	952	952	26	4		
石棉及其他非金属矿采选	2029	1913	572	15		

分组的法人单位从业人员数

国有联营	集体联营	国有与集体联营	其他联营	有限责任公司	国有独资	其他有限责任公司	股份有限公司	私营	私营独资
1609	**2817**	**401**	**1004**	**925529**	**128531**	**796998**	**240453**	**810624**	**105652**
132	**304**		**11**	**7908**	**431**	**7477**	**709**	**9236**	**1783**
				636	141	495	20	95	
				55		55		80	
				573	141	432	20		
				8		8		15	
45				1086		1086		33	
45				1060		1060		33	
				26		26			
				93		93			
				36		36			
				57		57			
87	304		11	6093	290	5803	689	9108	1783
	272		11	5388	46	5342	676	8150	1624
87				545	231	314	7	565	62
	32			156	13	143	6	377	82
				4		4		16	15
17			**60**	**110855**	**41669**	**69186**	**78956**	**36074**	**8089**
				57309	18547	38762	362	12882	3954
				57220	18540	38680	362	12686	3864
				89	7	82		196	90
				1756		1756	72635	148	7
				1528		1528	72379	139	
				228		228	256	9	7
			44	11359	1441	9918	237	8367	1451
			41	10644	1441	9203	231	7797	1342
			3	304		304		539	109
				411		411	6	31	
				9193	556	8637	1178	2909	510
				6589	9	6580	1158	1950	150
				1846		1846	20	933	360
				758	547	211		26	
			16	4197	283	3914	178	5833	1750
			16	2857	283	2574	50	4987	1492
				53		53		59	1
				880		880		42	31
				407		407	128	745	226

1-13 续表 1

行业小类	从业人员数(人)	内资				
			国有	集体	股份合作	联营
开采辅助活动	51439	51274	14485	79		17
煤炭开采和洗选辅助活动	944	944	488			17
石油和天然气开采辅助活动	50396	50231	13953	79		
其他开采辅助活动	99	99	44			
其他采矿业	692	692	3			
其他采矿业	692	692	3			
制造业	**637600**	**618754**	**12446**	**5479**	**777**	**584**
农副食品加工业	54144	52503	1201	47	93	35
谷物磨制	4922	4922	188	17	2	
饲料加工	4806	4252	118	1		
植物油加工	13319	12809	546		77	
制糖业	6407	6407				
屠宰及肉类加工	5260	5142	44	19	9	
水产品加工	178	178	19		5	
蔬菜、水果和坚果加工	13548	13333	238	1		35
其他农副食品加工	5704	5460	48	9		
食品制造业	32222	28508	313	150		
焙烤食品制造	3143	2627	47			
糖果、巧克力及蜜饯制造	551	497				
方便食品制造	3725	1469	12	27		
乳制品制造	5073	4857	47			
罐头食品制造	6914	6384	129			
调味品、发酵制品制造	5422	5280	5	18		
其他食品制造	7394	7394	73	105		
酒、饮料和精制茶制造业	17868	14055	373	15	55	
酒的制造	12805	11001	329		25	
饮料制造	4832	2823	44	8	30	
精制茶加工	231	231		7		
烟草制品业	1015	1015				
烟叶复烤						
卷烟制造	1015	1015				
其他烟草制品制造						
纺织业	38470	34556	474	151	77	
棉纺织及印染精加工	32306	28392	465	119	25	
毛纺织及染整精加工	2672	2672				
麻纺织及染整精加工	626	626	9	1	52	
丝绢纺织及印染精加工	139	139				
化纤织造及印染精加工	222	222				
针织或钩针编织物及其制品制造	500	500		1		
家用纺织制成品制造	1287	1287				
非家用纺织制成品制造	718	718		30		
纺织服装、服饰业	6266	6266	181	1111		
机织服装制造	4581	4581	180	1078		
针织或钩针编织服装制造	533	533				
服饰制造	1152	1152	1	33		
皮革、毛皮、羽毛及其制品和制鞋业	1179	1179	4	82	43	
皮革鞣制加工	645	645			13	
皮革制品制造	79	79				

国有联营	集体联营	国有与集体联营	其他联营	有限责任公司	国有独资	其他有限责任公司	股份有限公司	私营	私营独资
17				26751	20841	5910	4366	5571	345
17				87	36	51		347	230
				26655	20805	5850	4366	5178	108
				9		9		46	7
				290	1	289		364	72
				290	1	289		364	72
	239	**106**	**239**	**283249**	**16026**	**267223**	**86750**	**213178**	**33021**
	35			21924	2675	19249	5427	20841	2334
				2420	287	2133	99	2038	603
				1772	66	1706	850	1469	99
				6347	398	5949	597	4911	288
				3841	1499	2342	2125	391	3
				2480	425	2055	164	2173	341
				4		4		150	20
	35			2782		2782	1548	7254	665
				2278		2278	44	2455	315
				16201	1426	14775	2754	8472	777
				1077		1077		1494	139
				34		34		401	49
				822	604	218		370	28
				2502	782	1720	761	1508	86
				2927		2927	1758	1528	96
				4686		4686	5	565	37
				4153	40	4113	230	2606	342
				5423	271	5152	2681	5083	676
				4413	271	4142	2569	3350	347
				1000		1000	112	1519	318
				10		10		214	11
				1015	1015				
				1015	1015				
				18536	365	18171	2936	11688	582
				15556	185	15371	1601	10295	319
				1357	180	1177	1104	126	29
				459		459		105	26
				109		109			
				99		99	71	52	
				125		125	80	224	20
				694		694	80	420	142
				137		137		466	46
				2772	1091	1681		1888	337
				2272	1091	1181		942	141
				388		388		117	52
				112		112		829	144
				320		320	50	679	172
				210		210	50	372	46
								79	17

1-13 续表 2

行业小类	从业人员数(人)	内资				
			国有	集体	股份合作	联营
毛皮鞣制及制品加工	104	104	4			
羽毛(绒)加工及制品制造	208	208		82		
制鞋业	143	143			30	
木材加工和木、竹、藤、棕、草制品业	4544	4544	59	4		27
木材加工	964	964	6			
人造板制造	2089	2089		4		
木制品制造	1258	1258	53			27
竹、藤、棕、草等制品制造	233	233				
家具制造业	2854	2846	42	19		
木质家具制造	1651	1643	42			
竹、藤家具制造	5	5				
金属家具制造	808	808		19		
塑料家具制造	133	133				
其他家具制造	257	257				
造纸和纸制品业	9600	8893	89	8		
纸浆制造	169	169				
造纸	4407	4243				
纸制品制造	5024	4481	89	8		
印刷和记录媒介复制业	6274	6274	1858	223	40	
印刷	5559	5559	1786	112	32	
装订及印刷相关服务	715	715	72	111	8	
记录媒介复制						
文教、工美、体育和娱乐用品制造业	8606	8410	7	90	8	
文教办公用品制造	94	94	7	1		
乐器制造	4	4				
工艺美术品制造	8410	8214		89	8	
体育用品制造	49	49				
玩具制造	6	6				
游艺器材及娱乐用品制造	43	43				
石油加工、炼焦和核燃料加工业	51674	50657		10	10	
精炼石油产品制造	33960	33804		10	7	
炼焦	17599	16738			3	
核燃料加工	115	115				
化学原料和化学制品制造业	82672	81307	1623	446	64	127
基础化学原料制造	27594	27434	1240	263		127
肥料制造	18775	18455	217	138	20	
农药制造	249	249				
涂料、油墨、颜料及类似产品制造	1242	1242	23			
合成材料制造	22168	22168			7	
专用化学产品制造	8249	7364	5	45	37	
炸药、火工及焰火产品制造	3081	3081	120			
日用化学产品制造	1314	1314	18			
医药制造业	7439	7279	51			
化学药品原料药制造	1762	1762				
化学药品制剂制造	1346	1296	51			
中药饮片加工	655	655				
中成药生产	2380	2270				
兽用药品制造	309	309				
生物药品制造	678	678				
卫生材料及医药用品制造	309	309				

国有联营	集体联营	国有与集体联营	其他联营	有限责任公司	国有独资	其他有限责任公司	股份有限公司	私营	私营独资
				23		23		76	
								126	102
				87		87		26	7
	27			1147		1147	27	2806	755
				205		205	15	664	341
				595		595	12	1434	202
	27			347		347		611	160
								97	52
				580	16	564	20	2130	324
				212	16	196	20	1324	196
								5	
				122		122		657	63
				110		110		23	15
				136		136		121	50
				2353	64	2289	2336	3916	707
				44		44		125	
				1080		1080	2151	977	219
				1229	64	1165	185	2814	488
				1470		1470	133	2435	576
				1296		1296	129	2095	503
				174		174	4	340	73
				989		989		2924	942
				16		16		70	30
				4		4			
				957		957		2768	902
				12		12		37	10
								6	
								43	
				16051	103	15948	26079	8488	349
				4584	46	4538	26053	3142	232
				11352	57	11295	26	5346	117
				115		115			
	2		125	50165	4344	45821	12633	15786	1050
	2		125	12021	2432	9589	6185	7543	364
				13888	1543	12345	402	3607	399
				187		187		18	
				570		570		540	66
				15991		15991	5738	412	13
				4207	70	4137	139	2879	171
				2536	299	2237	169	256	
				765		765		531	37
				4420	473	3947	568	2171	346
				1581		1581	1	180	62
				510	473	37	565	170	
				249		249	2	384	
				1345		1345		898	143
				240		240		69	30
				487		487		191	51
				8		8		279	60

1-13 续表 3

行业小类	从业人员数(人)	内资				
			国有	集体	股份合作	联营
化学纤维制造业	9062	9062		28		
纤维素纤维原料及纤维制造	8931	8931				
合成纤维制造	131	131		28		
橡胶和塑料制品业	31183	30608	851	266	45	34
橡胶制品业	3371	3371	178			15
塑料制品业	27812	27237	673	266	45	19
非金属矿物制品业	118066	117709	2201	1285	206	313
水泥、石灰和石膏制造	29934	29934	775			15
石膏、水泥制品及类似制品制造	30144	30144	687	136	130	30
砖瓦、石材等建筑材料制造	43510	43455	576	462	76	268
玻璃制造	1607	1607				
玻璃制品制造	2727	2727	42			
玻璃纤维和玻璃纤维增强塑料制品制造	1744	1468	35			
陶瓷制品制造	113	113				
耐火材料制品制造	1994	1994	86	687		
石墨及其他非金属矿物制品制造	6293	6267				
黑色金属冶炼和压延加工业	52820	52548	368	616	27	
炼铁	15845	15845	279			
炼钢	2965	2965				
黑色金属铸造	1541	1541			25	
钢压延加工	28507	28275	1	616	2	
铁合金冶炼	3962	3922	88			
有色金属冶炼和压延加工业	37979	37866	128	92		
常用有色金属冶炼	24043	24043				
贵金属冶炼	3697	3584	18	92		
稀有稀土金属冶炼	4090	4090	106			
有色金属合金制造	655	655				
有色金属铸造	83	83				
有色金属压延加工	5411	5411	4			
金属制品业	21258	21221	804	277		8
结构性金属制品制造	13126	13119	579	105		8
金属工具制造	691	691	26	27		
集装箱及金属包装容器制造	2612	2582	63			
金属丝绳及其制品制造	1045	1045	135	71		
建筑、安全用金属制品制造	1050	1050				
金属表面处理及热处理加工	719	719				
搪瓷制品制造						
金属制日用品制造	239	239		3		
其他金属制品制造	1776	1776	1	71		
通用设备制造业	7915	7910	369	259	10	40
锅炉及原动设备制造	1218	1218		61		
金属加工机械制造	1097	1097	97			
物料搬运设备制造	1912	1912	196			
泵、阀门、压缩机及类似机械制造	212	212				
轴承、齿轮和传动部件制造	254	254	10			
烘炉、风机、衡器、包装等设备制造	602	597				
文化、办公用机械制造	15	15				
通用零部件制造	2361	2361	66	198	10	40
其他通用设备制造业	244	244				

国有联营	集体联营	国有与集体联营	其他联营	有限责任公司	国有独资	其他有限责任公司	股份有限公司	私营	私营独资
				4409		4409	5	4620	18
				4319		4319	5	4607	18
				90		90		13	
	19		15	11859	306	11553	2057	14605	2655
			15	2451		2451	33	679	131
	19			9408	306	9102	2024	13926	2524
	156	66	91	52733	761	51972	5937	51411	16384
			15	19871	361	19510	3164	5994	220
			30	13545	395	13150	1957	13078	1720
	156	66	46	11917	5	11912	664	26798	13998
				578		578	35	846	133
				805		805		1805	38
				629		629		804	203
				40		40	6	67	8
				369		369	110	742	58
				4979		4979	1	1277	6
				30367	621	29746	9953	11060	518
				12345		12345		3071	53
				2937		2937		28	
				607		607		908	218
				12392	621	11771	9523	5735	167
				2086		2086	430	1318	80
				16580	1283	15297	7135	13921	22
				12207		12207	3106	8730	
				3229	1283	1946		245	
				85		85		3899	
				587		587	1	67	5
				68		68		15	5
				404		404	4028	965	12
			8	7984		7984	1407	10240	1155
			8	4634		4634	563	6888	676
				108		108	81	379	133
				789		789	712	1014	139
				735		735	4	68	17
				475		475		564	53
				214		214		505	16
				20		20		208	19
				1009		1009	47	614	102
		40		2655		2655	220	4287	589
				435		435	86	625	133
				334		334	89	563	71
				716		716	25	969	59
				10		10		202	20
				126		126		118	
				314		314		277	64
				13		13		2	
		40		687		687	20	1307	236
				20		20		224	6

1-13 续表 4

行业小类	从业人员数(人)	内资				
			国有	集体	股份合作	联营
专用设备制造业	11619	11128	1076	119	89	
采矿、冶金、建筑专用设备制造	3181	2930	354		30	
化工、木材、非金属加工专用设备制造	1219	1195				
食品、饮料、烟草及饲料生产专用设备制造	138	138				
印刷、制药、日化及日用品生产专用设备制造	170	170		4		
纺织、服装和皮革加工专用设备制造	25	25				
电子和电工机械专用设备制造	131	131				
农、林、牧、渔专用机械制造	5854	5638	705	78	57	
医疗仪器设备及器械制造	69	69				
环保、社会公共服务及其他专用设备制造	832	832	17	37	2	
汽车制造业	3309	2942	272	19	10	
汽车整车制造	1697	1330				
改装汽车制造	799	799				
低速载货汽车制造						
电车制造	8	8				
汽车车身、挂车制造	268	268				
汽车零部件及配件制造	537	537	272	19	10	
铁路、船舶、航空航天和其他运输设备制造业	475	475				
铁路运输设备制造	239	239				
城市轨道交通设备制造	41	41				
船舶及相关装置制造						
航空、航天器及设备制造	27	27				
摩托车制造	124	124				
自行车制造	44	44				
非公路休闲车及零配件制造						
潜水救捞及其他未列明运输设备制造						
电气机械和器材制造业	14370	14359	76	38		
电机制造	1741	1741	17			
输配电及控制设备制造	10026	10020	59	13		
电线、电缆、光缆及电工器材制造	1488	1488		25		
电池制造	22	22				
家用电力器具制造	189	189				
非电力家用器具制造	135	135				
照明器具制造	537	532				
其他电气机械及器材制造	232	232				
计算机、通信和其他电子设备制造业	324	295				
计算机制造	7	7				
通信设备制造	37	8				
广播电视设备制造	72	72				
雷达及配套设备制造						
视听设备制造	27	27				
电子器件制造	125	125				
电子元件制造	9	9				
其他电子设备制造	47	47				
仪器仪表制造业	400	393				
通用仪器仪表制造	300	300				
专用仪器仪表制造	98	91				
钟表与计时仪器制造						
光学仪器及眼镜制造						
其他仪器仪表制造业	2	2				

国有联营	集体联营	国有与集体联营	其他联营	有限责任公司	国有独资	其他有限责任公司	股份有限公司	私营	私营独资
				4227	361	3866	832	4618	762
				1141	60	1081		1375	139
				806		806	41	342	104
				30		30		105	43
				8		8	8	150	29
								25	7
				88		88	5	30	
				1960	301	1659	778	1971	315
				19		19		47	9
				175		175		573	116
				2316	851	1465		302	60
				1322	742	580		8	
				629		629		155	43
				223		223		45	
				142	109	33		94	17
				439		439	1	35	2
				236		236		3	
				41		41			
				27		27			
				102		102		22	
				33		33	1	10	2
				3985		3985	3547	6708	523
				245		245		1479	53
				3031		3031	3430	3482	270
				425		425	32	1006	160
				16		16		6	
				7		7	85	97	12
				76		76		59	20
				169		169		363	8
				16		16		216	
				164		164		131	24
				7		7			
				3		3		5	
								72	
				27		27			
				119		119		6	
				3		3		6	
				5		5		42	24
				199		199	4	190	15
				147		147		153	9
				50		50	4	37	6
				2		2			

1-13 续表 5

行业小类	从业人员数(人)	内资	国有	集体	股份合作	联营
其他制造业	997	997				
日用杂品制造	66	66				
煤制品制造	576	576				
核辐射加工						
其他未列明制造业	355	355				
废弃资源综合利用业	1043	996		23		
金属废料和碎屑加工处理	613	613		23		
非金属废料和碎屑加工处理	430	383				
金属制品、机械和设备修理业	1953	1953	26	101		
金属制品修理						
通用设备修理	211	211				
专用设备修理	954	954				
铁路、船舶、航空航天等运输设备修理	135	135	26	66		
电气设备修理	160	160				
仪器仪表修理	62	62				
其他机械和设备修理业	431	431		35		
电力、热力、燃气及水生产和供应业	**95470**	**94418**	**30538**	**124**	**88**	**85**
电力、热力生产和供应业	79698	79096	25680	118	48	85
电力生产	34061	33459	7478	65	48	80
电力供应	30404	30404	14458			5
热力生产和供应	15233	15233	3744	53		
燃气生产和供应业	6798	6550	653		36	
燃气生产和供应业	6798	6550	653		36	
水的生产和供应业	8974	8772	4205	6	4	
自来水生产和供应	7556	7556	3687		4	
污水处理及其再生利用	1254	1052	430	6		
其他水的处理、利用与分配	164	164	88			
建筑业	387624	387568	44641	3200	78	173
房屋建筑业	246160	246160	27114	699	8	13
房屋建筑业	246160	246160	27114	699	8	13
土木工程建筑业	93978	93973	15047	1985	13	
铁路、道路、隧道和桥梁工程建筑	44314	44314	6902	640		
水利和内河港口工程建筑	20236	20236	837	102		
海洋工程建筑						
工矿工程建筑	6687	6687	1597	43		
架线和管道工程建筑	20801	20801	5647	1037	13	
其他土木工程建筑	1940	1935	64	163		
建筑安装业	25373	25327	935	458	57	120
电气安装	10547	10546	776	453	57	119
管道和设备安装	5146	5146	149	2		1
其他建筑安装业	9680	9635	10	3		
建筑装饰和其他建筑业	22113	22108	1545	58		40
建筑装饰业	10825	10820	128	15		32
工程准备活动	4188	4188	1359			5
提供施工设备服务	601	601	33			3
其他未列明建筑业	6499	6499	25	43		
批发和零售业	**305101**	**301541**	**16982**	**3499**	**701**	**539**
批发业	190085	189439	13279	2615	348	412
农、林、牧产品批发	32907	32843	4515	1449	51	155
食品、饮料及烟草制品批发	22115	22014	3513	78	91	54
纺织、服装及家庭用品批发	12166	12148	93	10	9	

国有联营	集体联营	国有与集体联营	其他联营	有限责任公司	国有独资	其他有限责任公司	股份有限公司	私营	私营独资
				545		545		437	85
				5		5		61	40
				527		527		49	
				13		13		327	45
				471		471		458	89
				313		313		265	66
				158		158		193	23
				950		950	8	848	193
				69		69		129	20
				655		655	8	291	55
				17		17		26	22
				98		98		62	
				45		45		17	
				66		66		323	96
69	**7**	**5**	**4**	**50414**	**15608**	**34806**	**4835**	**7574**	**867**
69	7	5	4	42314	11545	30769	4372	5929	711
64	7	5	4	19485	5869	13616	3712	2230	382
5				15848	4034	11814		80	20
				6981	1642	5339	660	3619	309
				4107	1651	2456	387	1262	71
				4107	1651	2456	387	1262	71
				3993	2412	1581	76	383	85
				3690	2279	1411		100	19
				275	133	142	76	235	19
				28		28		48	47
32	133		8	203434	23913	179521	19350	115478	1939
	13			134266	10823	123443	8143	75764	474
	13			134266	10823	123443	8143	75764	474
				49546	12399	37147	10180	16757	153
				18332	8233	10099	10048	8269	28
				16417	862	15555	46	2623	54
				2822	319	2503	2	2223	8
				11523	2865	8658	52	2501	11
				452	120	332	32	1141	52
	120			14054	555	13499	855	8320	559
	119			4346	543	3803	809	3916	288
	1			3678	12	3666	3	1296	64
				6030		6030	43	3108	207
32			8	5568	136	5432	172	14637	753
32				1549	45	1504	43	9002	445
			5	1388	87	1301	7	1427	269
			3	276		276	19	255	8
				2355	4	2351	103	3953	31
131	**312**	**10**	**86**	**74358**	**6469**	**67889**	**20218**	**169563**	**17725**
105	255	10	42	49661	6311	43350	12108	99463	8889
5	140	8	2	12645	1292	11353	1894	8230	607
17	9		28	5311	1527	3784	556	8298	1051
				1952	192	1760	53	9946	800

1-13 续表 6

行业小类	从业人员数(人)	内资	国有	集体	股份合作	联营
文化、体育用品及器材批发	3049	3039	673		2	
医药及医疗器材批发	7538	7538	254		22	60
矿产品、建材及化工产品批发	62076	61971	2945	802	73	110
机械设备、五金产品及电子产品批发	41547	41241	1040	84	87	29
贸易经纪与代理	4082	4049	128	11		4
其他批发业	4605	4596	118	181	13	
零售业	115016	112102	3703	884	353	127
综合零售	26073	24722	308	495	136	19
食品、饮料及烟草制品专门零售	6107	6051	269	39	39	17
纺织、服装及日用品专门零售	8537	8320	77	66	72	
文化、体育用品及器材专门零售	5100	5097	2002	4	21	
医药及医疗器材专门零售	8999	8994	158	92	33	24
汽车、摩托车、燃料及零配件专门零售	30683	29464	494	70	43	18
家用电器及电子产品专门零售	13780	13727	166	4	4	39
五金、家具及室内装饰材料专门零售	8776	8775	41	24	5	10
货摊、无店铺及其他零售业	6961	6952	188	90		
交通运输、仓储和邮政业	**217989**	**214587**	**145666**	**1267**	**308**	**160**
铁路运输业	63746	63746	63651			
铁路旅客运输	40	40				
铁路货物运输	63706	63706	63651			
铁路运输辅助活动						
道路运输业	108395	105384	66541	324	193	109
城市公共交通运输	15977	12982	5292	5	44	6
公路旅客运输	11414	11414	1661	250		21
道路货物运输	63635	63619	45213	22	149	25
道路运输辅助活动	17369	17369	14375	47		57
水上运输业	58	58				
水上旅客运输	56	56				
水上货物运输						
水上运输辅助活动	2	2				
航空运输业	6274	6268	1379		4	
航空客货运输	91	85	31			
通用航空服务	342	342			4	
航空运输辅助活动	5841	5841	1348			
管道运输业	3697	3338				13
管道运输业	3697	3338				13
装卸搬运和运输代理业	14630	14604	880	791	66	16
装卸搬运	6622	6604	34	733	48	
运输代理业	8008	8000	846	58	18	16
仓储业	6614	6614	2045	152	45	20
谷物、棉花等农产品仓储	3070	3070	1272	113	35	20
其他仓储业	3544	3544	773	39	10	
邮政业	14575	14575	11170			2
邮政基本服务	11170	11170	11116			
快递服务	3405	3405	54			2
住宿和餐饮业	**51528**	**50475**	**12238**	**993**	**40**	**86**
住宿业	34697	34492	10000	901	8	64
旅游饭店	24955	24877	7856	801		39
一般旅馆	8099	7972	1551	84	8	7
其他住宿业	1643	1643	593	16		18

国有联营	集体联营	国有与集体联营	其他联营	有限责任公司			股份有限公司	私营	
					国有独资	其他有限责任公司			私营独资
				452	4	448	29	1800	247
60				2982	132	2850	112	3933	156
18	85	2	5	16859	2862	13997	9213	30065	2785
5	17		7	7471	186	7285	180	31614	2622
	4			692	6	686	54	2782	321
				1297	110	1187	17	2795	300
26	57		44	24697	158	24539	8110	70100	8836
	19			5076	15	5061	6215	11828	757
7	10			1055	60	995	29	3337	679
				1677	16	1661	38	6259	515
				302	5	297	13	2597	327
9	15			2330	35	2295	24	6195	359
6	3		9	9911	9	9902	1611	16791	1731
4	1		34	2598	1	2597	36	10566	1187
	9		1	884		884	76	7451	675
				864	17	847	68	5076	2606
66	**79**	**6**	**9**	**32543**	**6546**	**25997**	**3996**	**27272**	**3340**
				87		87		8	
				40		40			
				47		47		8	
33	75		1	17802	1828	15974	3052	14943	1852
6				5038	1203	3835	47	2476	138
5	16			4954	227	4727	2871	1583	278
22	3			7349	275	7074	98	10233	1315
	56		1	461	123	338	36	651	121
				56		56			
				56		56			
				4727	4454	273		150	5
				12		12		42	5
				255		255		82	
				4460	4454	6		26	
13				3243		3243	10	51	
13				3243		3243	10	51	
	2	6	8	2722	1	2721	326	9591	972
				237		237	4	5514	606
	2	6	8	2485	1	2484	322	4077	366
20				1481	263	1218	557	1643	347
20				458	69	389	30	713	133
				1023	194	829	527	930	214
	2			2425		2425	51	886	164
							21	22	2
	2			2425		2425	30	864	162
46	**18**	**22**		**14883**	**1217**	**13666**	**971**	**19592**	**3719**
46	18			11995	1116	10879	676	10465	2061
39				8707	765	7942	659	6654	949
7				3108	351	2757	13	3057	884
	18			180		180	4	754	228

1-13 续表 7

行业小类	从业人员数(人)	内资				
			国有	集体	股份合作	联营
餐饮业	16831	15983	2238	92	32	22
正餐服务	11824	11803	1301	72	32	22
快餐服务	2654	1833	92	6		
饮料及冷饮服务	42	42				
其他餐饮业	2311	2305	845	14		
信息传输、软件和信息技术服务业	**40837**	**37060**	**9140**	**30**	**61**	**53**
电信、广播电视和卫星传输服务	27905	24230	7998	6	9	38
电信	24195	20520	5734		9	27
广播电视传输服务	3469	3469	2026	6		11
卫星传输服务	241	241	238			
互联网和相关服务	2084	2084	194		22	12
互联网接入及相关服务	326	326	2			
互联网信息服务	1417	1417	192		4	12
其他互联网服务	341	341			18	
软件和信息技术服务业	10848	10746	948	24	30	3
软件开发	4105	4051	377	2	4	
信息系统集成服务	1749	1709	41		10	
信息技术咨询服务	3566	3566	310	22	6	3
数据处理和存储服务	257	257	42			
集成电路设计	27	27				
其他信息技术服务业	1144	1136	178		10	
金融业	**20887**	**20883**	**681**	**10**	**11863**	
货币金融服务	19871	19867	50		11777	
中央银行服务						
货币银行服务	18763	18763			11748	
非货币银行服务	1108	1104	50		29	
银行监管服务						
资本市场服务	295	295	219			
证券市场服务						
期货市场服务	237	237	171			
证券期货监管服务	58	58	48			
资本投资服务						
其他资本市场服务						
保险业	210	210	77			
人身保险						
财产保险						
再保险						
养老金						
保险经纪与代理服务	133	133				
保险监管服务	77	77	77			
其他保险活动						
其他金融业	511	511	335	10	86	
金融信托与管理服务	324	324	324			
控股公司服务						
非金融机构支付服务	38	38	8			
金融信息服务	149	149	3	10	86	
其他未列明金融业						
房地产业	**114544**	**114079**	**6103**	**837**	**305**	**231**
房地产业	114544	114079	6103	837	305	231
房地产开发经营	46684	46365	395	95	104	10

国有联营	集体联营	国有与集体联营	其他联营	有限责任公司	国有独资	其他有限责任公司	股份有限公司	私营	私营独资
		22		2888	101	2787	295	9127	1658
		22		2386	101	2285	233	7176	1378
				249		249	19	1452	103
				8		8	13	20	8
				245		245	30	479	169
2	**8**		**43**	**7110**	**1164**	**5946**	**11650**	**8534**	**752**
2	8		28	4176	1152	3024	11430	374	22
2			25	3932	1078	2854	10377	354	8
	8		3	241	74	167	1053	20	14
				3		3			
			12	384		384	21	1400	293
				65		65	1	253	26
			12	264		264	13	904	135
				55		55	7	243	132
			3	2550	12	2538	199	6760	437
				700	2	698	55	2853	114
				603		603	30	1011	42
			3	989	4	985	41	2130	194
				20	6	14	24	171	3
				15		15		12	
				223		223	49	583	84
				1334	**117**	**1217**	**6109**	**783**	**56**
				1248	91	1157	6109	683	54
				906		906	6109		
				342	91	251		683	54
				52	26	26		81	
				52	26	26		81	
				34		34		19	2
				30		30			
				4		4		19	2
131	**75**		**25**	**47385**	**3208**	**44177**	**1255**	**56259**	**6155**
131	75		25	47385	3208	44177	1255	56259	6155
10				18798	1109	17689	439	26302	846

1-13 续表 8

行业小类	从业人员数(人)	内资	国有	集体	股份合作	联营
物业管理	55286	55141	4349	628	136	144
房地产中介服务	5780	5779	163		27	2
自有房地产经营活动	4470	4470	345	105	34	75
其他房地产业	2324	2324	851	9	4	
租赁和商务服务业	**203541**	**202948**	**49591**	**3695**	**279**	**791**
租赁业	6657	6647	68	34	11	15
机械设备租赁	6494	6484	52	34	11	15
文化及日用品出租	163	163	16			
商务服务业	196884	196301	49523	3661	268	776
企业管理服务	64439	64019	36688	524	59	115
法律服务	4595	4595	827	49		60
咨询与调查	10333	10280	686	79	85	33
广告业	8572	8533	323	24	7	7
知识产权服务	164	164	25		9	
人力资源服务	68512	68512	1358	31	15	16
旅行社及相关服务	6620	6607	801	10	34	
安全保护服务	16109	16109	3549	2823		342
其他商务服务业	17540	17482	5266	121	59	203
科学研究和技术服务业	**99957**	**99815**	**51171**	**457**	**114**	**383**
研究和试验发展	7148	7140	5752	6		
自然科学研究和试验发展	1086	1086	999			
工程和技术研究和试验发展	1277	1277	674	1		
农业科学研究和试验发展	3065	3057	2649	5		
医学研究和试验发展	390	390	218			
社会人文科学研究	1330	1330	1212			
专业技术服务业	77942	77851	36067	431	109	370
气象服务	3707	3707	3313	9		
地震服务	729	687	672			
海洋服务	26	26	26			
测绘服务	2309	2309	1126	1		4
质检技术服务	8403	8403	4204	77	48	91
环境与生态监测	2482	2482	1384			10
地质勘查	11280	11238	8047			3
工程技术	34858	34858	10604	110	14	241
其他专业技术服务业	14148	14141	6691	234	47	21
科技推广和应用服务业	14867	14824	9352	20	5	13
技术推广服务	13308	13268	8868	6	2	13
科技中介服务	786	783	293	9	3	
其他科技推广和应用服务业	773	773	191	5		
水利、环境和公共设施管理业	**54489**	**54446**	**40088**	**291**	**10**	**7**
水利管理业	22594	22594	20367	86		7
防洪除涝设施管理	958	958	909			
水资源管理	7754	7754	6784	15		
天然水收集与分配	7474	7474	7166	62		
水文服务	439	439	390			
其他水利管理业	5969	5969	5118	9		7
生态保护和环境治理业	3860	3860	2945			
生态保护	2926	2926	2657			
环境治理业	934	934	288			

国有联营	集体联营	国有与集体联营	其他联营	有限责任公司	国有独资	其他有限责任公司	股份有限公司	私营	私营独资
119			25	25479	1898	23581	563	22965	4580
2				1265	3	1262	21	4163	518
	75			1248	60	1188	216	2011	207
				595	138	457	16	818	4
119	**552**	**86**	**34**	**53962**	**6233**	**47729**	**3378**	**81889**	**9716**
		15		1934	35	1899	1048	3256	616
		15		1890	35	1855	1028	3173	610
				44		44	20	83	6
119	552	71	34	52028	6198	45830	2330	78633	9100
24	60	29	2	12446	2651	9795	1545	10353	2370
41	3		16	142	32	110	76	2065	325
17	8		8	2467	13	2454	44	6577	613
	1		6	2551	8	2543	45	5350	801
				39		39		91	
16				22561	2653	19908	30	41767	3528
				2936	57	2879	220	2126	291
	342			5437	542	4895	102	3543	641
21	138	42	2	3449	242	3207	268	6761	531
	207	**13**	**163**	**19233**	**4755**	**14478**	**938**	**22602**	**1772**
				479		479	7	618	55
				22		22		60	3
				311		311		285	12
				136		136		112	16
				10		10	7	97	24
								64	
	207	13	150	17923	4746	13177	813	19198	1279
				88	15	73	2	8	
			4	314		314	14	820	101
	91			1637	96	1541	105	1893	248
			10	123		123	45	271	24
		3		1333	312	1021	46	1307	146
	105		136	12577	4312	8265	556	10155	311
	11	10		1851	11	1840	45	4744	449
			13	831	9	822	118	2786	438
			13	617	9	608	108	2222	385
				78		78		232	20
				136		136	10	332	33
7				**4111**	**957**	**3154**	**186**	**3935**	**646**
7				235	28	207	76	398	152
								6	
				77		77	45	124	
				34	22	12		36	
				6	6		30	13	
7				118		118	1	219	152
				346		346		491	208
				186		186		7	
				160		160		484	208

1-13 续表 9

行业小类	从业人员数(人)	内资				
			国有	集体	股份合作	联营
公共设施管理业	28035	27992	16776	205	10	
市政设施管理	2986	2986	2438		4	
环境卫生管理	9447	9447	5559	10		
城乡市容管理	1041	1041	548	3		
绿化管理	11230	11227	6317	161		
公园和游览景区管理	3331	3291	1914	31	6	
居民服务、修理和其他服务业	**30847**	**30845**	**7396**	**482**	**56**	**50**
居民服务业	9450	9448	1704	142	24	15
家庭服务	2175	2175	6		18	
托儿所服务	1112	1112	438			
洗染服务	279	279				
理发及美容服务	249	247				
洗浴服务	592	592		91		
保健服务	236	236				
婚姻服务	162	162	34			
殡葬服务	1507	1507	668	32		
其他居民服务业	3138	3138	558	19	6	15
机动车、电子产品和日用产品修理业	12167	12167	2960	225	29	22
汽车、摩托车修理与维护	9357	9357	2083	8	25	22
计算机和办公设备维修	1165	1165		211		
家用电器修理	1207	1207	850	6		
其他日用产品修理业	438	438	27		4	
其他服务业	9230	9230	2732	115	3	13
清洁服务	4074	4074	2063	107		
其他未列明服务业	5156	5156	669	8	3	13
教育	**376714**	**376259**	**316986**	**1162**	**608**	**858**
教育	376714	376259	316986	1162	608	858
学前教育	29526	29510	18151	70	111	160
初等教育	123519	123519	111512	278		373
中等教育	168001	168001	151952	582	210	242
高等教育	28699	28699	22951	72	88	
特殊教育	1039	1039	598			
技能培训、教育辅助及其他教育	25930	25491	11822	160	199	83
卫生和社会工作	**176801**	**176786**	**151104**	**1684**	**321**	**346**
卫生	169715	169700	146812	1456	321	233
医院	124006	123991	107515	1212	321	144
社区医疗与卫生院	29200	29200	24209	194		73
门诊部(所)	996	996	125	4		16
计划生育技术服务活动	3864	3864	3733	17		
妇幼保健院(所、站)	4099	4099	3975			
专科疾病防治院(所、站)	410	410	372			
疾病预防控制中心	6084	6084	5899	29		
其他卫生活动	1056	1056	984			
社会工作	7086	7086	4292	228		113
提供住宿社会工作	5631	5631	3350	99		110
不提供住宿社会工作	1455	1455	942	129		3
文化、体育和娱乐业	**37653**	**37626**	**25106**	**241**	**28**	**247**
新闻和出版业	6989	6989	6058			
新闻业	814	814	800			
出版业	6175	6175	5258			

国有联营	集体联营	国有与集体联营	其他联营	有限责任公司	国有独资	其他有限责任公司	股份有限公司	私营	私营独资
				3530	929	2601	110	3046	286
				135		135		235	6
				192	45	147		518	26
				12	5	7	8	35	
				2616	821	1795	16	1644	189
				575	58	517	86	614	65
17	**21**		**12**	**8597**	**33**	**8564**	**243**	**11414**	**2825**
4	11			2437		2437	70	3314	949
				700		700	16	1396	480
								403	226
				74		74		205	31
				56		56		185	25
				95		95		394	44
				71		71		134	7
				17		17		95	1
				485		485	30	235	21
4	11			939		939	24	267	114
	10		12	2016	25	1991	146	6139	1611
	10		12	1743	25	1718	48	4841	1351
				197		197	11	711	106
				39		39	28	276	58
				37		37	59	311	96
13				4144	8	4136	27	1961	265
				1165	4	1161		670	114
13				2979	4	2975	27	1291	151
431	**159**	**150**	**118**	**2084**	**9**	**2075**	**248**	**10142**	**5020**
431	159	150	118	2084	9	2075	248	10142	5020
70	89		1	77		77		3180	2318
119	49	125	80					366	180
242				31		31		1175	319
								9	9
								95	39
	21	25	37	1976	9	1967	248	5317	2155
93	**131**		**122**	**1774**	**13**	**1761**	**201**	**9318**	**3940**
68	131		34	1622		1622	201	8831	3682
	127		17	1583		1583	201	7499	3181
59	4		10	8		8		556	226
9			7	31		31		702	256
								3	
								38	10
								33	9
25			88	152	13	139		487	258
25			85	18		18		478	258
			3	134	13	121		9	
222	**18**		**7**	**1877**	**158**	**1719**	**415**	**6474**	**4124**
				344	14	330		115	1
								1	
				344	14	330		114	1

1-13 续表 10

行业小类	从业人员数(人)	内资	国有	集体	股份合作	联营
广播、电视、电影和影视录音制作业	10361	10361	8260	93	8	179
广播	3407	3407	3150			
电视	4479	4479	3663	34		179
电影和影视节目制作	773	773	463			
电影和影视节目发行	407	407	367			
电影放映	1228	1228	599	59	8	
录音制作	67	67	18			
文化艺术业	11320	11320	9611	63		57
文艺创作与表演	4615	4615	3863			43
艺术表演场馆	644	644	570			
图书馆与档案馆	1544	1544	1501			
文物及非物质文化遗产保护	463	463	363	22		
博物馆	655	655	553			
烈士陵园、纪念馆	138	138	137			
群众文化活动	2862	2862	2531	41		14
其他文化艺术业	399	399	93			
体育	2021	2021	829	80		
体育组织	1061	1061	588	40		
体育场馆	194	194	173			
休闲健身活动	601	601	27	40		
其他体育	165	165	41			
娱乐业	6962	6935	348	5	20	11
室内娱乐活动	5583	5561	88	5	20	11
游乐园	184	184				
彩票活动	183	183	89			
文化、娱乐、体育经纪代理	167	162	2			
其他娱乐业	845	845	169			
公共管理、社会保障和社会组织	**770378**	**770318**	**514256**	**4000**	**444**	**714**
中国共产党机关	19288	19288	19245			
中国共产党机关	19288	19288	19245			
国家机构	464048	464048	457902	70	24	81
国家权力机构	5370	5370	5308			
国家行政机构	434541	434541	428660	70	24	81
人民法院和人民检察院	17386	17386	17289			
其他国家机构	6751	6751	6645			
人民政协、民主党派	2529	2529	2520			
人民政协	2385	2385	2385			
民主党派	144	144	135			
社会保障	3861	3861	3800			
社会保障	3861	3861	3800			
群众团体、社会团体和其他成员组织	165334	165274	30789	3930	420	633
群众团体	29748	29688	14364	1128	300	21
社会团体	92087	92087	15633	2449	120	547
基金会	119	119	32			
宗教组织	43380	43380	760	353		65
基层群众自治组织	115318	115318				
社区自治组织	45292	45292				
村民自治组织	70026	70026				
国际组织						
国际组织						
国际组织						

国有联营	集体联营	国有与集体联营	其他联营	有限责任公司	国有独资	其他有限责任公司	股份有限公司	私营	私营独资
179				510	64	446	370	409	40
				10		10	6	21	
179				53		53	339	9	
				161		161	7	88	5
				26	20	6		14	
				240	44	196	18	248	30
				20		20		29	5
43	14			306	42	264	35	457	36
43				185		185		221	6
				28		28		33	3
								2	
				3		3		14	
				23		23		7	
	14			41	37	4		26	2
				26	5	21	35	154	25
				203	38	165	4	407	63
				11		11		79	12
								3	3
				154		154		311	40
				38	38		4	14	8
	4		7	514		514	6	5086	3984
	4		7	150		150	6	4553	3884
				38		38		119	45
				13		13		135	27
				313		313		279	28
94	**554**	**3**	**63**	**418**	**5**	**413**	**45**	**1307**	**163**
78			3						
78			3						
				13	5	8		2	
				13	5	8		2	
16	554	3	60	405		405	45	1305	163
8	5		8	306		306	45	1077	57
8	515		24	99		99		228	106
	34	3	28						

1-13 续表 11

行业小类	私营合伙	私营有限责任公司	私营股份有限公司	其他	港、澳、台商投资	港澳台商合资经营
总 计	**17082**	**665221**	**22669**	**423946**	**18011**	**9324**
农、林、牧、渔业	**546**	**6776**	**131**	**49790**	**72**	
农业		95		24		
谷物种植		80				
豆类、油料和薯类种植						
棉、麻、糖、烟草种植						
蔬菜、食用菌及园艺作物种植				10		
水果种植		15		14		
坚果、含油果、香料和饮料作物种植						
中药材种植						
其他农业						
林业				5		
林木育种和育苗				5		
造林和更新						
森林经营和管护						
木材和竹材采运						
林产品采集						
畜牧业		33		16		
牲畜饲养		33		8		
家禽饲养				8		
狩猎和捕捉动物						
其他畜牧业						
渔业						
水产养殖						
水产捕捞						
农、林、牧、渔服务业	546	6648	131	49745	72	
农业服务业	492	5916	118	33389	72	
林业服务业		500	3	1627		
畜牧服务业	53	232	10	14641		
渔业服务业	1			88		
采矿业	**1582**	**25843**	**560**	**1588**	**1168**	**449**
煤炭开采和洗选业	859	7722	347	760	621	265
烟煤和无烟煤开采洗选	799	7676	347	759	621	265
褐煤开采洗选						
其他煤炭采选	60	46		1		
石油和天然气开采业		141				
石油开采		139				
天然气开采		2				
黑色金属矿采选业	468	6389	59	63	50	50
铁矿采选	468	5928	59	62	50	50
锰矿、铬矿采选		430				
其他黑色金属矿采选		31		1		
有色金属矿采选业	5	2365	29	101	363	
常用有色金属矿采选	1	1770	29	37	326	
贵金属矿采选	4	569		1	36	
稀有稀土金属矿采选		26		63	1	
非金属矿采选业	188	3833	62	624		
土砂石开采	181	3261	53	578		
化学矿开采		58				
采盐		11				
石棉及其他非金属矿采选	7	503	9	46		

港澳台商合作经营	港澳台商独资	港澳台商投资股份有限公司	其他港澳台商投资	外商投资企业	中外合资经营	中外合作经营	外资企业	外商投资股份有限公司	其他外商投资
125	**6144**	**1664**	**754**	**18222**	**8738**	**1147**	**6257**	**1162**	**918**
	72			**418**		**418**			
			418		418				
			418		418				
	72								
	72								
113	**569**	**37**		**1023**	**716**	**160**	**147**		
	356			509	509				
	356			509	509				
				160		160			
				160		160			
113	213	37		207	207				
113	213			207	207				
		36							
		1							
				116			116		
				116			116		

1-13 续表 12

行业小类	私营合伙	私营有限责任公司	私营股份有限公司	其他	港、澳、台商投资	港澳台商合资经营
开采辅助活动	62	5138	26	5	134	134
煤炭开采和洗选辅助活动		117		5		
石油和天然气开采辅助活动	62	4983	25		134	134
其他开采辅助活动		38	1			
其他采矿业		255	37	35		
其他采矿业		255	37	35		
制造业	**4451**	**164227**	**11479**	**16291**	**8983**	**4488**
农副食品加工业	301	17276	930	2935	232	109
谷物磨制	59	1376		158		
饲料加工		1293	77	42		
植物油加工	39	4218	366	331		
制糖业		388		50		
屠宰及肉类加工	88	1517	227	253		
水产品加工		130				
蔬菜、水果和坚果加工	24	6410	155	1475	161	109
其他农副食品加工	91	1944	105	626	71	
食品制造业	136	6690	869	618	2203	530
焙烤食品制造	27	1270	58	9		
糖果、巧克力及蜜饯制造		343	9	62		
方便食品制造		342		238	1673	
乳制品制造	45	850	527	39		
罐头食品制造	56	1101	275	42	530	530
调味品、发酵制品制造	8	520		1		
其他食品制造		2264		227		
酒、饮料和精制茶制造业	191	3839	377	425	536	495
酒的制造	62	2620	321	315		
饮料制造	129	1042	30	110	536	495
精制茶加工		177	26			
烟草制品业						
烟叶复烤						
卷烟制造						
其他烟草制品制造						
纺织业	46	10927	133	694	3391	1255
棉纺织及印染精加工	46	9927	3	331	3391	1255
毛纺织及染整精加工		97		85		
麻纺织及染整精加工		28	51			
丝绢纺织及印染精加工				30		
化纤织造及印染精加工		52				
针织或钩针编织物及其制品制造		169	35	70		
家用纺织制成品制造		268	10	93		
非家用纺织制成品制造		386	34	85		
纺织服装、服饰业	62	1489		314		
机织服装制造	30	771		109		
针织或钩针编织服装制造		65		28		
服饰制造	32	653		177		
皮革、毛皮、羽毛及其制品和制鞋业	15	491	1	1		
皮革鞣制加工		326				
皮革制品制造	15	47				

港澳台商合作经营	港澳台商独资	港澳台商投资股份有限公司	其他港澳台商投资	外商投资企业	中外合资经营	中外合作经营	外资企业	外商投资股份有限公司	其他外商投资
				31			31		
				31			31		
2	**4271**	**222**		**9863**	**5929**	**421**	**2397**	**875**	**241**
2	121			1409	712	421	276		
				554		421	133		
				510	510				
				118	118				
2	50			54	12		42		
	71			173	72		101		
	1673			1511	935		462	114	
				516	156		360		
				54	54				
	1673			583	583				
				216			102	114	
				142	142				
	41			3277	2498		128	651	
				1804	1177		112	515	
	41			1473	1321		16	136	
	2136			523	73		450		
	2136			523	73		450		

1-13 续表 13

行业小类	私营合伙	私营有限责任公司	私营股份有限公司	其他	港、澳、台商投资	港澳台商合资经营
毛皮鞣制及制品加工		75	1	1		
羽毛(绒)加工及制品制造		24				
制鞋业		19				
木材加工和木、竹、藤、棕、草制品业	62	1837	152	474		
木材加工	47	272	4	74		
人造板制造		1086	146	44		
木制品制造	15	434	2	220		
竹、藤、棕、草等制品制造		45		136		
家具制造业	82	1312	412	55		
木质家具制造	82	634	412	45		
竹、藤家具制造		5				
金属家具制造		594		10		
塑料家具制造		8				
其他家具制造		71				
造纸和纸制品业	21	3093	95	191	469	455
纸浆制造		125				
造纸		738	20	35	164	164
纸制品制造	21	2230	75	156	305	291
印刷和记录媒介复制业	69	1752	38	115		
印刷	48	1529	15	109		
装订及印刷相关服务	21	223	23	6		
记录媒介复制						
文教、工美、体育和娱乐用品制造业	243	1718	21	4392	85	
文教办公用品制造		40				
乐器制造						
工艺美术品制造	243	1607	16	4392	85	
体育用品制造		22	5			
玩具制造		6				
游艺器材及娱乐用品制造		43				
石油加工、炼焦和核燃料加工业	13	7853	273	19	596	596
精炼石油产品制造	13	2646	251	8		
炼焦		5207	22	11	596	596
核燃料加工						
化学原料和化学制品制造业	209	10451	4076	463	589	395
基础化学原料制造	37	3363	3779	55	160	120
肥料制造	133	3007	68	183	275	275
农药制造		18		44		
涂料、油墨、颜料及类似产品制造	8	458	8	109		
合成材料制造		230	169	20		
专用化学产品制造	31	2661	16	52	154	
炸药、火工及焰火产品制造		256				
日用化学产品制造		458	36			
医药制造业	10	1654	161	69	7	
化学药品原料药制造		118				
化学药品制剂制造		170				
中药饮片加工	7	342	35	20		
中成药生产		755		27	7	
兽用药品制造		39				
生物药品制造	3	101	36			
卫生材料及医药用品制造		129	90	22		

港澳台商合作经营	港澳台商独资	港澳台商投资股份有限公司	其他港澳台商投资	外商投资企业	中外合资经营	中外合作经营	外资企业	外商投资股份有限公司	其他外商投资
				8			8		
				8			8		
		14		238	42		196		
		14		238	42		196		
	85			111	1			110	
	85			111	1			110	
				421	421				
				156	156				
				265	265				
	194			776	4		772		
	40								
				45	4		41		
	154			731			731		
	7			153	153				
				50	50				
	7			103	103				

1-13　续表 14

行业小类	私营合伙	私营有限责任公司	私营股份有限公司	其他	港、澳、台商投资	港澳台商合资经营
化学纤维制造业		4602				
纤维素纤维原料及纤维制造		4589				
合成纤维制造		13				
橡胶和塑料制品业	441	11161	348	891	534	326
橡胶制品业	44	504		15		
塑料制品业	397	10657	348	876	534	326
非金属矿物制品业	1894	32115	1018	3623	26	26
水泥、石灰和石膏制造	40	5545	189	115		
石膏、水泥制品及类似制品制造	258	10653	447	581		
砖瓦、石材等建筑材料制造	1536	11148	116	2694		
玻璃制造		713		148		
玻璃制品制造		1767		75		
玻璃纤维和玻璃纤维增强塑料制品制造	23	319	259			
陶瓷制品制造	12	40	7			
耐火材料制品制造	25	659				
石墨及其他非金属矿物制品制造		1271		10	26	26
黑色金属冶炼和压延加工业	131	10351	60	157	7	
炼铁	129	2829	60	150		
炼钢		28				
黑色金属铸造		690		1		
钢压延加工	2	5566		6		
铁合金冶炼		1238			7	
有色金属冶炼和压延加工业	1	12929	969	10	113	113
常用有色金属冶炼	1	8259	470			
贵金属冶炼		245			113	113
稀有稀土金属冶炼		3400	499			
有色金属合金制造		62				
有色金属铸造		10				
有色金属压延加工		953		10		
金属制品业	165	8698	222	501		
结构性金属制品制造	71	6051	90	342		
金属工具制造	5	241		70		
集装箱及金属包装容器制造	68	790	17	4		
金属丝绳及其制品制造		51		32		
建筑、安全用金属制品制造		501	10	11		
金属表面处理及热处理加工		489				
搪瓷制品制造						
金属制日用品制造		189		8		
其他金属制品制造	21	386	105	34		
通用设备制造业	155	3520	23	70		
锅炉及原动设备制造	62	430		11		
金属加工机械制造	6	486		14		
物料搬运设备制造	4	906		6		
泵、阀门、压缩机及类似机械制造		182				
轴承、齿轮和传动部件制造		118				
烘炉、风机、衡器、包装等设备制造	8	205		6		
文化、办公用机械制造	2					
通用零部件制造	73	975	23	33		
其他通用设备制造业		218				

港澳台商合作经营	港澳台商独资	港澳台商投资股份有限公司	其他港澳台商投资	外商投资企业	中外合资经营	中外合作经营	外资企业	外商投资股份有限公司	其他外商投资
		208		41	41				
		208		41	41				
				331	272		55		4
				55			55		
				276	272				4
	7			265			33		232
				232					232
	7			33			33		
				37	30		7		
				7			7		
				30	30				
				5			5		
				5			5		

1-13 续表 15

行业小类	私营合伙	私营有限责任公司	私营股份有限公司	其他	港、澳、台商投资	港澳台商合资经营
专用设备制造业	94	3633	129	167	188	188
采矿、冶金、建筑专用设备制造	12	1214	10	30	188	188
化工、木材、非金属加工专用设备制造		238		6		
食品、饮料、烟草及饲料生产专用设备制造	22	37	3	3		
印刷、制药、日化及日用品生产专用设备制造	13	108				
纺织、服装和皮革加工专用设备制造		2	16			
电子和电工机械专用设备制造	4	26		8		
农、林、牧、渔专用机械制造	10	1546	100	89		
医疗仪器设备及器械制造	9	29		3		
环保、社会公共服务及其他专用设备制造	24	433		28		
汽车制造业	4	235	3	23		
汽车整车制造		8				
改装汽车制造	4	105	3	15		
低速载货汽车制造						
电车制造				8		
汽车车身、挂车制造		45				
汽车零部件及配件制造		77				
铁路、船舶、航空航天和其他运输设备制造业		33				
铁路运输设备制造		3				
城市轨道交通设备制造						
船舶及相关装置制造						
航空、航天器及设备制造						
摩托车制造		22				
自行车制造		8				
非公路休闲车及零配件制造						
潜水救捞及其他未列明运输设备制造						
电气机械和器材制造业	73	4960	1152	5		
电机制造		663	763			
输配电及控制设备制造	56	2797	359	5		
电线、电缆、光缆及电工器材制造		846				
电池制造	2	4				
家用电力器具制造		85				
非电力家用器具制造		13	26			
照明器具制造	15	340				
其他电气机械及器材制造		212	4			
计算机、通信和其他电子设备制造业		107				
计算机制造						
通信设备制造		5				
广播电视设备制造		72				
雷达及配套设备制造						
视听设备制造						
电子器件制造		6				
电子元件制造		6				
其他电子设备制造		18				
仪器仪表制造业	20	155			7	
通用仪器仪表制造		144				
专用仪器仪表制造	20	11			7	
钟表与计时仪器制造						
光学仪器及眼镜制造						
其他仪器仪表制造业						

港澳台商合作经营	港澳台商独　资	港澳台商投资股份有限公司	其他港澳台商投资	外商投资企　业	中外合资经　营	中外合作经　营	外资企业	外商投资股份有限公　司	其他外商投　资
				303	298		5		
				63	63				
				24	19		5		
				216	216				
				367	367				
				367	367				
				11	6				5
				6	6				
				5					5
				29	29				
				29	29				
	7								
	7								

1-13 续表 16

行业小类	私营合伙	私营有限责任公司	私营股份有限公司	其他	港、澳、台商投资	港澳台商合资经营
其他制造业	3	340	9	15		
日用杂品制造		21				
煤制品制造		49				
核辐射加工						
其他未列明制造业	3	270	9	15		
废弃资源综合利用业		369		44		
金属废料和碎屑加工处理		199		12		
非金属废料和碎屑加工处理		170		32		
金属制品、机械和设备修理业	10	637	8	20		
金属制品修理						
通用设备修理	10	99		13		
专用设备修理		236				
铁路、船舶、航空航天等运输设备修理		4				
电气设备修理		62				
仪器仪表修理		17				
其他机械和设备修理业		219	8	7		
电力、热力、燃气及水生产和供应业	**56**	**6580**	**71**	**760**	**71**	**35**
电力、热力生产和供应业	6	5141	71	550	71	35
电力生产		1818	30	361	71	35
电力供应	6	54		13		
热力生产和供应		3269	41	176		
燃气生产和供应业	33	1158		105		
燃气生产和供应业	33	1158		105		
水的生产和供应业	17	281		105		
自来水生产和供应		81		75		
污水处理及其再生利用	17	199		30		
其他水的处理、利用与分配		1				
建筑业	79	110644	2816	1214	7	6
房屋建筑业		74660	630	153		
房屋建筑业		74660	630	153		
土木工程建筑业	14	14532	2058	445		
铁路、道路、隧道和桥梁工程建筑	12	6257	1972	123		
水利和内河港口工程建筑		2514	55	211		
海洋工程建筑						
工矿工程建筑		2215				
架线和管道工程建筑		2490		28		
其他土木工程建筑	2	1056	31	83		
建筑安装业	20	7727	14	528	2	1
电气安装	20	3607	1	70	1	
管道和设备安装		1232		17		
其他建筑安装业		2888	13	441	1	1
建筑装饰和其他建筑业	45	13725	114	88	5	5
建筑装饰业	45	8398	114	51	5	5
工程准备活动		1158		2		
提供施工设备服务		247		15		
其他未列明建筑业		3922		20		
批发和零售业	**1732**	**147189**	**2917**	**15681**	**1226**	**42**
批发业	1006	87542	2026	11553	85	27
农、林、牧产品批发	45	6645	933	3904	41	
食品、饮料及烟草制品批发	141	6947	159	4113	16	16
纺织、服装及家庭用品批发	115	8965	66	85	5	5

港澳台商合作经营	港澳台商独　资	港澳台商投资股份有限公司	其他港澳台商投资	外商投资企　业	中外合资经　营	中外合作经　营	外资企业	外商投资股份有限公　司	其他外商投　资
				47	47				
				47	47				
		36		**981**	**566**	**122**	**143**	**150**	
		36		531	468		63		
		36		531	468		63		
				248	98			150	
				248	98			150	
				202		122	80		
				202		122	80		
	1			49	49				
				5	5				
				5	5				
	1			44	44				
	1								
				44	44				
	643	**539**	**2**	**2334**	**802**	**16**	**1347**	**135**	**34**
	58			561	125	13	403		20
	41			23	15	8			
				85			83		2
				13	8		5		

1-13 续表 17

行业小类	私营合伙	私营有限责任公司	私营股份有限公司	其他	港、澳、台商投资	港澳台商合资经营
文化、体育用品及器材批发	36	1495	22	83		
医药及医疗器材批发	65	3692	20	175		
矿产品、建材及化工产品批发	363	26519	398	1904	10	3
机械设备、五金产品及电子产品批发	179	28537	276	736	13	3
贸易经纪与代理	44	2346	71	378		
其他批发业	18	2396	81	175		
零售业	726	59647	891	4128	1141	15
综合零售	16	10993	62	645	175	
食品、饮料及烟草制品专门零售	74	2549	35	1266	36	
纺织、服装及日用品专门零售	87	5576	81	131	91	15
文化、体育用品及器材专门零售	42	2122	106	158		
医药及医疗器材专门零售	49	5634	153	138		
汽车、摩托车、燃料及零配件专门零售	257	14556	247	526	839	
家用电器及电子产品专门零售	67	9237	75	314		
五金、家具及室内装饰材料专门零售	114	6615	47	284		
货摊、无店铺及其他零售业	20	2365	85	666		
交通运输、仓储和邮政业	**556**	**22987**	**389**	**3375**	**3225**	**3009**
铁路运输业		8				
铁路旅客运输						
铁路货物运输		8				
铁路运输辅助活动						
道路运输业	436	12334	321	2420	2995	2995
城市公共交通运输	22	2142	174	74	2995	2995
公路旅客运输	27	1236	42	74		
道路货物运输	197	8627	94	530		
道路运输辅助活动	190	329	11	1742		
水上运输业				2		
水上旅客运输						
水上货物运输						
水上运输辅助活动				2		
航空运输业	6	139		8		
航空客货运输	6	31				
通用航空服务		82		1		
航空运输辅助活动		26		7		
管道运输业		51		21	216	
管道运输业		51		21	216	
装卸搬运和运输代理业	75	8504	40	212	14	14
装卸搬运		4900	8	34	14	14
运输代理业	75	3604	32	178		
仓储业	30	1240	26	671		
谷物、棉花等农产品仓储	23	545	12	429		
其他仓储业	7	695	14	242		
邮政业	9	711	2	41		
邮政基本服务		20		11		
快递服务	9	691	2	30		
住宿和餐饮业	**801**	**14516**	**556**	**1672**	**43**	**25**
住宿业	334	7647	423	383	43	25
旅游饭店	200	5266	239	161	43	25
一般旅馆	86	1987	100	144		
其他住宿业	48	394	84	78		

港澳台商合作经营	港澳台商独资	港澳台商投资股份有限公司	其他港澳台商投资	外商投资企业	中外合资经营	中外合作经营	外资企业	外商投资股份有限公司	其他外商投资
				10					10
	7			95	78	3	14		
	10			293	14	2	274		3
				33	10		23		
				9			4		5
	585	539	2	1773	677	3	944	135	14
	175			1176	304	3	867		2
	36			20			18	2	
	76			126	118		2		6
				3	3				
				5					5
	298	539	2	380	247			133	
				53			53		
				1					1
				9	5		4		
	216			**177**	**143**		**26**		**8**
				16			12		4
				16			12		4
				6			6		
				6			6		
	216			143	143				
	216			143	143				
				12			8		4
				4			4		
				8			4		4
			18	**1010**	**20**		**977**		**13**
			18	162	20		129		13
			18	35			22		13
				127	20		107		

1-13 续表 18

行业小类	私营合伙	私营有限责任公司	私营股份有限公司	其他	港、澳、台商投资	港澳台商合资经营
餐饮业	467	6869	133	1289		
正餐服务	424	5256	118	581		
快餐服务	28	1321		15		
饮料及冷饮服务		12		1		
其他餐饮业	15	280	15	692		
信息传输、软件和信息技术服务业	**76**	**7310**	**396**	**482**	**2031**	**335**
电信、广播电视和卫星传输服务		352		199	1983	335
电信		346		87	1983	335
广播电视传输服务		6		112		
卫星传输服务						
互联网和相关服务	19	1088		51		
互联网接入及相关服务	3	224		5		
互联网信息服务	8	761		28		
其他互联网服务	8	103		18		
软件和信息技术服务业	57	5870	396	232	48	
软件开发	16	2655	68	60		
信息系统集成服务	3	966		14	40	
信息技术咨询服务	31	1585	320	65		
数据处理和存储服务		168				
集成电路设计		12				
其他信息技术服务业	7	484	8	93	8	
金融业	**25**	**700**	**2**	**103**	**4**	**4**
货币金融服务	25	602	2		4	4
中央银行服务						
货币银行服务						
非货币银行服务	25	602	2		4	4
银行监管服务						
资本市场服务				76		
证券市场服务						
期货市场服务				66		
证券期货监管服务				10		
资本投资服务						
其他资本市场服务						
保险业		81				
人身保险						
财产保险						
再保险						
养老金						
保险经纪与代理服务		81				
保险监管服务						
其他保险活动						
其他金融业		17		27		
金融信托与管理服务						
控股公司服务						
非金融机构支付服务						
金融信息服务		17		27		
其他未列明金融业						
房地产业	**489**	**48527**	**1088**	**1704**	**450**	**285**
房地产业	489	48527	1088	1704	450	285
房地产开发经营	42	24725	689	222	305	285

港澳台商合作经营	港澳台商独资	港澳台商投资股份有限公司	其他港澳台商投资	外商投资企业	中外合资经营	中外合作经营	外资企业	外商投资股份有限公司	其他外商投资
				848			848		
				21			21		
				821			821		
				6			6		
8	**136**	**818**	**734**	**1746**	**25**		**1159**		**562**
	136	778	734	1692	25		1105		562
	136	778	734	1692	25		1105		562
8		40		54			54		
				54			54		
		40							
8									
	165			**15**	**5**		**10**		
	165			15	5		10		
	20			14	4		10		

1-13 续表 19

行业小类	私营合伙	私营有限责任公司	私营股份有限公司	其他	港、澳、台商投资	港澳台商合资经营
物业管理	328	17742	315	877	145	
房地产中介服务	68	3510	67	138		
自有房地产经营活动	36	1752	16	436		
其他房地产业	15	798	1	31		
租赁和商务服务业	**3090**	**68193**	**890**	**9363**	**98**	**92**
租赁业	27	2564	49	281	4	
机械设备租赁	27	2491	45	281	4	
文化及日用品出租		73	4			
商务服务业	3063	65629	841	9082	94	92
企业管理服务	1253	6593	137	2289		
法律服务	1406	334		1376		
咨询与调查	160	5745	59	309	2	
广告业	66	4388	95	226	34	34
知识产权服务	7	84				
人力资源服务	87	38012	140	2734		
旅行社及相关服务	27	1663	145	480	2	2
安全保护服务	5	2749	148	313		
其他商务服务业	52	6061	117	1355	56	56
科学研究和技术服务业	**252**	**20000**	**578**	**4917**	**72**	**33**
研究和试验发展	15	517	31	278	8	
自然科学研究和试验发展		45	12	5		
工程和技术研究和试验发展		269	4	6		
农业科学研究和试验发展		96		155	8	
医学研究和试验发展	15	43	15	58		
社会人文科学研究		64		54		
专业技术服务业	146	17258	515	2940	28	
气象服务		8		287		
地震服务				15		
海洋服务						
测绘服务		681	38	30		
质检技术服务	17	1516	112	348		
环境与生态监测		244	3	649		
地质勘查		1045	116	502	22	
工程技术	71	9549	224	601		
其他专业技术服务业	58	4215	22	508	6	
科技推广和应用服务业	91	2225	32	1699	36	33
技术推广服务	78	1730	29	1432	33	33
科技中介服务	2	207	3	168	3	
其他科技推广和应用服务业	11	288		99		
水利、环境和公共设施管理业	**47**	**3137**	**105**	**5818**	**40**	
水利管理业		220	26	1425		
防洪除涝设施管理		6		43		
水资源管理		98	26	709		
天然水收集与分配		36		176		
水文服务		13				
其他水利管理业		67		497		
生态保护和环境治理业		283		78		
生态保护		7		76		
环境治理业		276		2		

港澳台商合作经营	港澳台商独资	港澳台商投资股份有限公司	其他港澳台商投资	外商投资企业	中外合资经营	中外合作经营	外资企业	外商投资股份有限公司	其他外商投资
	145								
				1	1				
2	**4**			**495**	**432**	**10**	**22**	**2**	**29**
	4			6	6				
	4			6	6				
2				489	426	10	22	2	29
				420	414				6
2				51	7	10	20		14
				5	5				
				11				2	9
				2			2		
	27	**12**		**70**	**48**		**22**		
	8								
	8								
	16	12		63	42		21		
				42	42				
	16	6		20			20		
		6		1			1		
	3			7	6		1		
				7	6		1		
	3								
	40			**3**	**3**				

1-13 续表 20

行业小类	私营合伙	私营有限责任公司	私营股份有限公司	其他	港、澳、台商投资	港澳台商合资经营
公共设施管理业	47	2634	79	4315	40	
市政设施管理		225	4	174		
环境卫生管理		492		3168		
城乡市容管理	7	28		435		
绿化管理	40	1391	24	473		
公园和游览景区管理		498	51	65	40	
居民服务、修理和其他服务业	**306**	**8023**	**260**	**2607**		
居民服务业	162	2124	79	1742		
家庭服务	95	821		39		
托儿所服务	55	122		271		
洗染服务		174				
理发及美容服务		160		6		
洗浴服务		350		12		
保健服务	3	124		31		
婚姻服务	9	85		16		
殡葬服务		214		57		
其他居民服务业		74	79	1310		
机动车、电子产品和日用产品修理业	122	4372	34	630		
汽车、摩托车修理与维护	99	3359	32	587		
计算机和办公设备维修	22	581	2	35		
家用电器修理	1	217		8		
其他日用产品修理业		215				
其他服务业	22	1527	147	235		
清洁服务	22	399	135	69		
其他未列明服务业		1128	12	166		
教育	**1669**	**3370**	**83**	**44171**	**439**	**439**
教育	1669	3370	83	44171	439	439
学前教育	392	470		7761		
初等教育	143	43		10990		
中等教育	338	518		13809		
高等教育				5579		
特殊教育	10	46		346		
技能培训、教育辅助及其他教育	786	2293	83	5686	439	439
卫生和社会工作	**934**	**4279**	**165**	**12038**		
卫生	790	4204	155	10224		
医院	581	3589	148	5516		
社区医疗与卫生院	196	127	7	4160		
门诊部(所)	13	433		118		
计划生育技术服务活动				114		
妇幼保健院(所、站)		3		121		
专科疾病防治院(所、站)		28				
疾病预防控制中心				156		
其他卫生活动		24		39		
社会工作	144	75	10	1814		
提供住宿社会工作	137	73	10	1576		
不提供住宿社会工作	7	2		238		
文化、体育和娱乐业	**265**	**1945**	**140**	**3238**	**22**	**22**
新闻和出版业		112	2	472		
新闻业		1		13		
出版业		111	2	459		

港澳台商合作经营	港澳台商独资	港澳台商投资股份有限公司	其他港澳台商投资	外商投资企业	中外合资经营	中外合作经营	外资企业	外商投资股份有限公司	其他外商投资
	40			3	3				
				3	3				
	40								
				2			**2**		
				2			2		
				2			2		
				16					**16**
				16					16
				16					16
				15					**15**
				15					15
				15					15
				5			**5**		

1-13 续表 21

行业小类	私营合伙	私营有限责任公司	私营股份有限公司	其他	港、澳、台商投资	港澳台商合资经营
广播、电视、电影和影视录音制作业		365	4	532		
广播		21		220		
电视		9		202		
电影和影视节目制作		83		54		
电影和影视节目发行		14				
电影放映		214	4	56		
录音制作		24				
文化艺术业	2	415	4	791		
文艺创作与表演		215		303		
艺术表演场馆		30		13		
图书馆与档案馆	2			41		
文物及非物质文化遗产保护		14		61		
博物馆		7		72		
烈士陵园、纪念馆				1		
群众文化活动		24		209		
其他文化艺术业		125	4	91		
体育	6	273	65	498		
体育组织	6	7	54	343		
体育场馆				18		
休闲健身活动		260	11	69		
其他体育		6		68		
娱乐业	257	780	65	945	22	22
室内娱乐活动	149	459	61	728	22	22
游乐园	5	69		27		
彩票活动				94		
文化、娱乐、体育经纪代理	4	104		12		
其他娱乐业	99	148	4	84		
公共管理、社会保障和社会组织	**126**	**975**	**43**	**249134**	**60**	**60**
中国共产党机关				43		
中国共产党机关				43		
国家机构				5971		
国家权力机构				62		
国家行政机构				5706		
人民法院和人民检察院				97		
其他国家机构				106		
人民政协、民主党派				9		
人民政协						
民主党派				9		
社会保障		2		46		
社会保障		2		46		
群众团体、社会团体和其他成员组织	126	973	43	127747	60	60
群众团体	15	962	43	12447	60	60
社会团体	111	11		73011		
基金会				87		
宗教组织				42202		
基层群众自治组织				115318		
社区自治组织				45292		
村民自治组织				70026		
国际组织						
国际组织						
国际组织						

港澳台商合作经营	港澳台商独资	港澳台商投资股份有限公司	其他港澳台商投资	外商投资企业	中外合资经营	中外合作经营	外资企业	外商投资股份有限公司	其他外商投资
				5			5		
				5			5		

1-14 按地区、登记注册类型

地区	法人单位数(个)					
		内资				
			国有	集体	股份合作	联营
总　计	**135357**	**135021**	**28083**	**956**	**366**	**303**
乌鲁木齐市	36989	36843	3661	237	81	63
天山区	7675	7625	1289	29	15	9
沙依巴克区	7109	7088	689	54	23	33
新市区	13389	13326	739	61	20	9
水磨沟区	3979	3974	415	14		1
头屯河区	1821	1818	112	25	5	4
达坂城区	358	358	116	7	2	
米东区	2267	2263	185	41	15	5
乌鲁木齐县	391	391	116	6	1	2
克拉玛依市	3347	3341	554	30	4	2
独山子区	482	482	91	6	1	
克拉玛依区	2382	2377	316	19	2	2
白碱滩区	349	349	74	2		
乌尔禾区	134	133	73	3	1	
吐鲁番地区	3859	3852	847	19	12	4
吐鲁番市	1511	1505	426	10	6	2
鄯善县	1581	1581	240	7	2	
托克逊县	767	766	181	2	4	2
哈密地区	5303	5291	1299	68	16	14
哈密市	4391	4379	892	46	13	6
巴里坤哈萨克自治县	543	543	250	10	1	6
伊吾县	369	369	157	12	2	2
昌吉回族自治州	8730	8697	1687	84	34	8
昌吉市	3217	3199	495	21	6	1
阜康市	1149	1141	204	7	4	2
呼图壁县	982	981	214	26	10	3
玛纳斯县	801	801	214	4	3	2
奇台县	1409	1406	254	14	6	
吉木萨尔县	712	711	165	8	1	
木垒哈萨克自治县	460	458	141	4	4	
博尔塔拉蒙古自治州	3467	3460	1043	17	4	4
博乐市	1891	1886	587	7	1	2
阿拉山口市	425	423	55			1
精河县	732	732	223	5	2	1
温泉县	419	419	178	5	1	

分组的法人单位数

国有联营	集体联营	国有与集体联营	其他联营	有限责任公司	国有独资	其他有限责任公司	股份有限公司	私营	私营独资
68	**131**	**18**	**86**	**18534**	**645**	**17889**	**1265**	**51762**	**9581**
21	26	5	11	4933	165	4768	431	24734	2697
4	2	1	2	598	37	561	71	5265	720
10	17	2	4	1327	28	1299	122	4209	591
3	4		2	2357	55	2302	161	9279	608
1				76	10	66	22	3198	186
1	1	1	1	253	11	242	8	1302	273
				49	3	46	5	44	14
2		1	2	247	18	229	38	1359	289
	2			26	3	23	4	78	16
	2			506	30	476	51	1858	352
				144	6	138	6	178	19
	2			303	21	282	41	1469	316
				36	3	33	2	195	10
				23		23	2	16	7
2	2			803	17	786	43	591	236
1	1			134	6	128	32	220	77
				467	7	460	4	290	112
1	1			202	4	198	7	81	47
3	9		2	625	50	575	44	2210	246
1	4		1	492	32	460	41	2055	217
1	4		1	82	10	72	2	103	18
1	1			51	8	43	1	52	11
2	3		3	1693	30	1663	100	2664	626
			1	684	12	672	44	1370	172
	2			310	2	308	9	409	130
2			1	207	4	203	32	196	77
	1		1	206	5	201	4	139	68
				103	2	101	8	338	79
				114	4	110	1	170	77
				69	1	68	2	42	23
2	2			484	17	467	23	1251	286
	2			185	12	173	16	758	194
1				139	3	136		226	26
1				145		145	6	179	47
				15	2	13	1	88	19

1-14 续表 1

地区	法人单位数(个)	内资	国有	集体	股份合作	联营
巴音郭楞蒙古自治州	10444	10428	2114	83	19	16
库尔勒市	5238	5231	629	24	7	3
轮台县	1012	1008	197	11	2	
尉犁县	694	694	169	9	2	
若羌县	435	435	112	3	1	5
且末县	355	355	155	2	4	2
焉耆回族自治县	777	776	259	9	1	4
和静县	997	993	241	10	1	1
和硕县	481	481	152	8	1	
博湖县	455	455	200	7		1
阿克苏地区	9861	9839	2471	70	29	65
阿克苏市	3269	3258	628	12	8	11
温宿县	1199	1197	394	13	1	10
库车县	1596	1594	231	18	10	5
沙雅县	837	835	263	7	2	2
新和县	543	542	142	2	1	
拜城县	881	879	225	6	2	2
乌什县	668	667	292	2	3	29
阿瓦提县	585	584	155	7	2	2
柯坪县	283	283	141	3		4
克孜勒苏柯尔克孜自治州	2418	2414	783	36	13	12
阿图什市	1128	1125	334	10	7	11
阿克陶县	679	679	169	6	1	
阿合奇县	198	198	116	2	2	
乌恰县	413	412	164	18	3	1
喀什地区	11492	11474	2756	94	34	40
喀什市	3090	3078	616	16	10	16
疏附县	705	705	173	2	3	
疏勒县	864	863	200	3	1	1
英吉沙县	731	730	157	1	1	3
泽普县	698	698	183	7	1	3
莎车县	1382	1382	340	6	3	
叶城县	1011	1010	235	9	4	3
麦盖提县	635	635	136	9	1	3
岳普湖县	519	519	156	6	3	
伽师县	768	767	231	16	3	2
巴楚县	830	830	210	15	2	6
塔什库尔干塔吉克自治县	259	257	119	4	2	3
和田地区	10445	10442	2180	51	21	19
和田市	2373	2370	604	12	11	17

国有联营	集体联营	国有与集体联营	其他联营	有限责任公司	国有独资	其他有限责任公司	股份有限公司	私营	私营独资
8	4	2	2	813	48	765	56	5327	760
1	1	1		312	15	297	36	3691	420
				160	6	154	4	318	71
				52	4	48		240	45
4			1	76		76	2	167	59
	1		1	14		14	3	96	68
2	1	1		36	3	33	5	187	24
1				68	4	64	1	378	55
				59	10	49	1	188	10
	1			36	6	30	4	62	8
7	29	4	25	1420	57	1363	131	2803	1018
2	5		4	619	15	604	51	1360	259
1	1	1	7	150	10	140	11	302	172
1	2		2	237	5	232	51	453	186
		1	1	105	13	92	2	152	94
				44		44	3	112	58
2				130	8	122	5	238	132
1	19		9	27	2	25	3	30	18
	2			103	3	100	5	103	64
		2	2	5	1	4		53	35
3	6	1	2	472	11	461	30	387	185
2	6	1	2	271	1	270	16	235	92
				97	2	95	5	71	38
				6	2	4	4	18	12
1				98	6	92	5	63	43
6	17	5	12	2199	20	2179	89	2006	1090
3	3	3	7	1167	8	1159	49	552	282
				61		61	6	217	150
	1			272	1	271	5	110	41
	2		1	77	1	76	3	106	83
3				92		92	2	75	37
				125	1	124	5	298	154
	2		1	160		160	7	164	113
	1	2		43	2	41	3	125	41
				84	2	82		30	7
	1		1	46		46	2	80	44
	5		1	47	4	43	5	242	134
	2		1	25	1	24	2	7	4
3	8		8	895	8	887	33	753	253
2	7		8	520	3	517	22	313	87

1-14 续表 2

地区	法人单位数(个)	内资	国有	集体	股份合作	联营
和田县	1246	1246	82	3		1
墨玉县	1959	1959	306	4	2	
皮山县	1251	1251	331	13	1	
洛浦县	1152	1152	226	1	3	
策勒县	821	821	229	10	1	
于田县	1303	1303	222	2	2	1
民丰县	340	340	180	6	1	
伊犁哈萨克自治州	12916	12893	3696	77	45	16
伊宁市	2911	2902	703	28	19	9
奎屯市	1961	1957	437	11	1	1
伊宁县	1358	1357	392	3	2	
察布查尔锡伯自治县	816	816	300	8	1	1
霍城县	1978	1972	489	10	4	2
巩留县	758	756	277	3	5	
新源县	1013	1012	277	5	2	1
昭苏县	722	722	327	5	3	
特克斯县	632	632	260	1	4	
尼勒克县	767	767	234	3	4	2
塔城地区	6407	6392	1897	44	24	28
塔城市	1040	1038	371	5	4	4
乌苏市	1385	1380	298	13	6	11
额敏县	1031	1028	417	12	2	2
沙湾县	1632	1627	302	3	7	4
托里县	497	497	152	4	2	1
裕民县	339	339	144	2	2	
和布克赛尔蒙古自治县	483	483	213	5	1	6
阿勒泰地区	4991	4987	2092	33	19	6
阿勒泰市	1803	1803	874	9	3	1
布尔津县	560	558	246	5	4	
富蕴县	524	523	153	6	5	3
福海县	726	726	308	3	4	1
哈巴河县	653	653	218		1	
青河县	342	342	138	6	1	1
吉木乃县	383	382	155	4	1	
自治区直辖县级行政区划	4686	4666	1003	13	11	6
石河子市	2923	2907	391	10	8	6
阿拉尔市	626	624	171	3	2	
图木舒克市	406	406	186			
五家渠市	731	729	255		1	

国有联营	集体联营	国有与集体联营	其他联营	有限责任公司	国有独资	其他有限责任公司	股份有限公司	私营	私营独资
	1			109	1	108	1	78	24
				61	2	59	1	90	44
				33	2	31	5	67	39
				130		130	3	9	1
				22		22	1	87	44
1				5		5		79	12
				15		15		30	2
4	9		3	1677	58	1619	84	3039	699
2	5		2	693	18	675	46	708	374
1				112	11	101	19	1227	56
				135	2	133	2	55	18
	1			27	6	21		183	63
1			1	191	6	185	9	614	57
				47	2	45	1	89	36
	1			275	6	269	3	70	48
				43		43	1	29	11
				35	2	33	2	11	5
	2			119	5	114	1	53	31
6	10	1	11	766	35	731	48	940	368
1	1		2	93	6	87	13	218	36
3	4		4	195	6	189	13	157	91
1			1	117	11	106	4	92	47
	2	1	1	207	4	203	5	281	106
			1	82	4	78	2	86	46
				18	2	16	3	67	30
1	3		2	54	2	52	8	39	12
	4		2	539	46	493	32	913	238
			1	216	24	192	14	400	109
				79	1	78	8	44	9
	3			78	6	72		123	39
	1			68	3	65	6	156	52
				37	2	35	3	83	13
			1	20	4	16		62	7
				41	6	35	1	45	9
1			5	709	53	656	69	2285	527
1			5	320	21	299	44	1697	389
				101	15	86	6	285	54
				51	12	39	9	144	57
				237	5	232	10	159	27

1-14 续表 3

地区	私营合伙	私营有限责任公司	私营股份有限公司	其他	港、澳、台商投资	港澳台商合资经营
总计	**1377**	**39996**	**808**	**33752**	**122**	**56**
乌鲁木齐市	496	21202	339	2703	46	21
天山区	102	4380	63	349	9	4
沙依巴克区	58	3456	104	631	7	5
新市区	212	8368	91	700	27	9
水磨沟区	76	2889	47	248	1	1
头屯河区	8	1007	14	109		
达坂城区	3	26	1	135		
米东区	35	1019	16	373	2	2
乌鲁木齐县	2	57	3	158		
克拉玛依市	59	1431	16	336	2	1
独山子区	2	155	2	56		
克拉玛依区	55	1085	13	225	1	
白碱滩区	1	184		40		
乌尔禾区	1	7	1	15	1	1
吐鲁番地区	24	321	10	1533	4	1
吐鲁番市	14	121	8	675	3	1
鄯善县	9	169		571		
托克逊县	1	31	2	287	1	
哈密地区	41	1890	33	1015	8	3
哈密市	30	1782	26	834	8	3
巴里坤哈萨克自治县	4	76	5	89		
伊吾县	7	32	2	92		
昌吉回族自治州	71	1913	54	2427	11	5
昌吉市	25	1150	23	578	5	3
阜康市	13	262	4	196	2	2
呼图壁县	9	98	12	293	1	
玛纳斯县	5	63	3	229		
奇台县	8	244	7	683	1	
吉木萨尔县	6	82	5	252	1	
木垒哈萨克自治县	5	14		196	1	
博尔塔拉蒙古自治州	22	929	14	634	3	1
博乐市	16	539	9	330	3	1
阿拉山口市		196	4	2		
精河县	4	127	1	171		
温泉县	2	67		131		

港澳台商合作经营	港澳台商独资	港澳台商投资股份有限公司	其他港澳台商投资	外商投资企业	中外合资经营	中外合作经营	外资企业	外商投资股份有限公司	其他外商投资
4	**42**	**15**	**5**	**214**	**88**	**10**	**83**	**10**	**23**
1	18	5	1	100	37	4	49	2	8
	3	2		41	4	2	30	2	3
	2			14	8		2		4
1	13	3	1	36	19	1	15		1
				4	2		2		
				3	2	1			
				2	2				
	1			4	2		1	1	
	1			4	2		1	1	
	3			3	1		2		
	2			3	1		2		
	1								
1	3	1		4	3				1
1	3	1		4	3				1
1	5			22	10	2	8	2	
	2			13	5	1	6	1	
				6	4	1	1		
1									
	1			2	1		1		
	1								
	1			1				1	
	1		1	4	1		2	1	
	1		1	2	1			1	
				2			2		

1-14 续表 4

地 区	私营合伙	私营有限责任公司	私营股份有限公司	其他	港、澳、台商投资	港澳台商合资经营
巴音郭楞蒙古自治州	84	4424	59	2000	6	5
库尔勒市	41	3209	21	529	2	1
轮台县	3	240	4	316	2	2
尉犁县	3	191	1	222		
若羌县	7	89	12	69		
且末县	8	16	4	79		
焉耆回族自治县	8	150	5	275		
和静县	6	314	3	293	2	2
和硕县	4	168	6	72		
博湖县	4	47	3	145		
阿克苏地区	96	1627	62	2850	11	5
阿克苏市	40	1035	26	569	3	2
温宿县	15	101	14	316		
库车县	25	229	13	589	2	1
沙雅县	1	57		302	2	1
新和县	3	47	4	238	1	1
拜城县	7	94	5	271	2	
乌什县		12		281		
阿瓦提县	3	36		207	1	
柯坪县	2	16		77		
克孜勒苏柯尔克孜自治州	17	175	10	681	2	
阿图什市	8	128	7	241	1	
阿克陶县	5	27	1	330		
阿合奇县		5	1	50		
乌恰县	4	15	1	60	1	
喀什地区	95	786	35	4256	5	3
喀什市	37	218	15	652	3	3
疏附县	8	57	2	243		
疏勒县	6	62	1	271		
英吉沙县	4	17	2	382		
泽普县	6	31	1	335		
莎车县	10	130	4	605		
叶城县	13	35	3	428		
麦盖提县		84		315		
岳普湖县	1	22		240		
伽师县	3	31	2	387		
巴楚县	6	97	5	303		
塔什库尔干塔吉克自治县	1	2		95	2	
和田地区	41	446	13	6490		
和田市	14	209	3	871		

港澳台商合作经营	港澳台商独资	港澳台商投资股份有限公司	其他港澳台商投资	外商投资企业	中外合资经营	中外合作经营	外资企业	外商投资股份有限公司	其他外商投资
			1	10	6		3		1
			1	5	3		1		1
				2	2				
				1			1		
				2	1		1		
	3	3		11	3		3	1	4
		1		8	3		1		4
				2			1	1	
	1								
	1								
		2							
				1			1		
	1								
1	1			2	1		1		
	1			2	1		1		
1									
	1		1	13	6	2	3		2
				9	4	2	1		2
				1	1				
				1			1		
				1	1				
				1			1		
	1		1						
				3	1		1		1
				3	1		1		1

1-14 续表 5

地 区	私营合伙	私营有限责任公司	私营股份有限公司	其他	港、澳、台商投资	港澳台商合资经营
和田县	6	44	4	972		
墨玉县	5	40	1	1495		
皮山县	6	22		801		
洛浦县		8		780		
策勒县	8	30	5	471		
于田县		67		992		
民丰县	2	26		108		
伊犁哈萨克自治州	107	2163	70	4259	6	3
伊宁市	59	244	31	696	3	1
奎屯市	7	1152	12	149		
伊宁县	3	33	1	768		
察布查尔锡伯自治县	15	103	2	296		
霍城县	4	537	16	653		
巩留县	3	49	1	334	2	2
新源县	8	13	1	379	1	
昭苏县	5	8	5	314		
特克斯县	1	5		319		
尼勒克县	2	19	1	351		
塔城地区	47	501	24	2645	10	7
塔城市	6	170	6	330	1	1
乌苏市	14	47	5	687	4	4
额敏县	13	30	2	382	2	1
沙湾县	7	162	6	818	3	1
托里县	5	33	2	168		
裕民县	1	33	3	103		
和布克赛尔蒙古自治县	1	26		157		
阿勒泰地区	23	637	15	1353	2	
阿勒泰市	4	285	2	286		
布尔津县	5	27	3	172	1	
富蕴县	6	78		155	1	
福海县	3	100	1	180		
哈巴河县	1	68	1	311		
青河县	1	50	4	114		
吉木乃县	3	29	4	135		
自治区直辖县级行政区划	154	1550	54	570	6	1
石河子市	147	1114	47	431	3	1
阿拉尔市	3	226	2	56	1	
图木舒克市	2	85		16		
五家渠市	2	125	5	67	2	

港澳台商合作经营	港澳台商独资	港澳台商投资股份有限公司	其他港澳台商投资	外商投资企业	中外合资经营	中外合作经营	外资企业	外商投资股份有限公司	其他外商投资
	1	2		17	6	1	3	2	5
	1	1		6	2	1	1		2
				4	1			2	1
				1			1		
				6	3		1		2
		1							
	1	1	1	5	2		2	1	
				1			1		
				1				1	
			1	1	1				
	1	1		2	1		1		
	1	1		2		1			1
	1			1					1
		1							
				1		1			
	3	2		14	9		5		
	1	1		13	8		5		
	1			1	1				
	1	1							

1-15 按从业人员组距、开业(成立)时间、

分组	法人单位数(个)	内资	国有	集体	股份合作	联营	国有联营
总计	**135357**	**135021**	**28083**	**956**	**366**	**303**	**68**
按从业人员期末人数分组							
7人及以下	78641	78522	9087	537	138	161	29
8-19人	27050	27005	6939	169	69	66	19
20-49人	16088	16052	5810	129	65	46	12
50-99人	7022	6987	3249	55	32	16	3
100-299人	4748	4679	2272	41	53	12	4
300-499人	777	758	297	18	6	2	1
500-999人	528	518	185	6	2		
1000-4999人	447	444	208	1	1		
5000-9999人	46	46	30				
10000人及以上	10	10	6				
按开业(成立)年份分组							
1949年及以前	2066	2066	544	2			
1950-1977年	12833	12832	6030	114	16	32	5
1978-1991年	16207	16204	7577	194	50	24	9
1991-1995年	3254	3229	1614	83	13	8	
1996年	1178	1176	360	21	8	3	
1997年	1053	1052	366	11	2	3	1
1998年	1592	1587	509	20	7	8	
1999年	1597	1590	446	23	6	9	2
2000年	2123	2111	472	19	4	7	1
2001年	2855	2847	481	18	4	10	6
2002年	3654	3634	1094	17	6	7	2
2003年	3470	3459	621	22	9	18	6
2004年	4145	4128	774	29	8	7	3
2005年	4378	4365	710	36	11	18	2
2006年	5564	5538	694	36	23	13	
2007年	5741	5711	707	24	11	6	2
2008年	7349	7329	851	40	24	17	2
2009年	7664	7645	657	40	21	13	4
2010年	8772	8743	738	46	19	23	5
2011年	11077	11052	813	51	25	23	4
2012年	13358	13327	920	43	47	25	8
2013年	14619	14593	862	65	48	29	6
无开业年份	808	803	243	2	4		

登记注册类型分组的法人单位数

集体联营	国有与集体联营	其他联营	有限责任公司	国有独资	其他有限责任公司	股份有限公司	私营	私营独资
131	**18**	**86**	**18534**	**645**	**17889**	**1265**	**51762**	**9581**
69	6	57	9427	176	9251	489	34987	6691
27	3	17	3732	114	3618	237	9564	1637
18	8	8	2687	115	2572	185	4604	940
11		2	1162	75	1087	105	1548	238
5	1	2	969	85	884	126	805	64
1			233	26	207	38	115	4
			190	33	157	38	83	2
			127	19	108	37	54	5
			6	1	5	7	2	
			1	1		3		
						2	1	1
22		5	81	22	59	17	25	7
11	2	2	163	24	139	32	152	47
6		2	189	21	168	35	353	65
2	1		74	8	66	15	196	37
1		1	88	11	77	10	243	41
5		3	226	19	207	13	479	84
5	1	1	266	27	239	29	580	78
1	1	4	391	41	350	39	829	132
2		2	567	25	542	40	1117	183
3		2	617	31	586	37	1308	218
7	1	4	642	24	618	57	1599	233
2		2	787	21	766	62	1943	316
6	2	8	841	34	807	39	2140	319
4	1	8	955	33	922	58	3114	567
1		3	945	24	921	57	3191	514
6	2	7	994	39	955	79	3900	825
2	1	6	1338	36	1302	87	4306	824
8	2	8	1668	42	1626	90	4715	930
12	1	6	2242	54	2188	101	6170	1207
9	1	7	2549	65	2484	130	7279	1424
16	2	5	2782	42	2740	129	7821	1479
			129	2	127	107	301	50

1-15 续表

分组	私营合伙	私营有限责任公司	私营股份有限公司	其他	港、澳、台商投资	港澳台商合资经营	港澳台商合作经营
总　计	**1377**	**39996**	**808**	**33752**	**122**	**56**	**4**
按从业人员期末人数分组							
7人及以下	851	26989	456	23696	30	11	2
8-19人	298	7448	181	6229	15	8	1
20-49人	172	3402	90	2526	18	9	
50-99人	36	1228	46	820	17	9	
100-299人	19	697	25	401	28	14	1
300-499人	1	104	6	49	8	2	
500-999人		79	2	14	3	1	
1000-4999人		47	2	16	3	2	
5000-9999人		2		1			
10000人及以上							
按开业(成立)年份分组							
1949年及以前				1517			
1950-1977年	1	16	1	6517			
1978-1991年	4	96	5	8012			
1991-1995年	17	262	9	934	14	8	
1996年	9	147	3	499	2	1	
1997年	9	188	5	329	1	1	
1998年	22	367	6	325	3		
1999年	17	476	9	231			
2000年	16	670	11	350	7	1	1
2001年	32	885	17	610	6	4	
2002年	23	1043	24	548	8	5	
2003年	37	1308	21	491	5		
2004年	33	1557	37	518	7	2	
2005年	48	1742	31	570	5	3	
2006年	62	2451	34	645	8	2	1
2007年	57	2574	46	770	7	2	
2008年	87	2932	56	1424	8	4	1
2009年	95	3311	76	1183	8	4	
2010年	97	3621	67	1444	7	6	
2011年	200	4666	97	1627	10	5	
2012年	246	5492	117	2334	5	2	
2013年	259	5954	129	2857	9	6	
无开业年份	6	238	7	17	2		1

港澳台商独资	港澳台商投资股份有限公司	其他港澳台商投资	外商投资企业	中外合资经营	中外合作经营	外资企业	外商投资股份有限公司	其他外商投资
42	**15**	**5**	**214**	**88**	**10**	**83**	**10**	**23**
12	4	1	89	27	5	42	2	13
4	1	1	30	10	1	12		7
6	3		18	11		7		
5	2	1	18	13		5		
9	3	1	41	18	2	12	7	2
4	1	1	11	6	2	1	1	1
1	1		7	3		4		
1								
			1	1				
			3	3				
5	1		11	8	1	2		
	1							
1	2		2	2				
			7	4		2		1
3	2		5	5				
		2	2			2		
3			12	5	1	3	1	2
5			6	4		2		
3	1	1	10	4		4	1	1
2			8	1		4	1	2
2	3		18	10	1	7		
5			23	5	1	12	3	2
1	2		12	5		4		3
2	1	1	11	3	2	4		2
1			22	8	3	8	2	1
4	1		15	5		9	1	
1	1	1	26	7		14	1	4
3			17	5	1	6		5
1			3	3				

1-16 按从业人员组距、开业(成立)时间登记

分组	从业人员数(个)	内资	国有	集体	股份合作	联营
总计	**4410735**	**4374502**	**1918807**	**32916**	**16396**	**5831**
按从业人员期末人数分组						
7人及以下	296627	296230	36442	1862	539	527
8-19人	321167	320649	86257	2065	826	804
20-49人	491675	490514	184625	3743	1915	1458
50-99人	474597	472249	223304	3889	2316	1049
100-299人	754528	743002	354040	6649	8732	1693
300-499人	285350	277847	110240	6821	2068	300
500-999人	354635	347776	123367	4241		
1000-4999人	887850	881929	455641	3646		
5000-9999人	292161	292161	188484			
10000人及以上	252145	252145	156407			
按开业(成立)年份分组						
1949年及以前	97298	97298	73054	24		
1950-1977年	1182055	1181711	1028077	6436	1296	343
1978-1991年	494409	493394	349442	8948	5884	932
1991-1995年	133724	128618	56814	3791	603	76
1996年	42022	41957	18308	1011	717	43
1997年	27962	27717	9548	310	201	35
1998年	63749	62631	16574	283	308	162
1999年	84505	82887	16820	402	65	171
2000年	168164	166919	31823	272	73	84
2001年	142455	141818	15041	555	51	128
2002年	148608	145353	31836	694	280	183
2003年	134067	133329	22244	708	144	565
2004年	161667	158825	28261	640	136	165
2005年	122425	121662	18640	365	206	340
2006年	148320	144053	26927	1081	2229	123
2007年	164043	160697	16068	470	815	31
2008年	143472	142703	19468	708	872	211
2009年	163210	161861	21843	1501	265	205
2010年	198209	194768	21460	938	228	614
2011年	193143	192066	21616	1227	341	559
2012年	198711	197949	32215	1552	847	315
2013年	178798	176578	27228	988	782	546
无开业年份	19719	19708	15500	12	53	

注册类型分组的法人单位从业人员数

国有联营	集体联营	国有与集体联营	其他联营	有限责任公司	国有独资	其他有限责任公司	股份有限公司	私营	私营独资
1609	**2817**	**401**	**1004**	**925529**	**128531**	**796998**	**240453**	**810624**	**105652**
108	215	19	185	32863	664	32199	1402	119208	22182
240	328	33	203	44678	1398	43280	2502	111786	19221
400	593	224	241	82076	3661	78415	4391	138145	28112
205	723		121	79706	5301	74405	5783	103677	15479
656	658	125	254	163607	13734	149873	15771	132630	9767
	300			88911	9860	79051	8689	42635	1350
				131557	23030	108527	22458	57164	1597
				238511	40269	198242	62055	93917	7944
				42815	9809	33006	42469	11462	
				20805	20805		74933		
							13980	3	3
144	68		131	62767	32459	30308	15524	2160	183
570	190	43	129	27518	5587	21931	16498	12942	865
	64		12	28459	4428	24031	19525	9627	931
	3	40		7070	1306	5764	6764	3987	323
19	12		4	5383	1341	4042	2750	6113	751
	143		19	24747	1688	23059	4702	11113	1048
13	147	8	3	30058	5825	24233	19273	13724	1074
4	5	10	65	38721	7700	31021	67697	23217	1485
79	23		26	57079	4149	52930	15879	32635	2162
128	23		32	54565	7196	47369	4515	43968	2619
187	323	42	13	51667	3000	48667	6779	43016	3654
134	16		15	57711	7429	50282	14119	49379	4927
14	96	26	204	51767	5957	45810	2657	38737	3547
	82	3	38	49955	2483	47472	3854	50351	7050
20	4		7	67776	24375	43401	2384	57430	5048
22	74	28	87	41366	3031	38335	2556	59149	6646
45	17	125	18	47582	2848	44734	5973	64982	9650
104	375	30	105	64684	2778	61906	5056	78675	12876
21	491	26	21	62173	1847	60326	4338	75168	10749
57	211	5	42	48710	2136	46574	2657	72958	17030
48	450	15	33	44441	921	43520	2872	58725	12732
				1330	47	1283	101	2565	299

1-16 续表

分组	私营合伙	私营有限责任公司	私营股份有限公司	其他	港、澳、台商投资	港澳台商合资经营
总 计	**17082**	**665221**	**22669**	**423946**	**18011**	**9324**
按从业人员期末人数分组						
7人及以下	2825	92530	1671	103387	94	30
8-19人	3489	86954	2122	71731	191	111
20-49人	5153	102253	2627	74161	604	288
50-99人	2277	82774	3147	52525	1098	591
100-299人	2938	116407	3518	59880	4837	2589
300-499人	400	38488	2397	18183	3411	871
500-999人		54089	1478	8989	1855	596
1000-4999人		80264	5709	28159	5921	4248
5000-9999人		11462		6931		
10000人及以上						
按开业(成立)年份分组						
1949年及以前				10237		
1950-1977年	15	1952	10	65108		
1978-1991年	75	11821	181	71230		
1991-1995年	184	7825	687	9723	3983	970
1996年	197	3453	14	4057	65	25
1997年	106	5159	97	3377	245	245
1998年	325	9554	186	4742	999	
1999年	205	12076	369	2374		
2000年	430	21030	272	5032	872	180
2001年	540	28965	968	20450	580	333
2002年	451	39910	988	9312	612	332
2003年	948	37520	894	8206	505	
2004年	470	40393	3589	8414	863	54
2005年	531	33970	689	8950	345	171
2006年	1265	37847	4189	9533	3060	2996
2007年	831	50382	1169	15723	1282	600
2008年	1109	50381	1013	18373	474	162
2009年	1162	52284	1886	19510	620	222
2010年	1252	62799	1748	23113	1614	1611
2011年	2377	60863	1179	26644	653	252
2012年	1953	52779	1196	38695	75	19
2013年	2588	42253	1152	40996	1161	1152
无开业年份	68	2005	193	147	3	

港澳台商合作经营	港澳台商独　资	港澳台商投资股份有限公司	其他港澳台商投资	外商投资企　业	中外合资经　营	中外合作经　营	外资企业	外商投资股份有限公　司	其他外商投　资
125	**6144**	**1664**	**754**	**18222**	**8738**	**1147**	**6257**	**1162**	**918**
4	44	14	2	303	89	18	142	4	50
8	40	14	18	327	95	8	150		74
	205	111		557	339		218		
	354	80	73	1250	945		305		
113	1456	505	174	6689	3089	282	1990	847	481
	1652	401	487	4092	2179	839	450	311	313
	720	539		5004	2002		3002		
	1673								
				344	344				
				1015	1015				
	2474	539		1123	632	421	70		
		40							
	720	279		119	119				
				1618	497		872		249
2	185	505		373	373				
			247	57			57		
	280			2643	1003	3	1119	204	314
	505			233	116		117		
	286	36	487	1979	736		1114	114	15
	174			418	2		293	110	13
8	14	42		1207	756	122	329		
	682			2064	817	5	788	447	7
113	71	128		295	7		45		243
	379	1	18	729	666	8	48		7
	3			1827	731	428	374	283	11
	321	80		424	234		188	2	
	40	14	2	687	580		81	2	24
	9			1059	102	160	762		35
2	1			8	8				

1-17 按地区分组的

地　区	个体经营户户　　数（个）	农、林、牧、渔业	采矿业	制造业
总　计	**802716**	**16634**	**380**	**33427**
乌鲁木齐市	146805		35	3561
克拉玛依市	19240	470	3	577
吐鲁番地区	17657	11	1	317
哈密地区	22650	93	20	1064
昌吉回族自治州	76238	2726	37	2706
博尔塔拉蒙古自治州	16754	528	16	1077
巴音郭楞蒙古自治州	51023	1287	14	1425
阿克苏地区	78394	1211	66	4289
克孜勒苏柯尔克孜自治州	19680	11	17	542
喀什地区	115509		26	8838
和田地区	44293	71	11	1542
伊犁哈萨克自治州	88077	4380	98	3690
塔城地区	45960	3362	26	1819
阿勒泰地区	23764	161	2	901
自治区直辖县级行政区划	36672	2323	8	1079

1-17　续表

地　区	金融业	房地产业	租赁和商务服务业	科学研究和技术服务业
总　计		**726**	**7063**	**3379**
乌鲁木齐市		549	1712	545
克拉玛依市		18	261	85
吐鲁番地区		3	152	93
哈密地区		8	422	72
昌吉回族自治州		11	629	221
博尔塔拉蒙古自治州			148	92
巴音郭楞蒙古自治州		3	408	155
阿克苏地区		7	606	559
克孜勒苏柯尔克孜自治州		1	92	51
喀什地区		12	817	377
和田地区		5	233	92
伊犁哈萨克自治州		56	749	356
塔城地区		9	242	176
阿勒泰地区		1	218	134
自治区直辖县级行政区划		43	374	371

个体经营户数

电力、热力、燃气及水生产和供应业	建筑业	批发和零售业	交通运输、仓储和邮政业	住宿和餐饮业	信息传输、软件和信息技术服务业
87	**3533**	**426136**	**132907**	**89119**	**4859**
6	103	89610	17685	17330	426
	66	9226	4294	2094	31
2	3	9563	3131	2252	74
3	73	13725	261	3408	112
14	434	31053	22648	8174	253
9	84	9757	428	2381	114
1	60	27292	6952	6551	479
17	1131	44922	7547	8563	642
	16	6419	9877	1135	111
5	227	62013	21141	9380	784
4	563	19056	13857	4217	281
8	583	44101	14429	9841	1052
8	40	23907	6505	5354	178
2	54	13591	2456	3883	94
8	96	21901	1696	4556	228

水利、环境和公共设施管理业	居民服务、修理和其他服务业	教育	卫生和社会工作	文化、体育和娱乐业	公共管理、社会保障和社会组织
203	**69749**	**870**	**4539**	**9090**	
91	12589	199	791	1573	
	1813	25	62	215	
1	1749	5	140	160	
7	2840	20	156	366	
20	5799	134	397	982	
	1779	24	134	183	
11	4882	20	409	1074	
7	7434	130	370	893	
	1211	6	79	112	
18	10673	32	715	451	
4	3676	31	326	324	
17	7014	68	475	1160	
20	3367	84	181	667	
2	1779	5	114	367	
5	3144	87	190	563	